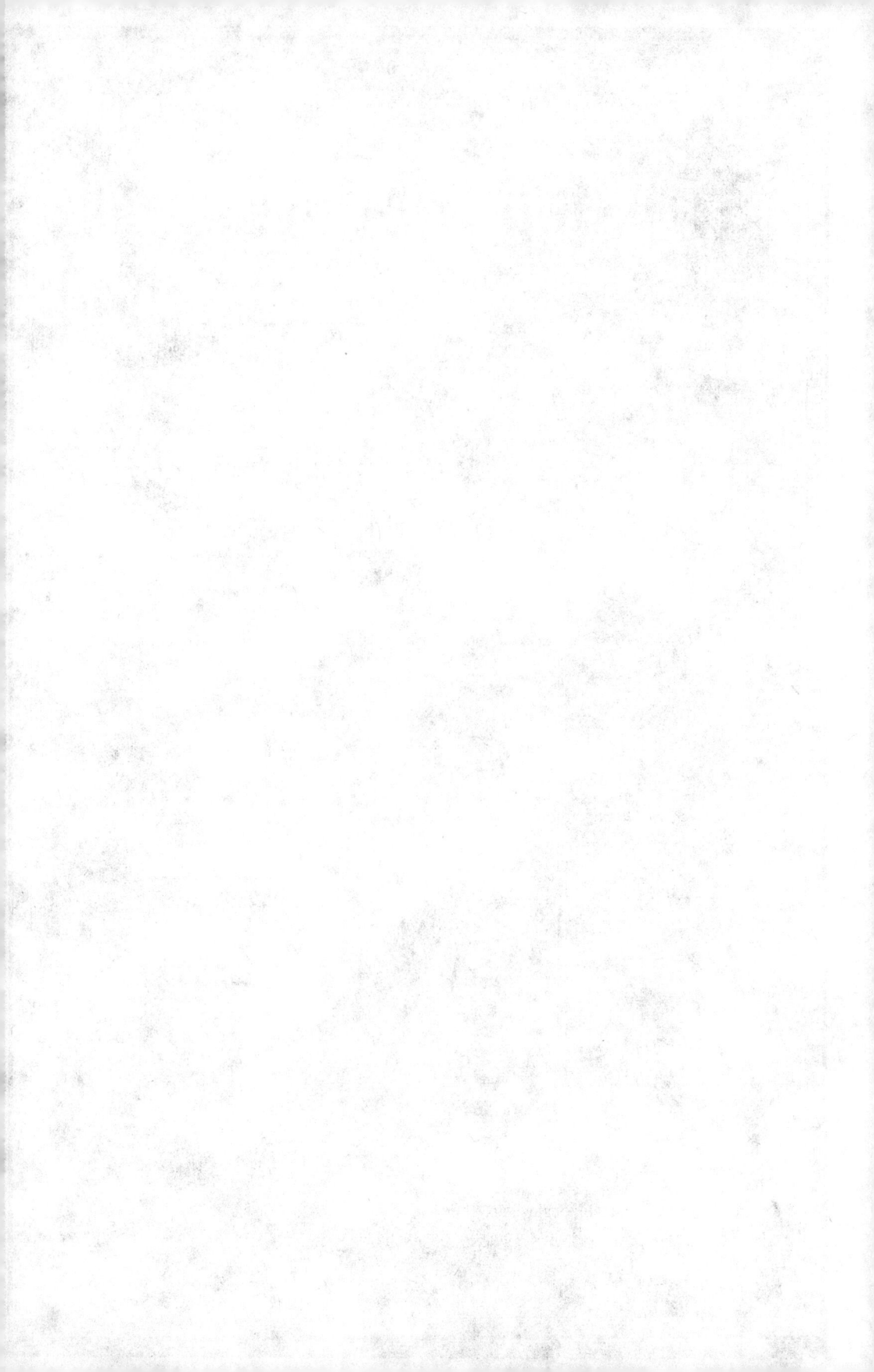

RECHERCHES
BIBLIOGRAPHIQUES

EN FORME DE DICTIONNAIRE SUR LES

AUTEURS MORTS ET VIVANTS

QUI ONT ÉCRIT

SUR L'ANCIENNE PROVINCE DE CHAMPAGNE

ESSAI D'UN MANUEL DU BIBLIOPHILE CHAMPENOIS

PAR AUG. DENIS

CHALONS-SUR-MARNE

IMPRIMERIE DE T. MARTIN, PLACE DU MARCHÉ AU BLÉ, 50

A PARIS

CLAUDIN, LIBRAIRE, RUE GUENEGAUD, 3   DUMOULIN, QUAI DES GRANDS AUGUSTINS, 13

EN CHAMPAGNE CHEZ LES PRINCIPAUX LIBRAIRES

1850

RECHERCHES BIBLIOGRAPHIQUES

RECHERCHES

BIBLIOGRAPHIQUES

EN FORME DE DICTIONNAIRE SUR LES

AUTEURS MORTS ET VIVANTS

QUI ONT ÉCRIT

SUR L'ANCIENNE PROVINCE DE CHAMPAGNE

OU

ESSAI D'UN MANUEL DU BIBLIOPHILE CHAMPENOIS

PAR AUG. DENIS

CHALONS-SUR-MARNE

IMPRIMERIE DE T. MARTIN, PLACE DU MARCHÉ-AU-BLÉ, 50.

A PARIS	EN CHAMPAGNE
CLAUDIN, LIBRAIRE, RUE GUÉNÉGAUD, 3.	CHEZ LES PRINCIPAUX LIBRAIRES.

1870

PRÉFACE

Les ouvrages bibliographiques se sont multipliés depuis dix ans d'une manière remarquable, et nous nous empressons de constater ici que le monde savant et bibliophile leur a toujours fait bon accueil.

Le Dauphiné, la Lorraine, la Normandie possèdent aujourd'hui de bons inventaires de leurs richesses bibliographiques. La Champagne seule, cette province où les documents historiques abondent, est restée stationnaire, et personne, que nous sachions, ne s'est occupé de donner le catalogue raisonné des nombreux ouvrages relatifs à son histoire. Cet intéressant sujet a déjà — il y aurait de notre part injustice à ne pas le constater — fourni quelques pages brillantes à M. Corrard de Brébant, président honoraire à Troyes; mais les villes de Reims, Sainte-Menehould, Vitry-le-François, Chaumont, Langres et Joinville n'ont jamais donné lieu à des recherches bibliographiques; l'unique étude faite sur l'imprimerie châlonnaise depuis son origine jusqu'à la fin du siècle dernier, paraît devoir rester manuscrite.

Nous croyons donc être utile aux amis des lettres, en publiont nos Recherches bibliographiques sur l'ancienne province de Champagne. Cependant, hâtons-nous de le dire, si notre travail a quelque mérite réel, c'est par son ensemble, et par les notes savantes et curieuses qui accompagnent chacun de nos articles, et dont nous avons toujours soin d'indiquer les sources.

On pourra s'assurer par nos nombreuses citations que ce travail est le résultat de recherches multipliées faites dans les bibliographies spéciales, et dans les milliers de catalogues qu'il nous a fallu nécessairement dépouiller afin de signaler les ouvrages rares et curieux échappés jusqu'ici aux bibliographes ; nous avons aussi donné, quand cela nous a été possible, des notes biographiques sur les auteurs dont nous décrivons les œuvres, et souvent l'indication des Recueils à consulter pour avoir de plus amples renseignements.

Cet ouvrage devait primitivement être divisé en trois parties. La deuxième partie devait contenir le Dictionnaire des ouvrages anonymes et pseudonymes qui ont été publiés sur la Champagne, et la troisième, les Livres imprimés dans cette province depuis 1478 jusqu'à 1789. Mais des circonstances indépendantes de la volonté de l'auteur ont dû faire ajourner l'impression des deux dernières parties, qui du reste sont tout-à-fait indépendantes de la première, celle-ci formant par son ensemble un travail complet.

Il sera sans doute facile à la critique de relever quelques erreurs et de signaler les omissions qu'un pareil travail comporte toujours avec lui ; mais nous espérons que les bibliophiles et les érudits voudront bien ne voir dans nos recherches que le désir d'être utile et d'intéresser ceux à qui la Champagne est chère. Les collectionneurs et amis des livres trouveront des renseignements précieux sur les prix que nos raretés champenoises atteignent dans les ventes aux enchères ; pour les ouvrages modernes, nous nous sommes contentés d'indiquer les prix de publication.

Avant nous il n'existait pas de bibliographie champenoise ; nous plantons le premier jalon. Heureux si l'estime des amateurs intelligents couronne nos efforts, et s'il nous est donné de voir élever un jour un monument bibliographique et littéraire à cette vieille province de Champagne, de tout temps l'une des plus françaises par la bonhomie, le culte des lettres, des sciences et des arts.

NOTA. — Pour les renvois qui ne se trouvent pas dans cette partie, on les trouvera à leur ordre numérique dans la deuxième partie, qui sera publiée sur le même plan que celle-ci.

RECHERCHES

BIBLIOGRAPHIQUES

EN FORME DE DICTIONNAIRE

SUR LES AUTEURS MORTS ET VIVANTS

QUI ONT ÉCRIT SUR L'ANCIENNE PROVINCE DE CHAMPAGNE

OU

ESSAI D'UN MANUEL DU BIBLIOPHILE CHAMPENOIS

---

1 ADALGISE, né à Reims vers le milieu du XIIᵉ siècle.
HISTOIRE DES MIRACLES arrivés dans l'église de Saint-Thierry, ou dans la Champagne, lors des voyages des religieux avec les reliques du saint.
Le manuscrit, conservé dans la bibliothèque de l'abbaye, a été publié dans les Siècles Bénédictins du père Mabillon. Voyez D Marlot, et la bibliothèque des écrivains de la congrégation de Saint-Maur.

2 ADAM (Jean).
PROJET présenté à Messieurs de la religion prétendue réformée de la ville et souveraineté de Sedan, qui ont témoigné, durant la vie du maréchal de Fabert, de grandes dispositions à rentrer dans l'église catholique. — Paris, François Muguet, 1663, in-4°.
Le ministre Alpée de Saint-Maurice y opposa : Examen d'un livre du P. Adam, intitulé : Projet présenté, etc. Charenton, 1663, in-4° (Biog. ard.).

ADAM (le P.), 1477.

3 ALIBOUR (d'), médecin de la ville de Sens et depuis du roi Henri IV.
RELATION d'un enfant pétrifié de la ville de Sens.
La dame Chatri, femme d'un tailleur d'habits de la ville de Sens, sous Henri III, eut, vingt ans après son mariage, toutes les marques d'une véritable grossesse ; elle demeura trois ans au lit, sans pouvoir accoucher ; enfin les douleurs s'étant apaisées et l'enflure durant toujours, elle resta dans cet état près de vingt-quatre ans. Après sa mort, qui arriva à la 68ᵉ année de son âge, son mari la fit ouvrir, et on trouva dans son sein le corps d'une petite fille, tout formé, mais pétrifié. D'Alibour, témoin oculaire de cette singularité, en donne une relation. Voyez Provenchère. Chaudon, Dictionnaire historique, art. Chatri.

4 ALLAIRE (Julien-Pierre). MÉMOIRE sur un moyen d'améliorer les laines du département de la Marne, et d'en fertiliser les mauvaises terres : remis à la Société libre d'Agriculture du département, le 3 frimaire an VII. Châlons, Mercier, in-8° de 51 pages. Vente Huzard, 1 fr.

5 ALLETZ (Pons.-Aug.), né à Montpellier en 1703, mort à Paris le 17 mars 1785. Voyez Cérémonial du sacre, etc.
Pour les nombreux ouvrages de cet auteur, voyez son article dans la France littéraire de M. Quérard, et le Nᵒ 1257.

AMEILHON (R. P.), 1285.

6 ANDRIEUX (Dom Florent). Voyez Hédoin de Pons-Ludon.

7 ANGENOUST (Nicolas), conseiller au présidial. LE PARANYMPHE DES DAMES. Troyes, Pierre Duruau 1629, in-8° de 272 pages, titre gravé.
N. Angenoust est encore auteur d'un Traité de la Trinité, dont le Ms. inédit, selon Grosley, se conservait de son temps dans la famille Angenoust. Cette famille subsiste encore. Voyez Troyens célèbres, au mot Angenoust (arch. hist. de l'Aube).

8 ANGIER (François), né à Reims, vivait à la fin du XVIᵉ siècle.
On a de lui un sonnet des royalistes rémois, 1594. — La chanson de la Ligue à Reims, 1594, etc., etc. (Romancero de Champagne, tome IV.)

9 ANGLES. ALMANACH COMMERCIAL de Reims. Reims, 1835 à 1838, incl. 4 années.

10 ANOT (Pierre-Nicolas), né à Sᵗ-Germain-mont (Ardennes). ASSOCIATION DE LA PROVIDENCE DE REIMS : Discours prononcés par M. Anot, 1821-1823. Reims, Delaunois, in-12. Ces discours paraissaient mensuellement

— COLLECTION des meilleurs sermons inédits de l'abbé Anot. Reims, Regnier, 1823. in-12.

— DISCOURS qui a remporté le prix à la Société d'agriculture, Sciences et Arts du département de la Marne, en 1819, sur le sujet : « Démontrer que les inté-» rêts des Français de toutes les classes » sont attachés au maintien de la charte » constitutionnelle. » Chaalons, T.-J. Martin, 1819, in-8°.

10 bis. ANOT (Cyprien). — ÉLÉGIES RÉMOISES, suivies de fragments dramatiques et d'un essai sur les nouvelles théories littéraires. Paris, 1825 1 vol. in-8°. 1 fr. 25, quelquefois plus.

— DISCOURS prononcés dans les assemblées de l'Association de la Providence (établie à Reims). Reims, Delaunois, 1823. 2 vol. in-12.

Le règlement de l'association est curieux. Eclose en pleine Restauration, l'association fut un des mille instruments qu'employèrent avec tant d'activité et d'énergie les missionnaires de 1821. Cette confrérie s'établit à Reims sur des bases solides, sous les auspices de Mgr Forbin-Janson ; mais la mort de l'abbé Anot, arrivée en 1823, et les circonstances politiques en arrêtèrent peut-être le développement. (Note du cat. de la bib. de la ville de Reims.)

11 ANQUETIL (Louis-Pierre), chanoine régulier de Sainte-Geneviève. Né à Paris le 21 janvier 1713, mort le 6 novembre 1808. HISTOIRE CIVILE ET POLITIQUE de la ville de Reims. Reims, Delaitre-Godet, 1756 et 57. 3 vol. in-12 de 8 à 12 fr.

Dom Lelong prétend que M. de La Sale est en partie l'auteur de cette histoire, qui devait avoir quatre volumes ; mais les tracasseries que plusieurs familles de Reims dont il est question dans cet ouvrage, ont fait essuyer à l'auteur, l'ont empêché de publier son quatrième volume.
Dans la deuxième édition on a ajouté un mémoire sur la famille d'Origny. Voyez ce nom. Voyez aussi : Deux Mémoires.

— ALMANACH DE REIMS, 1754, in-24.

On a du même auteur une histoire de France estimée. dont la première édition a paru à Paris en 1807 et années suivantes. 14 vol. in-12.

— L'ESPRIT DE LA LIGUE, 3 vol. in-12, etc. Voyez la France littéraire de M. Quérard et le N° 1673.

12 ANSART (Dom André-Joseph), né dans l'Artois en 1723, mort vers 1790 (bénédictin).

— HISTOIRE DE SAINT FIACRE, patron de Brie, et de son monastère. Paris, 1782, in-12 Catal. Alvarès. 4f 50.

On a encore de cet auteur : Manuel des Supérieurs et Reguliers, etc., etc., par M. A. P. C. D. L. O. D. M. (Ansart, prieur conventionnel de l'ordre de Malte). Paris, Nyon l'aîné, 1776, in-12. (Quérard, France litt.)

12 bis. ANSELME, religieux de l'abbaye de Saint-Remi de Reims (XIe siècle).

— HISTOIRE de l'Eglise de Saint-Remi de Reims, divisée en trois parties. La 1re comprend : la description de la nouvelle église, relation du voyage du pape Léon IX à Reims et le compte-rendu du concile tenu à cette occasion les 2 et 3 octobre 1049 ; la 2e, dédicace et transla-

tion du corps de saint Remi en octobre 1049 ; la 3e, Récits de quelques miracles, avec une lettre du pape aux Français, pour les engager à célébrer la fête de la translation du corps de saint Remi.

Cet ouvrage a été imprimé, voyez Sigebert : de Scriptoribus eccles. Histoire littéraire de la France, tome VII, p. 477-79. Fleury, Hist. ecclés.

— HISTORIA dedicationis sancti Remigii apud Remos anno 1049, facta à Leone IX, papa ; auctore Anselmo ejusdem loci Malacho et æquali.

C'est la même en latin. Elle se trouve au tome VIII des Actes des saints de l'ordre de saint Benoist. Biblioth. hist. de France (de Fontette).

ANVILLE (d') (1222).

ANVILLE (d') de Pouilly (1379).

13 ARBOIS DE JUBAINVILLE. DOCUMENTS relatifs à la construction de la cathédrale de Troyes. Troyes, 1862, in-8°, 2f.

— ESSAI sur les sceaux des comtes et comtesses de Champagne. Bar-sur-Aube, 1856, grand in-4° br. avec six planches en couleur (Lithourmi) 10 fr.

— ÉTUDES sur l'état intérieur des abbayes cisterciennes, et principalement de Clairvaux, aux XIIe et XIIIe siècles. Paris, Durand, 1858. 1 vol. in-8°, 4 à 6 fr.

— ÉTUDES sur les documents antérieurs à l'année.. .... conservés dans les archives des quatre petits hôpitaux de Troyes. Paris, 1858, 1 vol. in-8°, 8 fr.

— HISTOIRE de Bar-sur-Aube sous les comtes de Champagne. Bar-sur-Aube, 1859. 1 vol. in-8°. 7 fr. 50, prix de publication.

Dans ce petit volume, MM. d'Arbois de Jubainville et Pigcotte s'attachent spécialement à la période de l'histoire de Bar-sur-Aube comprise entre les années 1077 et 1224, c'est-à-dire sous la domination des comtes de Champagne.

— HISTOIRE des comtes de Champagne depuis le VIe siècle jusqu'à la fin du XIe (en cours de publication). Paris, 1850.

Cette histoire doit avoir 5 vol. in-8°, dont 4 sont déjà parus.

— POUILLÉ du diocèse de Troyes, rédigé en 1407, publié pour la première fois, d'après une copie authentique de l'année 1435. Paris, Durand, 1853, in-8°. Prix de publication, 10 fr. Catal. Naudin, 5 fr.

— NOTES sur les deux Barrois, sur le pays de Luçon et sur l'ancien Bassigny. Paris, Durand, 1858. 1 vol. in-8°, 4 fr.

— RÉPERTOIRE archéologique du département de l'Aube. Paris, 1861. Imprimerie impériale, in-4° br., 10 fr. Cet ouvrage a valu à son auteur un premier prix (médaille de 1,200 fr.), au concours des Sociétés savantes en 1861.

M. Emile Socard a publié en 1861 : Revue critique pouvant servir de supplément à cet ouvrage. (Voyez son article.)

VOYAGE PALÉOGRAPHIQUE dans le département de l'Aube. Rapport à M. le Préfet sur une inspection faite, en 1854, dans les archives communales et hospitalières du département. Troyes, 1855, in-8° br., 8 fr.

Ouvrage tiré à 200 exemplaires seulement.

13 bis. ARMAND (M.-T. Prior). HISTOIRE DE SAINT REMI, précédée d'une introduction. et suivie d'un aperçu historique sur la ville et l'église de Reims. Paris, Périsse, 1846. 1 vol. avec un Atlas in-folio, 45 fr.; le texte seul, 7 fr. 50 (Bulletin du Bouq.), demi-rel. v. 4 fr. 50. (1526)

13 ter. ARNAUD (A.-F.) VOYAGE ARCHÉOLO-GIQUE dans le département de l'Aube, de 1837 à 1843. 1 vol. in-4°, 8 à 12 fr.

— ANTIQUITÉS de la ville de Troyes, et vues pittoresques de ses environs, avec des descriptions historiques par N***. Troyes et Paris, 1823 et années suiv., 16 livraisons in-folio, devaient coûter 128ʳ.

Cette publication n'a pas été terminée. Nous avons vu annoncé dans le catal. Dumoulin, tout ce qui en a paru avec une vue de la ville de Troyes, gravée sur bois au XVIᵉ siècle. 10 fr.

14 ARNOULD (J.-B.-E.). NOTES ET DOCUMENTS sur les établissements d'instruction primaire de la ville de Reims, 1848, 1 vol. in-8° 6 fr.

Un exemplaire br. envoi d'auteur. (Bull. du b.) 4 fr. 50.

— NOTICE sur les objets trouvés dans plusieurs cercueils de pierre, à la cathédrale de Troyes. Troyes, Cardon. Br. in-8° de 16 pages avec 2 planches in-folio, 3 fr. 50.

15 ARNOULT-SORBIN. ORAISON FUNÈBRE de Louis de Gonzague, duc de Nivernois et du Rethellois, gouverneur ès pays de Brie et de Champagne, par Arnoult-Sorbin. Paris, 1595, in-8°. (Frévet de Fontette).

16 ASSIER (A). LES ARCHIVES curieuses de la Champagne et de la Brie. Paris, Techener, 1853, papier vergé. 1 vol. in-8" 5 fr.

Tiré à 200 exemplaires.

— Ce qu'on apprenait aux foires de Troyes et de la Champagne au XIIIᵉ siècle. Suit une Notice historique, sur les foires de la Champagne et de la Brie, par A. Assier. Paris, Aubry, 1858, in-12, 2 fr. 50.

Voyez la notice insérée au bulletin du bouquiniste, année 1858, p. 240.

— LA COMPLAINTE de la grosse cloche de Troyes en Champagne, par N. Mauroy, imprimée chez Lecoq vers 1513. Précédée d'une étude historique sur la sonnerie de l'église de Troyes au moyen âge, par Alex. Assier. Troyes. 1854, in-8°, 3 fr.

La complainte de la grosse cloche de Troyes avait déjà été réimprimée en 1831 à Paris, chez Crapelet (texte gothique), avec d'autres pièces du même genre.

— COMPTE de la Fabrique de l'église de Sainte-Madeleine de Troyes. Troyes, Bouquot, 1858, in-8° d'environ 100 pages.

Tiré à 153 exemplaires. 4 fr.

— COMPTE de la Fabrique de l'église Saint-Jean de Troyes. Troyes, Bouquot, 1858, 1 vol. in-8°, 4 fr.

Tiré à petit nombre.

— CONSTRUCTION d'une Notre-Dame au XIIIᵉ siècle. Incendie et construction de Notre-Dame de Chartres, suivi des comptes de l'œuvre de l'église de Troyes au XIVᵉ siècle. Paris, Aubry, 1858, in-12, papier vergé, tiré à 60 exemplaires numérotés, 2 fr. 50.

Quelques exemplaires sur papier chamois. 3 fr. 50, prix primitif.

— LE DISCOURS DE MONTYRAMÉ, la prise et capitulation de Merry-sur-Seine, la reprise de la ville de Merry-sur-Seine. Troyes, Bouquot, 1858, 1 vol. in-8°, 8 f.

— LÉGENDES, curiosités et tradition de la Brie. Paris, Durand, 1860, in-8° de 316 pages, 5 fr.

Ouvrage tiré à 450 exemplaires, dont 20 sur papier vergé et 5 sur papier de couleur.

Sommaire de cet ouvrage intéressant : Histoire du premier cep de la Champagne. — Les fous de Troyes à la cour de France. — Le pain d'épice de Reims. — Les lépreux en Champagne. — Les anciennes boucheries de Troyes. — Le libraire Cazin à Reims. — Priviléges des bourreaux champenois au XVIIᵉ siècle. — Le premier livre imprimé en Champagne (1483). — La chandelle de Chirapa, au trésor de la cathédrale de Langres, etc., etc. Voyez Socard.

— PIÈCES curieuses relatives à l'histoire de l'abbaye de Clairvaux. Troyes, 1858. 1 vol. in-8° 4 fr.

— TROYES, depuis le Vᵉ siècle jusqu'au XVIIIᵉ. Troyes, Varlot. 1 vol. in 4°, 20 fr.

17 ATHANASE (R.-A.). GUIDE GÉNÉRAL des Baigneurs aux Eaux minérales de Bourbonne-les-Bains. Chaumont, 1851, in-8°.

18 AUBERT (l'abbé Alexandre), curé de Juvigny, membre de la Société d'Agriculture, Sciences et Arts du département de la Marne et de l'Académie de Reims.

— CHAALONS ancien et nouveau, payen et chrétien, depuis son origine jusqu'en 1726, par l'abbé Pierre Garnier, curé de Férebrianges, publié et annoté, par l'abbé A. Aubert. Châlons-sur-Marne, Laurent 1865, in 12.

Tiré à 200 exemplaires. Se trouve dans l'Annuaire de la Marne de la même année.

— CHAIRE (LA) de Notre-Dame de Juvigny, Châlons, Laurent. Br. in-8°.

Imprimée dans l'Annuaire de la Marne pour 1862 et dans les Mémoires de la Société d'Agriculture.

— HISTOIRE DE SAINT REMI, 436-532. Plancy, 1849. 1 vol. in-18, 60 cent.

— MONOGRAPHIE de la commune de Juvigny. Châlons-sur-Marne, 1856, 1 vol. in-18, 1ʳ 25.

— NOTICE BIOGRAPHIQUE sur M. le président Croissant. Châlons-s-Marne, Laurent, 1862. Br. in-8°.

— MÉMOIRES HISTORIQUES sur la Champagne, par l'abbé Beschefer, ouvrage

publié et annoté par l'abbé Aubert.
J.-L. Le Roy, 1866.

Tiré à 110 exemplaires. Imprimé dans l'Annuaire de la
Marne.

19 AUBERT (F.), docteur en médecine, né
à Dormans (Marne), le 28 septembre
1695.
— DISCOURS sur la maladie des bestiaux.
— CONSULTATIONS MÉDICINALES sur la maladie noire. Chaalons, 1745, in-4°.
— RÉPONSE aux écrits de M. Navier sur le
péritoine. Chaalons, 1751, in-4° (Quérard,
France littéraire.)

20 L'abbé AUBERT (Marius). NOTICE sur le
jubilé de Reims. Avignon, 1827, in-12
de 26 pages.

21 AUBRIET (Claude), né à Châlons-sur-
Marne vers 1680, mort à Paris vers 1740.
DEUX CANARDS supérieurement peints
en miniature, par Claude Aubriet, sur
deux feuilles de vélin, entourées d'un
filet d'or, format in-folio. Cat. Camus de
Limare, 240 fr.

— PAPILLONS, PLANTES et FLEURS, peints
par Claude Aubriet, in-folio mar. rouge
Lavallière, 3,000 fr. 50.

Livre admirable pour le fini et la beauté de son exécution. Il consiste dans le titre ci-dessus, qui est écrit en
or et en couleurs, sur 53 feuilles de vélin blanc, et une
feuille de papier. Les pages peintes sont entourées
d'un filet d'or. Il y en a 28 qui représentent des plantes
avec leurs fruits, et les 25 autres 97 papillons mâles et
femelles, et un nombre assez considérable de papillons
ou chenilles en coques et chrysalides.

— PLANTES peintes à la gouache par
Claude Aubriet, in-folio, mar. rouge.
Lavallière, 1,100 fr.

Ces plantes sont au nombre de 30, peintes d'après nature,
avec un art admirable, sur le recto d'autant de feuillets
de vélin très-blanc, lesquels sont entourés d'un filet
d'or. Le nom de chaque plante y est écrit en rouge.

Ce recueil doit être regardé comme un morceau très-pré-
cieux et très-rare d'histoire naturelle, parce qu'il n'a
été fait qu'avec beaucoup de peine et de dépense.
Claude Aubriet, né à Châlons-sur-Marne, était peintre
de fleurs en miniature, et dessinateur du jardin du roi.
Il accompagna en 1700 M. Tournefort dans son voyage
du Levant ; à son retour il se fixa à Paris où il mourut.

Cet article d'Aubriet a été communiqué à M. H. Menu,
qui se propose d'écrire une notice biographique sur
ce peintre célèbre.

— RECUEIL de 24 miniatures emblémati-
ques peintes sur vélin par Aubriet, à
l'occasion du renouvellement de l'alliance entre la France et les Suisses, et
sur d'autres évènements du règne de
Louis XIV. Au bas de chaque miniature
se trouvent des vers analogues, par
Mlle Basseporte, Perrault, l'abbé de Bour-
seis, etc., 1 vol. in-folio, mar. rouge
doublé de tabis.

L'exécution de ce travail égale, si elle ne surpasse ce qui
a été fait de mieux dans ce genre. (Cat. du P. Galitzin.
No 157.)

— RECUEIL D'OISEAUX peints par Claude
Aubriet, in-folio, mar. rouge Lavallière, 2,400 fr.

Recueil infiniment précieux, formé avec un soin et une
dépense considérable. Il consiste en 56 feuillets de vélin
collés sur un grand in-folio et peints d'un seul côté. On
y voit représentés 92 oiseaux de la dernière beauté ; un

feu surprenant, une touche précieuse, la nature même
saisie parfaitement, y font admirer le talent de leur
habile artiste. Voyez Vaillant.

— RECUEIL DE PLANTES dessinées et
peintes par Claude Aubriet et Mlle Magde-
leine Basseporte, in-folio, mar. rouge
Lavallière, 660 fr.

Recueil aussi précieux que le précédent, mais sur papier,
de 106 feuillets. Plusieurs plantes qu'il contient sont
dessinées et lavées, et d'autres sont peintes. Il y en a 10
qui portent le nom de Mlle Basseporte.

— RECUEIL de Plantes, Fleurs, Fruits, Oiseaux, Animaux, Insectes et Coquillages,
etc., etc., peints en miniature sur vélin,
par le célèbre Claude Aubriet, sous le
règne de Louis XIV, 5 vol. grand in-fol.,
mar. rouge.

Ce recueil existe à Paris (dit de Bure, au No 1603 de sa
Bibliothèque instructive), dans le cabinet de M. Gaignat,
qui a pris un singulier plaisir à le former, pour ainsi
dire, feuille à feuille, lorsque l'occasion s'est présentée
d'en acquérir qui en valussent la peine. Il n'a ménagé
ni soins ni dépenses pour rendre cette collection une
des plus belles et une des plus précieuses en ce genre ;
et il l'a conduite enfin avec le temps au degré de perfection dans laquelle elle se trouve actuellement. On peut
imaginer que cette collection n'a pu se faire sans y
dépenser beaucoup ; mais aussi a-t-elle été rendue digne
de toute l'attention des curieux et des connaisseurs ;
tous ceux qui l'ont vue jusqu'à présent ne peuvent se
lasser de l'admirer et de la revoir avec un plaisir toujours nouveau.

La plus grande partie des plantes et fleurs, fruits, oiseaux
et coquillages sont sur vélin ; les autres, mais en plus
petit nombre, sont seulement dessinées à l'encre de
chine, par le même Aubriet, mais dans le plus haut
degré de perfection. Ces dernières (sur papier) ne regardent que des plantes médicinales. (Biblioth. instr.)
Voyez Vaillant.

AUBRY (l'abbé) (1789).

22 AUDOUIN DE CHAIGNEBRUN (A.), docteur-
médecin. RELATION d'une maladie épi-
démique et contagieuse qui a régné,
l'été et l'automne 1757, sur les animaux
de différentes espèces, dans quelques
villes et plus de soixante paroisses de
la Brie, où l'on voit que cette maladie
est relative à certaines épidémies qui
arrivent aux hommes, etc. Paris, Prault
1762, in-12.

Opuscule excellent sur la médecine vétérinaire, dont
Audoin s'occupa beaucoup, et sur laquelle il avait réuni
un grand nombre d'observations précieuses, que Gaulin
a insérées dans ses mémoires littéraires et critiques,
etc., pour servir à l'histoire ancienne et moderne de la
médecine. Note de la Biog. médicale rapportée par
M. Quérard et dans le nouveau Lelong. No 2517.

23 AUDOIN DE GÉRONVAL (Maurice-Ernest),
littérateur et agronome, né à Paris le
30 mai 1802.
— LETTRES sur la Champagne, ou mémoires historiques et critiques sur les
arts, l'industrie et les mœurs de cette
province. Sec. édit. Paris, B. Mondor.
1824, in-8°. La première parut en 1822,
in-12.

— RELATION du siége de Mézières, par les
ordres de S. Exc. M. le baron de Hake,
lieutenant-général au service de S. M.
le roi de Prusse, etc. Paris, de Leguette,
1824, in-8° de 16 pages.

Réimprimé dans le journal des sciences militaires du
1er novembre 1826. (Flore des Ardennes). Pour les
nombreuses productions de cet écrivain, voyez son art.
dans la France litt. de M. Quérard.

24 AUFAUVRE (Amédée), né à Troyes le 17 novembre 1818. mort en 1864. LES TABLETTES HISTORIQUES de Troyes, depuis les temps anciens jusqu'à l'année 1855. Troyes, 1858, in-8°, 4 fr.

— ALBUM pittoresque et monumental du département de l'Aube, dessiné d'après nature et lithographié à deux teintes en couleur, par Ch. Fichot, accompagné de notices historiques, archéologiques et descriptives, par Amédée Aufauvre. Troyes, 1852, in-folio publié en 30 livraisons.

–– LES ANCIENS EDIFICES de Troyes. Troyes, Varlot, 1853, in-4° de 4 feuilles, orné de 6 pl. tiré à 40 exemplaires.

— HISTOIRE DE NOGENT-SUR-SEINE. Troyes, Bouquot, 1859. 1 vol. in-8°, prix de publication. 8 fr., plan, figures et blasons.

La critique reproche à l'auteur de ne pas s'être arrêté dans son histoire au coup d'Etat de 1851, et d'avoir rapporté des événements trop contemporains et qui ne provoquent aucun détail intéressant dans des localités dépourvues d'initiative, comme est nécessairement Nogent. (Bull. du Bouq. 15 janvier 1861.)

— LES MONUMENTS DE SEINE-ET-MARNE, description historique et archéologique, et reproduction des édifices religieux et civils du département. (Texte de M. Aufauvre, dessins de M. Ch. Pichot.) Troyes et Paris, chez les auteurs, 1858, in fol. avec 108 planches, publié de 1854 à 1859 en 36 livraisons, au prix de 5 francs chacune.

— TROYES ET SES ENVIRONS. guide historique et topographique, par M. Amédée Aufauvre. Etablissements publics, biographies, monuments civils et religieux. etc. Troyes, Bouquot, in-12 de 264 pages plans et 7 gravures, 2 fr. •

Sous le titre modeste de Guide, cet ouvrage est une excellente histoire archéologique du vieux Troyes. Les gravures que l'on y remarque sont exécutées avec beaucoup de soin et reproduisent fidèlement les anciens monuments de la capitale des comtes de Champagne. (A. Claudin). Arch. du bibl.

25 AUVIGNY (Jean du Castre d'), né dans le Hainault en 1712, mort à Ettingen en 1743.

— VIE de Guillaume de Blois, dit le cardinal de Champagne, premier ministre sous Philippe-Auguste, et mort archevêque de Reims en 1202.

Dans les vies des hommes illustres de France par d'Auvigny avec la continuation par Perrau et Turpin.
Dans le même ouvrage se trouve la vie du cardinal Charles de Lorraine, premier ministre de François II et archevêque.

26 AVICE (le chevalier). La pompeuse et magnifique cérémonie du Sacre de Louis XIV, faite à Reims le 7 juin 1654, représentée au naturel par ordre de Leurs Majestés (par le chevalier Avice). Paris, imprimerie de Edme Martin, 1655, in-folio fig., de 24 à 36 fr.

L'exemplaire de Colbert, relié en maroquin rouge, a été vendu à la vente Gilbert 160 fr.

27 BABLOT (Benjamin). DISSERTATION sur le pouvoir de l'imagination chez les femmes enceintes, par B. Bablot, de Châlons-sur-Marne. Paris, 1788, in-8°.

B. Bablot, médecin ordinaire du roi, demeurant à Châlons-sur-Marne, est l'auteur de l'Observateur du département de la Marne, dont le bureau était rue Grande-Etape et se vendait chez Briquet, libraire.
On a encore du même auteur : LE CADUCÉE, ou organisation du département de la Marne par Silenci Lalcomin, électeur et chevalier de l'étoile polaire au département de la Marne. A la Guadeloupe, chez les contrefacteurs des vérités polies, et se trouve à Châlons chez Briquet, libraire. Br. in-8°, 1790.

— SESSION de l'assemblée électorale du département de la Marne, ou 2° partie du Caducée.

28 BABLOT-MAITRE de Jonchery-s-Suippe. Produits agricoles et industriels. Note et plans de la propriété appelée le Moulin-des-Chiens, près Jonchery, in-8°.

— ETUDE sur la Champagne agricole et sur l'amélioration du sol champenois. Châlons-sur-Marne, T. Martin, 1866, br. in-8° de 40 pages.

Avec cette épigraphe : « La vie que l'agriculture offre à nos yeux est moins brillante que le faste et le tracas des villes, mais elle est infiniment plus simple, plus heureuse, plus utile. »

28 bis. BACHOT (J.) SEZANIÆ URBIS INCENDIUM (poema). Paris, 1632, in-4°. Voyez embrasement.

29 BACON DE LA BRETONNIÈRE, médecin de l'Université de Louvain, né à Verdun-sur-Saône en 1678.

— ANALYSE des eaux chaudes et minérales de Bourbonne, avec une petite dissertation sur les différents genres de coliques. Dijon, Defay. 1712, in-12. (Bibl. physique de la France)

Ce médecin est encore auteur d'une réponse à M. Moreau, médecin à Châlons. Châlons, 1710. (Biog. médicale.)

30 BAICHÈRE (Eug.) REIMS, ville du sacre. Reims, Gérard, 1853. 1 vol. in-8°.

30 bis. BAILLOT (Adrien), bibliothécaire de M le président de Lamoignon.

— LA VIE d'Edmond Richer, docteur en Sorbonne. S. L. 1734, in-12, 3 à 4 fr. Cat. Al. Socard, 2f 50.

31 BAILLOT (Et. Cath.), ancien jurisconsulte, né à Ervy-sur-Aube, en Champagne, en 1758, mort dans cette ville le 15 avril 1825.

Cet auteur a laissé un manuscrit des Recherches sur l'Histoire de la Champagne, où il s'est occupé particulièrement des généalogies des familles de ce pays. (A. M? J. Quérard, France littéraire.)
On a du même une traduction des satyres de Juvénal, texte en regard et des notes. Paris, de Courtières, 1823 in-8°. Prix de publication, 6 fr. 50, papier vélin, 12 fr. Traduction (en prose), qu'on regarde comme la meilleure. Quérard, France littéraire.

32 BAILLY (Thomas), né à Langres suivant les uns, et à Bourbonne suivant les autres.

— HISTOIRE de saint Mammès, patron de la cathédrale de Langres. 1613. in-12.

33 BAILLY (l'abbé Paul). TABLEAU de la vie et des miracles de saint Thierry, pre-

mier vicaire de l'abbaye royale du Mont-d'Or-les-Rheims, dict sainct Thierry, ensemble de saint Théodulphe, troisième abbé du même lieu, par le sieur Bailly, abbé de ladite abbaye. Paris, 1632, in-8°, orné de 2 planches, 6 à 8 fr.

34 BAILLY (l'abbé), NOTICES BIOGRAPHIQUES sur Msr de Prilly, évêque de Châlons-s-Marne, et sur l'abbé Blion, décédé chanoine de la cathédrale de Châlons.

35 BALDEWIN ou BAUDOIN, moine de Saint-Remi de Reims, vivait au milieu du XIIe siècle. DE MIRACULIS sancti Gibriani presbyteri libri IV.

L'auteur, qui raconte ces miracles comme témoin oculaire, les rapporte à l'année 1145, où le corps du saint fut transféré dans une nouvelle châsse. Relation publiée dans les Acta Sanctorum en 1688, d'après un manuscrit de l'abbaye de Saint-Remi, par Daniel Papebroch, qui l'enrichit d'une préface et de notes. (Com. de Script. eccles. tome II.

36 BALET (François), ancien curé de Gif, prédicateur de la Reine, né à Paris le 6 mai 1702.

— PANÉGYRIQUE de saint Remy. Paris, 1755, in-12.

37 BALTET-PETIT. ESSAI SUR LA PLANTATION et la culture des arbres verts dans les plaines crayeuses de la Champagne, par M. Baltet-Petit, pépiniériste à Troyes.

38 BALTHAZAR (Daniel), sieur de Malherbe, sénonais. LA SÉNONAISE AU ROI, sur le démembrement de son archevêché. Paris, 1625, in-4°. N. Lelong, 10024.

Pièce fort rare d'après les Archives du bibliophile.

BALTUS (François) 2097.

39 BALUZE (Etienne), né à Tulle en 1630, bibliothécaire du grand Colbert.

— HISTOIRE GÉNÉALOGIQUE de la maison d'Auvergne. Paris, Dézallier, 1708, 2 vol. in-folio.

On trouve à la fin du 2e volume 71 pièces sur les ducs de Bouillon, princes souverains de Sedan et Raucourt, de la maison de la Tour, depuis 1575 jusqu'en 1698.

Le même auteur a encore publié : Lettre pour servir de réponse à divers écrits qu'on a semés dans Paris et à la cour contre quelques anciens titres qui prouvent que MM. de Bouillon descendent en ligne directe des anciens ducs de Guienne et comtes d'Auvergne. Paris, 1698, in-folio. (Biog. ard.) Chaudon, Dictionnaire hist.

40 BANDEVILLE (l'abbé). CHRONIQUE de Flodoard, de l'an 919 à l'an 976, avec un appendice de quelques années, une introduction nouvelle et des notes, suivie d'un index pour l'histoire de Reims, par l'abbé Bandeville. Reims, 1855, 1 vol. in-8°, 5 fr.

— RICHERI HISTORIARUM, quatuor libri. Histoire de Richer en quatre livres, avec traduction, notes, carte géographique et fac simile des manuscrits de Richer.

Ce volume fait suite au précédent.

— RAPPORT sur l'ouvrage de M. Gallois, ayant pour titre : Introduction à l'histoire des ducs de Champagne. Reims, 1845, br. in-8°. Voyez Flodoart.

41 BARANTE (de). VIE POLITIQUE de M. Royer-Collard, ses discours et ses écrits. Paris, 1861, 2 vol. in-8°.

42 BARAT (Alexandre), curé de Lépine, près Châlons.

— HISTOIRE de Notre-Dame de Lépine. Châlons, Dortu-Deullin, 1861, 1 vol. in-18

43 BARBAT (Louis). HISTOIRE de la ville de Châlons et de ses monuments, depuis son origine jusqu'à l'époque actuelle. 2 vol. in-4° ornés de 150 dessins. Châlons, Martin et Barbat, 1860. Prix 60 fr.

Ouvrage curieux et d'une belle exécution typographique. Les dessins ont demandé beaucoup de recherches et de soins.

Une deuxième édition est sous presse. Janvier 1865. (1204)

BARCOS (l'abbé de) 1878.

44 BARRAU (J.-J.). DISSERTATION sur cette question : « Provins est-il l'Agendicum des commentaires de César ? Paris et Provins, Raynal, 1821, in-12, 2 fr. Quérard, France littéraire.

45 BARRE (Joseph), génovéfain; chanoine de l'Université de Paris, mort dans cette ville le 23 juin 1794.

— VIE du maréchal de Fabert (ancien gouverneur de la ville de Sedan). Paris, Th. Hérissaut, 1752, 2 vol. in-12, portrait. Vente Girault, 9 fr.

Cette histoire n'est pas du père Barré, mais du chevalier de Saint-Jorry. Louis Rustaing de Saint-Jorry mourut en 1752, laissant en manuscrit la vie du maréchal de Fabert. Elle fut achetée par d'Argental, qui en fit présent au comte de Caylus; celui-ci la donna au père Barre, qui la fit imprimer sous son nom. Le public a dû être étonné de voir l'annonce de la vie du maréchal de Fabert par un religieux, livré jusqu'alors à des études austères, ou à de graves recherches sur l'empire d'Allemagne, mais il était difficile de soupçonner le nom du véritable auteur de cet ouvrage; j'en ai trouvé l'indication dans un manuscrit de la bibliothèque Lamoniana et ayant pour titre : Anecdotes littéraires de 1750 à 1762. Ce volume a été exposé dans la galerie de M. Bossange père, rue de Richelieu. (Barbier. Diction. des Ann. No 23536).

Il y a dans cet ouvrage, dit Chaudon dans son Dictionnaire historique, des choses curieuses, mais trop de minuties et de choses étrangères au maréchal de Fabert. Dessessart, dans ses Siècles littéraires, croyant que cette histoire était l'œuvre du P. Barre, dit qu'elle est aussi mal écrite que ses autres ouvrages.

— Voyez le No 8.

45 bis. BARRÉ (l'abbé). ETUDE HISTORIQUE SUR CHOUILLY. Châlons, T. Martin, 1866. Un vol. in-8°, 336 pag., avec un Album lith. par Cerf.

Ouvrage couronné par l'Académie de la Marne.

46 BARTHÉLEMY (Ed. de). ARMORIAL général de la généralité de Châlons-s-Marne, publié pour la première fois d'après le manuscrit de 1698, original conservé à la bibliothèque impériale, et annoté. Comprend les élections de Châlons, Sainte-Menehould, Epernay, Sézanne et Vitry-le-François. Paris, A. Aubry. 1862, in-12, 3 fr. Se trouve inséré dans l'Annuaire de la Marne, année 1862.

— ARMORIAL de la ville de Châlons. Paris, Dumoulin, 1856, in-18 de 70 pages.

On y a joint le Rôle des Gentilshommes châlonnais ayant

fiefs aux bailliages de Vermandois, Reims et Vitry en 1597, 1622 et 1635. Les votants du bailliage à Châlons en 1789 et le rôle de troupes de grande levée sur le Châlonnais; nobles et non nobles en 1521, et la liste des chevaliers de la Compagnie de l'Arc en 1742.

— ARTS (les) et les monuments en Champagne. Série d'articles insérés dans la Revue des Beaux-Arts, années 1861, 1862, 1863.

— ARTISTES (les) champenois, ibid. Année 1861.

— CARRELAGES d'Orbais, Lépine. etc., avec gravures. (Revue archéol.) Juillet 1862.

— CARRELAGES émaillés de Champagne. Paris, Dérache, 1852. Br. in-8° avec gravures.

— CARTULAIRES de l'évêché et du chapitre Saint-Etienne de Châlons-s-Marne, histoire et documents. Châlons-sur-Marne et Paris, Pierre Didron. 1853. Br. in-12, 1 fr., avec une vue de l'ancien palais épiscopal.
Ces cartulaires sont imprimés dans l'Annuaire de la Marne pour 1853.

— CATALOGUE des gentilshommes de Champagne qui ont pris part ou envoyé leur procuration aux assemblées de la noblesse pour l'élection des députés aux états généraux de 1789. Paris, Dentu et A. Aubry, 1863. 1 vol. in-8°, 2 fr.
La même publication se fait également pour les autres provinces de France, en collaboration avec M. de Larroque.

— CHALONS pendant l'invasion anglaise, 1338-1453. Châlons-sur-Marne, T Martin, 1852. Br. in-8°, avec plan.

— COMPTE des recettes et dépenses de Notre-Dame de Châlons en 1389 et 1410. Paris, A. Aubry, 1862. in-18 de 16 p.

— CORRESPONDANCE inédite des rois de France avec le conseil de la ville de Châlons-sur-Marne. Châlons-sur-Marne. Laurent, 1 vol. in-12.
Cette correspondance se trouve imprimée dans l'Annuaire de la Marne de 1855.

— DIOCÈSE ANCIEN de Châlons-sur-Marne, histoire et monuments, suivi des cartulaires inédits de la commanderie de La Neuville-au-Temple, des abbayes de Toussaints, de Moutiers, et du prieuré de Vinetz. Chaumont, Cavaniol, 1861. 2 vol. grand in-8°. Cartes et vues. Prix de publication, 13 fr.
Cet ouvrage est le fruit de six années de recherches. Il embrasse la partie de la Champagne circonscrite dans l'ancien diocèse de Châlons-sur-Marne. Cette savante étude complète les précédents travaux de l'auteur sur cette même province, travaux qui lui ont déjà valu la médaille d'or de la Société académique de la Marne, et l'une des couronnes de l'Institut. (Bulletin du Bouq.) E. de la F.
L'analyse critique de cet ouvrage se trouve dans le compte-rendu de la Société d'Agriculture de la Marne pour 1862, page 158 et suivantes.

— ESSAI sur les abbayes du département de la Marne. Paris, 1853. Br. in-8°, 1 fr. 50.
50 exemplaires.

— ESSAI sur les abbayes du diocèse ancien de Châlons, avec une carte. Reims, Brissart-Binet, 1853, in-8° de 80 pages.

ESSAI HISTORIQUE sur les comtes de Champagne. Châlons, T. Martin, 1852.
Tiré à 50 exemplaires.

— ETUDES BIOGRAPHIQUES sur Claude d'Epence, David Blondel et Perrot d'Ablancourt. Châlons-sur-Marne, T. Martin, 1853. Br. in-8°

— ETUDES BIOGRAPHIQUES sur les hommes célèbres nés dans le département de la Marne. Châlons-sur-Marne, Boniez, 1853, 1 vol. in-12, 2 fr. 50.
Tiré à très-petit nombre, mais se trouve inséré dans l'Annuaire de la Marne de l'année 1854.

— FIEFS (les) et seigneuries de l'élection de Sainte-Menehould (Mémoires de l'Académie de Reims, année 1851.)

— GUIDE du voyageur de Reims à Epernay. Br. in-18.

— DITO. Reims, Brissart-Binet, br. in-18 avec carte.

— HISTOIRE du canton de Ville-s-Tourbe. Paris, Aubry, 1866, 1 vol. in-8° avec carte.

— HISTOIRE de la ville de Châlons-sur-Marne et de ses institutions, depuis son origine jusqu'en 1789, avec plan. Châlons-sur-Marne, H. Laurent, 1854. 1 vol. in-8° de 350 pages. Prix de publication, 6 fr.

— HISTOIRE de la ville de Châlons-sur-Marne, depuis 1789 jusqu'à nos jours (publiée sous le pseudonyme d'Hartel). Châlons-sur-Marne, Laurent. 1854, in-8°, 1 fr.

— INVENTAIRE du mobilier des églises de Joinville et Vassy, en 1626. (Revue de la Haute-Marne, N° 43).

— NOTICE sur la vie publique et privée de J.-B. Colbert. Châlons-s-Marne, T. Martin, 1856, br. in-8°

— NOTICE sur le Chapitre de Saint-Etienne de Châlons-s-Marne. Châlons-s-Marne, T. Martin, 1851, br. in-12, 1 fr.

— NOTICE sur les abbayes de la Champagne. Châlons-sur-Marne, 1854, in-12, 2f 50.

— NOTICE sur les établissements des Hospitaliers militaires en Champagne (Extrait du Bulletin monumental). Paris, Derache, 1830. in-8°.

— NOTRE-DAME de Châlons, son histoire, sa description. Châlons-sur-Marne, T. Martin, 1852. Br. in-8°.

— PASSAGES de princes et princesses à Châlons, Reims et Sainte-Menehould, au XVII et XVIIIe siècle. Paris, Aubry, 1862, in-18 de 12 pages.

— PIERRES TOMBALES et obituaires de Notre-Dame de Châlons. Paris, A. Aubry, 1862. Br in-16 de 12 pages.

— RÉFORME (la) et la Ligue à Châlons. Châlons-sur-Marne, T. Martin, 1851, br. in-8°.

— RELATION de l'entrée de la Dauphine Marie-Antoinette à Châlons, le 11 mai 1770, accompagnée d'une introduction historique, de notes et suivie de relations de diverses entrées de souverains dans cette ville. Châlons. Laurent, et Paris, Aubry, 1861. Br. in-12, tirée à petit nombre, 1 fr. 50.

Se trouve dans l'Annuaire de la Marne pour 1861.

— RELATION de l'entrée de Mgr Choiseul Beaupré, évêque de Châlons, dans sa ville épiscopale en 1755. Châlons, Laurent, 1861. Br. in-12, 1ᶠ.

Se trouve dans l'Annuaire de la Marne pour 1861.

— RELATION inédite du siége de Sainte-Menehould en 1652 et 1653. Paris, A. Aubry, 1866. Br. in-8°.

— STATISTIQUE monumentale de l'arrondissement de Sainte-Menehould, 2 parties, in-8° de 65 pages. La couverture sert de titre.

— VARIÉTÉS historiques et archéologiques sur Châlons et son diocèse ancien (1ʳᵉ série). Paris, A. Aubry, 1862. 1 v. in-8°.

Ce premier volume contient notamment : Documents sur l'organisation municipale au XVIIIᵉ siècle : mort de la Dauphine à Châlons, en 1445 : lettres de personnages importants adressées au Conseil de ville, au XVIᵉ siècle : généalogie de la famille Jourdain et blasons de familles châlonnaises non inscrits, dans les armoriaux. La 2ᵉ série a été éditée en 1866. I vol. in-8o.

— VIE DE ROYER-COLLARD (Travaux de l'académie de Reims, année 1857 et dans la biographie Didot, 1864).

— VITRAUX (les) des églises de Châlons-sur-Marne Etude et description, par E. de Barthélemy. Paris, Didron, 1858. Br. in-8°, 1 fr.

Avec une gravure représentant le vitrail des douze apôtres de l'église de Saint-Alpin.

47 BARTHÉLEMY (Anatole de). LE DORMOIS, 1856. Bib. de l'Ecole des Chartes : tiré à part. Paris, Aubry, br. in-8°.

-- RECHERCHE sur la Noblesse maternelle de Champagne. Bib. de l'Ecole des Chartes, 1861, br. in-8°. Paris, Aubry. V. Grosley et Biston.

Voir aussi plusieurs articles sur le même sujet, dans la REVUE NOBILIAIRE (Dumoulin), 1864 et 1865.

48 BARTHÉLEMY DE BEAUREGARD (l'abbé) HISTOIRE de Jeanne d'Arc d'après les chroniques contemporaines, suivie de près de 1200 articles indiquant tout ce qui a été publié sur cette héroïne. 2 vol. in-8°.

BARTHÉLEMY-FAYE (1327) (1334),

BARTHÉLEMY-ROBIN (1292).

BATTELIER (Claude) (1237).

49 BATTEUX (l'abbé Ch.), chanoine honoraire de l'église métropolitaine de Reims. membre de l'Académie des inscriptions et belles lettres, né à Allerdhuy, près de Reims, en 1713 mort le 14 juillet 1780.

— IN CIVITATEM REMENSEM. Ode traduite en français par l'abbé de Saulx, 1789, in-4°.

BAUDART (1544).

50 BAUDERON (Brice), savant médecin originaire de Mâcon.

— LA GUYVRE MYSTÉRIEUSE ou l'explication des armes de la famille de Colbert. Mascon, 1680, in-8°. Cat. Morel-Vindé, N° 3576.

On a encore de cet auteur une Pharmacopée.

51 BAUDESSON. DE L'ÉTAT de la production chevaline dans l'arrondissement de Reims. Reims, 1852, br. in-8°.

52. BAUDIN (Pierre-Charles-Louis), membre de l'Institut, né à Sedan le 18 octobre 1748, mort le 17 octobre 1799.

— DISCOURS prononcé dans l'église royale de Sedan, à la cérémonie de la bénédiction des drapeaux des volontaires patriotes, le 3 décembre 1789. Sedan, 1789, in-4° de 8 pages.

— DISCOURS prononcé le 7 février 1790. dans la chapelle du collége, en présence de la commune assemblée pour la prestation du serment de la nouvelle constitution. Sedan, C. Morin, 1790, in-8° de 7 pages.

Baudin a eu part au journal de Louvet, appelé la SENTINELLE, et au Journal des Savants, de 1797. On a encore de lui plusieurs rapports faits à la Convention et aux assemblées, et des mémoires insérés dans le Recueil de l'Institut. (Biogr. ardenn. — Quérard, France littéraire.)

53 ADRESSE de la municipalité de Sedan aux citoyens (du 26 juillet 1791), par Baudin et Lenoir-Peyre. Sedan, ibid., 1761, in-8° de 24 p. (Biog. ard.)

-- P. C. L. Baudin, député à la Convention nationale, aux citoyens de Sedan, ses compatriotes. Du 7 juin 1793, br. de 7 pages.

54 BAUDRY. TRAITÉ des eaux minérales de Bourbonne-les-Bains. 1 vol. in-8°. N. Lelong, N° 3012.

BAUFFREMONT (Claude de) (1857).

55 BAUGIER (Edme), seigneur de Breuvery et doyen du présidial de Châlons-sur-Marne.

— TRAITÉ des Eaux minérales d'Attancourt en Champagne, avec quelques observations sur les eaux minérales de Sermaize par Edme Baugier, conseiller du Roy, doyen du présidial de Châlons. Châlons, Seneuze, 1696. in-12.

Cet ouvrage est devenu très-rare; il est dédié à Mgr Gaston de Noailles, évêque de Châlons. Les approbations médicales qui le terminent prodiguent unanimement les formules laudatives à son auteur. (J. Menu. Notice biogr.)

— MÉMOIRES HISTORIQUES de la province de Champagne. Châlons-s-Marne, Claude Bouchard, 1721. 2 vol. in-12, 12 à 15 fr.

Pour la critique des Mémoires historiques de Champagne, voyez le Journal des Savants, des mois de mai, juin, août et septembre 1721, et le journal de Verdun des mois de mai, juin, juillet et novembre 1722.

— REMARQUES CRITIQUES sur les Mémoires historiques de Champagne, adressées à un conseiller du Parlement (Mercure du mois d'avril 1722).

La réponse de M. Baugier se trouve au mois de juillet suivant. Il est dit dans ces diverses critiques que les Mémoires historiques de Champagne sont très-intéressants pour l'histoire de la province. « Le soin qu'il a mis à les composer, dit M. H. Menu, en font un ouvrage hors ligne pour une époque où la science archéologique, critique et topographique était presque nulle. »

— LETTRE de M. Baugier, lieutenant de la ville de Chaalons en Champagne, écrite à M. Couault, maire de la ville de Troyes, à l'occasion du sacre du roi, sur la capitalité de la ville de Troyes.

Voyez le MERCURE, mois de février 1723. La réponse de M. Couault se trouve dans le mois de mai suivant.
Ces lettres, au nombre de sept, ont pour objet de rechercher si c'est Troyes ou Châlons qui était la capitale de la Champagne.
Voyez le journal de Verdun, des mois de février et avril 1724, et des mois d'avril, juin, août et décembre 1725.
Le véritable auteur des lettres du maire Couault est M. Le Fèvre, prieur de Saint-Nicolas de Troyes.
(Voyez Brayer-Remy.)

56 BAUSSET (de). HISTOIRE DE BOSSUET, évêque de Meaux. Versailles, Lebel, 1844. 4 vol. in-8°, portrait.

57 BAUSSONNET (Georges). né à Reims vers 1580.

On a de ce poëte plusieurs morceaux de poésie de circonstance, devises, emblèmes pour les fêtes publiques.

— ELOGE de Charles Cauchon de Maupas (1638) et un manuscrit conservé à la bibliothèque de Reims, intitulé : Dessins de peinture, graveure, orfévrerie, massonnerie, menuiserie, tournerie, férure et autres arts de la main et de l'invention de G. Baussonnet de Reims.

— ESSAI sur les grands hommes d'une partie de la Champagne. Toiles peintes et tapisseries de la ville de Reims, tome Ier, page 85.

Séances de l'Académie de Reims. (1856.)

58 BAUSSONNET (Jean-Baptiste), bénédictin, né à Reims en 1700.

Ce collaborateur de dom Tassin, au nouveau Traité de diplomatique dit des Bénédictins, se réunit à dom Taillandier pour écrire l'histoire générale de la Champagne et de la Brie. Le plan de cet ouvrage fut imprimé à Reims en 1738; Baussonnet avait réuni d'immenses matériaux auxquels il avait joint la collection de l'abbé Baluze, et la bibliothèque de M. Joly de Fleury, lorsque Taillandier abandonna ce projet. En 1754 les documents furent confiés à dom Rousseau, qui n'en tira aucun parti. Après différentes vicissitudes, cette collection passa à la bibliothèque royale.
(Géruzez, histoire de Reims. Biographie Michaud. — Sup. Grosley. — Bibliothèque des Hommes illustres de la Champagne.

59 BAYE (l'abbé L.) DISCOURS en faveur de l'église de Mouzon, prononcé dans la cathédrale de Reims, le 11 janvier 1863. Reims, imp. de P. Dubois, 1863, in-8°.

BAZIN (1190).

---

60 BEAUCHAMPS (A. de). HISTOIRE des Campagnes de 1814 et 1815. Paris, 1817, 2 vol. in-8°. Vente Louis-Philippe, 10 fr.

On trouve dans cet ouvrage la description des événements mémorables dont la Champagne a été le théâtre à la chute du premier empire.

BEAUCOURT (1321). .

60 bis. BEAULIEU (Louis Le Blanc), seigneur de Beaulieu, né au Plessy-Marly en 1611, mort en 1675.

— THESES SEDANENSES. Sedan, 1683, in-folio.

Cet auteur, professeur de théologie à Sedan, fit soutenir plusieurs thèses de théologie dans l'académie des protestants. Ces thèses ont été imprimées à un très-petit nombre d'exemplaires, ce qui en explique la rareté.

BEAURIN (Jean de) (1213).

60 ter. BEAUTEMPS-BEAUPRÉ. Voyez Coutumes (1345).

BEAUVAU (Jacques de) (1314).

61 BECQUEY (Augustin-Joseph), vicaire-général du diocèse de Châlons-s-Marne, né à Vitry-le-François, mort en 1827.

— DISCOURS à l'occasion de la prise de possession de l'église de Lépine par l'abbé Brisson. Châlons-s-Marne, 1822, br. in-8°.

La Notice biographique de l'abbé Becquey se trouve dans l'Annuaire de la Marne pour 1828, page 265.

— DISCOURS prononcé dans l'église paroissiale de Saint-Alpin le 2 juillet 1822, à l'occasion de la bénédiction des cloches. Châlons, 1822, br. in-12.

62 BÉGIN (l'abbé), chanoine, à Châlons-sur-Marne.

— NOTICE sur les dalles funéraires de Saint-Etienne, cathédrale de Châlons-sur-Marne. Paris, Derache, 1856. Br. in-8° de 24 pages, 1 fr. 50.

BÉGAT (l'abbé) (2134).

BÉGUILLET (1269).

63 BÉGUIN (Nicolas), chanoine de la cathédrale de Reims, mort en 1574.

— Nicolai Beguini Remensis de Schola Dominica. Reims, 1562.

— Eucharistia sine dominica, etc. Paris, 1564, in-8°.

Marlot, histoire de Reims, tome IV, histoire de l'imprimerie à Reims par l'abbé Gerf.

— RHEMENSIS de paschale dominico libri tres. Remis excudebat J. de Foigny, ex officina N. Bacnetii. R. Do. Caroli. Lotharingi cardinales typographi sub leone. 1562.

M. Géruzez, dans sa description de Reims, date à tort ce livre de l'année 1571. Note du catal. de la bib. de Reims.

BELLEFOREST (1196).

BELLEY (l'abbé) (1916).

64 BELLUS ou BELLE (Thomas), né à Langres.

— COMPENDIUM IN ARTEM disserendi ab

Aristoteledescriptum Thomas Bello, Lingonensi auctore, Parisiis, 1562.

65 BENOIST (René), angevin, doyen de la Faculté de Théologie de Paris, curé de Saint-Eustache et confesseur de Marie Stuart, mort en 1608.

— LE SACRE ET COURONNEMENT du roy Henry III en 1575. Rheims, de Foigny, 1575, in-8°.

Benoist fut nommé à l'évêché de Troyes, mais sa traduction de la Bible en 1566, in-fol. et 1568, 2 vol. in-4°, lui fit refuser les bulles du pape. Cette version fut supprimée par la Sorbonne en 1567 et condamnée par Grégoire XIII en 1575. Elle avait beaucoup de ressemblance avec celle de Genève, surtout dans les notes. B. D.

66 BENOIT (D.), prêtre d'Avignon.

— LE TRÉSOR SPIRITUEL caché dans l'église papale de Saint-Urbain, pape et martyr. Troyes, A. Chevillot. 1652, 1 vol. in-8°.

67 BERAUD (J.-B.) HISTOIRE des comtes de Champagne et de Brie, 2 vol. in-8° de 3 à 5 fr. Paris, 1839, cat. Naudin, 12 fr.

Ouvrage écrit loin des lieux, et reproduisant en grande partie le manuscrit de M. Rémond des Cours. Nicolas Rémond, seigneur des Cours, près de Troyes.

(Voyez Grosley, Troyens célèbres, aux mots Ravallière et Rémond. Archives historiques de l'Aube.)

68 BERGEAT (Nicolas), né à Reims en 1732, mort en 1815, ancien vidame de Reims.

— AVIS AUX CURIEUX, bibliothèque choisie.

Cet ouvrage satirique, dirigé contre le Chapitre de Reims, fut publié en 1758, sous les initiales B. R. D. T. (Regnauld, rue de Tambour), et fut condamné au feu par arrêt du Parlement du 21 octobre 1758.

— EXPLICATION des emblèmes inventés pour le sacre de Louis XVI. Reims, 1775, in-4° (de collaboration avec l'abbé Deloche).

— INDICATION des tableaux exposés au musée de Reims. Reims, an X. in-12.

Bergeat a laissé plusieurs ouvrages manuscrits qui se conservent dans la bibliothèque de Reims.

Biogr. Michaud. Géruzez, Histoire de Reims, Chronique de Champagne, tome Ier. (1479)

69 BERGER DE XIVREY. LETTRE à M. Hase sur une inscription latine du second siècle, trouvée à Bourbonne-les-Bains, le 6 janvier 1833, et sur l'histoire de cette ville. Paris, 1833, in-8°. 6 planches d'antiquités, sceaux et armoiries, 4 à 6 fr.

On a du même : Inscriptions. Paris, 1840. Br in-12 de 35 pages.

70 BERGIER (Nicolas), avocat, né à Reims, le 1er mars 1557, mort en 1623.

— HISTOIRE de Saint-Albert et Histoire de la translation du corps de Saint-Albert de Reims à Bruxelles.

Dans le dessin de l'Histoire de Reims (édition de 1635), il est dit dans la table que l'histoire de saint Albert est sous presse dans les Pays-Bas; nous n'en connaissons pas d'exemplaire.

— ANTIQUITÉS de Reims. 1634. in-4°.

— Parmi les ouvrages de Bergier restés manuscrits, on remarque : Traité de l'Excellence des belles-lettres, — de l'Antiquité et de l'Excellence de la Poésie

et de la Musique spéculative — Les Vies des archevêques de Rheims font partie de la bibliothèque de M. Brissart-Binet, à Reims.

(Dessin de l'Histoire de Reims, Bayle, Dict. hist. — Lelong, Bibliog. hist. — Siècles littéraires, Bibliog. Michaud.)

— LE DESSIN de l'Histoire de Rheims, avec diverses curieuses remarques touchant l'établissement des peuples et fondation des villes de France. Rheims, François Bernard, 1635. in-4°, fig. et portrait.

Ce livre ne contient que les deux premières parties de cette histoire restée manuscrite avec les sommaires de tout l'ouvrage, vendu 9 fr., rel. v.

— Nicolas Bergier est encore l'auteur d'un ouvrage intitulé : le Point du Jour, ou Traicté du commencement des jours. Rheims. 1629, in-12, fig. Un exemplaire relié en veau, aux armes. Cat. Techener 5 fr.

Le Dessin de l'histoire de Roims est un ouvrage diffus et mal rédigé, il a été achevé presque en entier sur le même plan par le chanoine Lacour, qui a intitulé son manuscrit : Histoire de la ville de Reims, par Nicolas Bergier, in-folio précédé d'une notice historique et biographique.

Voyez Lacour.

— LE BANQUET ROYAL, ou le Parterre des riches inventions qui ont servi à l'entrée du roy Louis le Juste, en sa ville de Rheims, augmenté des cérémonies gardées et observées en son sacre faict le 17 octobre 1610 et de plusieurs autres recherches curieuses, par M. P. de la Salle. Rheims, Simon de Foigny, 1637, petit in-4° parch., avec la petite Nymphe rémoise et une jolie vue de Reims. (Tross.) 18 fr.

— HISTOIRE des grands chemins de l'empire romain Nouvelle édition, augmentée de remarques historiques. Bruxelles, 1728 et 1736, 2 vol. in-4°. 13 fig. Ouvrage estimé. vendu 30 à 36 fr. Grand papier 40 à 45f; m. rouge, 63. (Brunet.) La 1re édition est de Paris, 1622, in-4°. Elle a été reproduite en latin dans le 10e volume des antiquités romaines de Grævius.

71 BERNER ou BERNERUS, moine de l'abbaye de Saint-Remy de Reims.

— VITA SANCTÆ HUNNEGUNDIS Humolariensis abbatinæ.

— DE TRANSLATIONE corporis sanctæ Hunnegundis.

Ces deux opuscules ont été insérés par Mabillon dans les ACTA SANCTORUM. Cet auteur vivait au milieu du Xe siècle.

(De scriptoribus eccles.) Dupin, Bibliothèque des Auteurs ecclésiastiques.

72 BERNIER (Jean). DES COMTES de Champagne, par Jean Bernier de Blois, médecin. Voyez à ce sujet son histoire de la ville de Blois. Paris, 1682, in-4°, page 278 et suivantes.

BERRY (N. de) 1170.

73 BERTHELIN. ETUDES sur Amadis Jamyn.

Troyes, 1859, in-8° de 57 pages, avec deux planches d'armoiries et fac-simile de l'écriture de Jamyn.

M. Berthelin nous donne le nom du père de Jamyn, qui s'appelait Amadis comme lui, était prévôt de Chaource, près de Troyes, et avait épousé Marie Chemelet. S'il ne peut fixer la date de la naissance du poète, il nous éclaire du moins sur celle de sa mort qui, d'après une mention écrite sur son testament, eut lieu en janvier 1599. Il nous apprend encore qu'Amadis fut le fondateur du collége de Chaource, qui subsista jusqu'en 1789..... Nous ne ferons à M. Berthelin qu'un seul reproche, celui d'avoir choisi un copiste qui a estropié, dans les citations, quantité de vers auxquels il manque des syllabes.　　　　　　　P. BLANCHEMAIN.

(Extrait des arch. du Bibliophile.)

74 BERTHELIN. USAGES LOCAUX du département de la Marne. Paris, Marescq, 1857, br. in-8°, 1 fr. 50.

75 BERTHEVIN (J.-J.-H), né à Stokholm d'une famille française, en 1769, conservateur de l'imprimerie royale.

— RECHERCHES historiques sur les derniers jours des rois de France, leurs funérailles, leurs tombeaux, suivies d'une notice sur Saint-Denis, le sacre des rois et leur couronnement. Paris, F. Louis, 1824, in-8° de X et 388 pages. (Quérard, France littéraire.) Vente Louis-Philippe, 5 fr. 25.

BERTIN (l'abbé) 2027.

76 BERTIN DU ROCHERET, lieutenant-criminel au bailliage d'Epernay.

— HISTOIRE de la ville d'Epernay, manuscrit in-folio qui, au dire de dom Lelong (voyez sa Bibliothèque historique de la France), était entre les mains de M. d'Aubigny, auditeur des comptes ; M. Fradet, avocat au parlement, à Châlons-s-Marne, en avait une copie.

V. NICAISE (Aug.)

77. BERTHOLET (J.), jésuite, né à Salem, dans le duché de Luxembourg, mort à Liége en 1755.

— HISTOIRE du duché de Luxembourg et du comté de Chiny. 1743, 8 vol. in-4°.

Ouvrage où l'on trouve quelques renseignements sur l'ancienne principauté de Sedan.

78 BERTRAND-LEMAIRE. PROJETS de recherches d'eau dans la Champagne, pour l'alimentation de la ville de Paris. Châlons, T. Martin, 1863, br. in-4°.

N'est pas dans le commerce.

79 BERTRANDO (Petro). Voyez Libellus (1645).

80 BESCHEFER (Louis-François-Xavier), né à Châlons-s-Marne en 1708, docteur en théologie, membre de la société littéraire de Châlons-sur-Marne.

— DESCRIPTION de l'Entrée de Mgr de Juigné, évêque de Châlons, dans sa ville épiscopale, en 1764. Châlons-sur-Marne, Seneuze, plaquette in-4°. (Biblioth. de Châlons.)

— DISSERTATION sur Guilbert, 34° évêque de Châlons-sur-Marne, lue le 6 septembre 1758 à la société de cette ville.

— DISSERTATION sur la Mission de saint Memmie, premier évêque de Châlons. Châlons-sur-Marne, 1756, pl. in-4°.

— EPITAPHE latine et française de Toussaint Lemaître (Panage de Paradis), abbé de Toussaints à Châlons. Châlons, 1768, in-4°.

— EPOQUE de la Fondation de l'église de Châlons-sur-Marne. Châlons, 1773, plaquette in-folio.

— MÉMOIRE en forme de lettre, au sujet du prix général de l'arquebuse, indiqué à Châlons-sur-Marne en l'année 1757. Châlons, chez Seneuze, imprimeur du roi, grand in-8° de 88 pages, plus un feuillet non chiffré pour le privilége. Br. de 22 pages.

Ce Mémoire a été publié sous le pseudonyme du baron de Van-Vert ; on y a même joint la plaquette suivante du même nom : Lettre d'un chevalier de l'arquebuse de Châlons-sur-Marne, pour servir de supplément au Mémoire du baron de Van-Vert. Br. de 22 pages. Un exemplaire où ces deux opuscules sont reliés ensemble se trouve à la bibliothèque de Châlons-s-Marne.

— NOTES curieuses sur les évêques de Châlons-s-Marne.

Ces Notes, écrites de la main même de Beschefer, se trouvent sur des feuilles blanches intercalées dans le neuvième volume de la Gallia christiana (édit. de 1715-85) qui se trouve à la bibliothèque du Chapitre de Châlons-sur-Marne. M. Boitel, dans ses beautés de l'Histoire de la Champagne, a fait entrer quelques-unes de ces notes relatives aux évêques de Châlons.

— REMARQUES critiques sur les Statuts synodaux de Guilbert, évêque de Châlons, lues le 6 septembre 1758 à la Société littéraire de cette ville, et qui se conservent dans les archives de cette Société.

81 BÉZIERS. ECLAIRCISSEMENTS sur Geoffroy de Beaumont, évêque de Laon et de Jean de Vienne, archevêque de Reims, par M. Béziers, curé de Saint-André de Bayeux.

(Journal de Verdun, mois de décembre 1759.) Jean de Vienne est mort en 1351.

82 BESOIGNE (Jér.). MÉMOIRE JUSTIFICATIF des remontrances du clergé de Sens, en réponse au curé de Véron 1734, in-12. (Anonyme.)

Le même a publié : A nos seigneurs les plénipotentiaires du congrès assemblé à Soissons, en leur adressant la dénonciation des jésuites et de leur doctrine. 1729, in-4°.

(Quérard, France littéraire). Voyez les Nos 1698 et 1867.

82 bis. BESOIGNE (Jér.), docteur en Sorbonne, né à Paris en 1686, mort le 25 janvier 1763 (écrivain janséniste).

— PREMIÈRE LETTRE d'un ami à un curé du diocèse de Sens, au sujet d'un écrit intitulé : Apostilles curieuses pour être ajoutées aux remarques importantes sur le catéchisme de Mgr l'archevêque de

Sens, datées du 15 décembre 1732, in-4°. (Anonyme). Cette lettre a été suivie d'une seconde, datée du 31 décembre 1732. 8 pages.

83 BESSÉ ou BESSET (Henri de), inspecteur des Beaux-Arts et secrétaire de l'Académie des Inscriptions et Belles-Lettres.

— RELATION des campagnes de Rocroi et de Fribourg, en 1643 et 1644. Paris, François Clouzier, 1673, petit in-12. Edition originale de cette relation, estimée 25 fr. 25. Valckenaer, arch. du bibl., 4f 50.

Réimprimée dans le recueil des pièces pour servir à l'histoire de M. le Prince, dans le recueil de La Monnoye, et dans la petite collection publiée par Charles Nodier. Brunet, Manuel du libraire (1974).

84 BEUGNOT (J.-C., le comte), ancien ministre et directeur général de la police, né dans le département de l'Aube le 25 juillet 1761, mort en 1835.

— RÉPONSE à l'adresse aux assemblées primaires du département et de Châlons, par J.-C. Beugnot, commissaire de l'Aube. Troyes, 1790, br. in-8° de 23 p. cat. Claudin, 3 fr.

— BEUGNOT (le comte Auguste-Arthur), né dans le département de l'Aube en 1797, fils du précédent.

— VIE DE BECQUEY, ministre d'Etat, directeur général des ponts et chaussées et des mines sous la Restauration. Paris, Firmin Didot, 1852, in-8° de 299 pages.

M. Louis Becquey, né à Vitry-le-François en 1760, mourut le 2 mai 1849.

85 BIDET (Louis), né à Reims, mort le 12 mars 1762.

— TRAITÉ de l'Echevinage et Mémoires sur l'histoire de Reims. Ce manuscrit, composé de quatre volumes in-4°, est déposé à la bibliothèque de Reims. L'ouvrage est ainsi divisé : 1° Vie des archevêques, avec des détails sur les évêchés suffragants et les abbayes du diocèse ; 2° Histoire des églises, chapitres, abbayes et couvents de Reims ; 3° Description de la ville, histoire des capitaines et lieutenants, conseil de ville ; 4° Justices royales et seigneuriales ; 5° Pièces justificatives.

Bidet projetait la publication de ses manuscrits lorsqu'il fût devancé en 1755 par l'histoire de Reims d'Anquetil. L'ouvrage resté manuscrit est plus exact que l'œuvre du chanoine parisien ; le plan laisse peu de chose à désirer, mais le style est parfois languissant et l'auteur plaide constamment pour l'échevinage contre les archevêques, qu'il attaque souvent avec partialité. (Gérusez, hist. de Reims. — Danton, Biog. rémoise.)

86 BIDET (Nicolas), frère de Louis, officier de la maison du roi, né à Reims en 1709, mort en 1782.

— TRAITÉ sur la nature et la culture de la vigne, la façon de la faire et la manière de la bien gouverner dans les vignobles de Champagne. Paris, 1752, in-12. Traduit en allemand, Leipzig,

1754 ; en italien, Venise, 1757, in-8°. Nouvelle édition en 1759, revue par Duhamel-Dumonceau.

Hédoin de Pons-Ludon, Etudes sur les grands hommes de la Champagne. — Nouvelle Biographie générale.

87 BIDET (Claude), né à Reims, mort le 26 juin 1735, syndic de sa ville natale, puis lieutenant des traites foncières en 1703.

Il consacra ses loisirs à l'étude de l'histoire de Reims. Ses recherches ont pour titre : Mémoires sur l'histoire de Reims ; il en est resté quelques chapitres qui sont conservés à la bibliothèque de Reims. (Chronique de Champagne.)

BIGNON (2024).

BILLATE (Nicolas) 1415.

88 BILLAUDEL, ingénieur des ponts et chaussées, député.

— NOTICE BIOGRAPHIQUE sur M. Claude Deschamps, né à Vertus en 1765, directeur général des ponts et chaussées, commandeur de la Légion-d'Honneur.

Se trouve dans l'Annuaire de la Marne de 1845, page 248.

BILLECART. Voyez Coutumes de Châlons.

89 BINET (le P. Et.), de la Compagnie de Jésus, né à Dijon en 1568, mort en 1639.

— DE LA SAINTE HIÉRARCHIE de l'Eglise, et vie de saint Adérald, archidiacre de l'église de Troyes. Paris, J. Cramoisy, 1836. 1 vol. in-12, titre gravé.

Cet auteur publia des vies des Saints et d'autres ouvrages écrits d'un style lâche, diffus, incorrect. Son essai sur les Merveilles de la Nature est le moins mauvais. Chaudon, dict. hist.

BISSY (le cardinal de) 1565.

90 BISTON (P.), avocat à Châlons-s-Marne.

— DE LA NOBLESSE MATERNELLE en Champagne, et DE L'ABUS DES CHANGEMENTS DE NOMS. Châlons, T. Martin, 1859. Br. petit in-8°.

L'auteur, dans ce petit ouvrage, qui n'est pas dénué d'intérêt, a pour objet ce privilège particulier aux coutumes de l'ancienne province de Champagne, qui consiste dans la transmission de la noblesse par les femmes. — Il y avait là une question historique et une question de droit que M. Biston a traitées avec autant d'élégance que de clarté. Toutefois, ce travail ne dispense pas le lecteur de consulter celui de Grosley, avocat, sur la Noblesse utérine de Champagne, publié à la suite de ses « Recherches pour servir à l'Histoire du Droit français. » Paris, 1752, in-12. (Bibl. héraldique de la France, par Joannis Guigard. — Voir en outre le Code de la Noblesse française, par le comte P. de Semainville.)

— DE LA FAUSSE NOBLESSE en France. Châlons, T. Martin. Paris, Aubry, 1861. petit in-8°.

— DÉFENSE DES MAIRES DE CHAMPAGNE. Châlons, T. Martin, 1865. Br. in-8°.

— LETTRE CHAMPENOISE sur la Politique du Temps présent. Br. in-8°. T. Martin, 1865.

91 BLACHE (l'abbé Ant.) ANECDOTES ou histoire secrète qui découvre les menées sourdes du cardinal de Retz et de ses adhérents, pour ôter la vie au roi et à Mgr le Dauphin par les mêmes moyens dont le cardinal s'était servi pour la faire ôter au cardinal Mazarin.

Le manuscrit original de ce singulier ouvrage est un in-folio d'environ 1000 pages, qui, bien qu'il eût été saisi chez l'auteur en 1709, se trouva en 1763 chez les jésuites du collége Louis-le-Grand, à Paris. C'est sur cet original, qui passa plus tard dans la collection de M. Baulard et fut vendu en 1833, que le président Rolland dressa l'extrait qu'il a donné de ces Mémoires dans son rapport aux Chambres du Parlement, le 27 février 1708, rapport imprimé dans le recueil de plusieurs ouvrages de ce magistrat, Paris, 1783, in-4°, de la page 278 à 334. Des extraits plus étendus de ce même manuscrit ont paru dans les trois premiers volumes de la Revue rétros· pective. (Manuel du libraire, article Blache.)

92 BLAISEAU (François-Christophe), gardien des Cordeliers.

— Coppie *(sic)* du sermon prononcé à l'église cathédrale de Troyes, le 30 aoust 1587, au retour de la procession générale. Troyes, Denis de Villerval, 1587, petit in-8°.

Opuscule très-rare (1319).

93 BLANC (Edme). Notice sur Tronson du Coudray (1750-98). 1815, br. in-8°, 1 fr. (Bull. du bibl.)

Tronson du Coudray, né à Reims, fut nommé en 1793 avec Chauveau-Lagarde, défenseur de l'infortunée reine Marie-Antoinette. Élu en 1795 député de Seine-et-Oise au conseil des anciens, il mourut à Cayenne en 1798.
Biographie moderne. (Paris, Eymery, 1815, 2 v. in-8°.)

BLAVIER (1913).

BOBLIQUE (1498).

BODÉ (de) (1899).

93 bis. BODIN (J.), avocat angevin, né en 1530.

— La Harangue de Charles des Cars, evesque et duc de Langres, pair de France et conseiller du roy, prononcee aux magnifiques ambassadeurs de Boulogne, estant à Metz, le huistieme jour d'aoust 1573, tournee de latin en français, par J. Bodin, advocat. Lyon, Ben. Rigaud, 1573, petit in-8°. Vente du comte Lehon, 56 fr.

94 BODIN et QUANTIN. Géographie départementale classique et administrative (Marne, Haute-Marne, Aube et Ardennes.) Paris, Dubochet, 1847, 4 vol. in-12.

95 BOELLEAU (L.), conservateur du cabinet archéologique de la Touraine.

— Sceau de l'abbaye de Valroy en Champagne, br. in-8°.

96 BOGUSLOWSKI (K.-A. de). Briefe uber die Champagne und Lothringen..... Lettres sur la Champagne et la Lorraine, adressées à un agriculteur de la Silésie. Breslau et Leipzig, J.-T. Korn, 1809, in-8°.

97 BAILLETOT (l'abbé J.-B.-Mathieu). Voyez Almanach historique. (1069.)

98 BOISSEAU (Jean) et Claude CHASTILLON, Châlonnais.

— Topographie française, ou représentation de plusieurs villes, bourgs, chasteaux, maisons de plaisance, ruines et vestiges d'antiquités du royaume de France. Dessignez (sic) par Claude Chastillon et autres, et mise en lumière par

J. Boisseau. enlumineur du roi. Paris, Boisseau, 1641, in-folio, 36 à 60 fr.

Les planches de ce recueil sont d'une exécution ordinaire, mais elles offrent la représentation d'édifices disparus de notre vieille Champagne et dessinés par un Champenois ; deux raisons pour faire rechercher cet ouvrage des bibliophiles de notre province.

99 BOISSELIER (Antoine), dominicain, prédicateur, né à Langres en 1653, mort en 1713.

— Oraison funèbre de L.-V. de Rochechouart, duc de Vivonne, pair et maréchal de France, gouverneur de Champagne et de Brie, prononcée à Reims le 22 novembre 1688. (Carnandet, Géogr. hist. de la Haute-Marne).

100 BOITEL (l'abbé Alexandre-Clément). chanoine titulaire de la cathédrale de Châlons-sur-Marne, membre de la Société académique de Châlons et de l'Institut historique.

— Beautés (les) de l'histoire de la Champagne. Châlons-s-Marne, Dortu-Deullin, 1865, 1 vol. in-12 de 502 pages, compris la table, avec une gravure (tirée de Chastillon), qui représente les vestiges de l'antique ville et fort chastel de Mont-Aymé.

Prix de public., 3 fr.
Premier volume d'une publication non terminée (1866).

— Histoire d'Esternay, ou recherches historiques, archéologiques, sur Esternay, son château et les communes du canton. Châlons-s-Marne, Boniez, 1851. 1 vol. in-12 de 415 pages.

Prix de publ., 2 fr. 50 c.
Cet ouvrage a été publié en partie dans l'Annuaire de la Marne, années 1847-1848-1849.

— Histoire de l'ancien et du nouveau Vitry-en-Perthois et de Vitry-le-François. 1 vol. in-12 de 240 pages.

Prix de publ., 1 fr. 50 c.
Livre rempli d'érudition et contenant des documents jusqu'alors inédits sur le pays Partois. Le compte-rendu de cet ouvrage se trouve dans le No 40 du Mémorial catholique du mois d'octobre 1844, page 476.

— Histoire de Montmirail-en-Brie, faisant suite à l'histoire du bienheureux Jean, depuis l'année 1311, jusqu'à nos jours, 1861. Montmirail, Brodart, 1862. 1 vol in-12 de 431 pages, avec une gravure représentant la bataille de Montmirail. Prix de publication 3 fr.

M. Nigon de Berty a rendu compte de cet ouvrage dans l'Investigateur, journal de l'Institut historique (Mars 1863, page 81).

— Histoire de saint Alpin, 8e évêque de Châlons-sur-Marne et vainqueur d'Attila. Châlons-s-Marne, Boniez-Lambert, 1853, in-12 de XIX et 159 pages. Prix de publ. 1 fr.

A la fin se trouve un cantique de onze couplets en l'honneur du saint. Le compte-rendu de cet ouvrage a été publié dans le Journal de la Marne, No du 8 juin 1854.

— Histoire du bienheureux Jean, surnommé l'Humble, seigneur de Montmirail-en-Brie, d'Oisy, de Tresme, de Crèvecœur, de Gandelus, de Belleau, de

Condé-en-Brie, de la Ferté-Ancoul ou sous-Jouarre ; comte de la Ferté-Gaucher, vicomte de Meaux, Châtelain de Cambrai, puis religieux de l'abbaye de Longpont, de l'ordre de Citeaux et du diocèse de Soissons. Paris, H. Vrayet de Surcy, 1859. 1 vol. in-12 de 692 pages avec 5 gravures. Edition compacte 4 fr.

Cette histoire s'arrête à l'année 1311.

Cette histoire du bienheureux Jean était difficile à traiter. Ce grand, ce saint personnage, était fort tombé dans un oubli presque complet. Tout même contribuait à le maintenir dans cet oubli, et les historiens de son temps, et les jalousies des courtisans, et les antipathies de sa famille, et les fureurs des Huguenots, et les révolutionnaires de 1793, et lui-même. Rien n'était donc plus difficile que de le réhabiliter et de rendre à la France un de ses plus fameux héros, à l'histoire un de ses plus grands personnages, et à l'église un de ses saints les plus illustres. Telle est la tâche si ardue que s'est imposée l'auteur, et dont il s'est acquitté avec succès.

(De Jémonville, compte-rendu de la Revue des sciences, du 15 janvier 1860.)

— STATISTIQUE du canton de Vitry-le-François.

Se trouve dans l'Annuaire de la Marne, années 1841-1842.

— DIALOGUES MORAUX par l'abbé Boitel, 1 vol. in-18.

BONAMY (P.-Nic.) 1285.

100 bis. BONCERF. MÉMOIRE sur les moyens de mettre en culture les terres incultes, arides et stériles de la Champagne, en y employant quelque espèce que ce soit de végétaux, arbres, arbrisseaux ou arbustes, analogues au sol des différentes contrées de cette province. Ouvrage qui a remporté le prix de l'Académie de Châlons en 1770. Paris, Gorsas, in-8° de 24 p.

Vente Huzard, 1 fr.

BONNE (1188).

BONNEAUT (1972).

BONNECASE (Alcide de) 1268.

101 BONNEVIE (pseudonyme). LETTRE de M. Bonnevie sur le nom de Ste-Coyère ou Cohière, qu'on donne dans le diocèse de Châlons-sur-Marne à la fête de Saint-Pierre-aux-Liens. (Journal de Verdun, 1751, mois de juillet.) (1910)

102 BOQUILLET (Jean), auteur très-peu connu, né dans les Ardennes.

M. Bouillat, dans sa biographie ardennaise, dit que ce poète a traduit en vers français les hymnes sur le chant de l'église, avec un cantique sur le livre de la Genèse, imprimé à Reims par Nicole Bacquenois (c'est Nicolas qu'il a voulu dire sans doute), en 1558, in-8°.

(Volume rare cité par Duverdier).

103 BARBONII (Nicolai), né à Vandeuvre, en 1503.

— VANDOPERANI NUGÆ. Eivsdem Ferraria. Basileae, 1533, in-8°.

Nicolas Bourbon, grand'oncle d'un autre poète de ce nom, qui fut académicien, était de Vandeuvre. Les forges de Vandeuvre, qui subsistent encore, sont le théâtre de son Ferraria.   VALLET DE VIRIVILLE.

Marguerite de Valois, sœur de François Ier, chargea ce poète de veiller à l'éducation de Jeanne d'Albret, sa fille et mère de Henri IV.   (Chaudon, Dict. hist.)

104 BORDEREAU. RECUEIL de tous les évêques de Meaux par Bordereau, avocat au siège présidial de Meaux.

Il est cité par Fiévet de Fontette d'après Guy Bretonneau, dans son histoire générale de la maison des Briçonnels. Paris, 1621, in-4°, page 463.   N. Lolong, N° 9392.

105 BOREAU (Victor). JEANNE THIÉBLEMONT ou le Massacre de Wassy. Paris, 1836, in-8°.

106 BOSC. TOPOGRAPHIE des vignobles du département de la Marne, extraite de la Topographie de tous les Vignobles connus, par A. Jullien, auteur du Manuel du Sommelier.

Se trouve dans l'Annuaire de la Marne de 1818.

107 BOSSUET (J.-B.) CATHÉCHISME du diocèse de Meaux, par J.-B. Bossuet, évêque de Meaux. Paris, 1687, 1 vol. in-12. Edition originale. Cat. Alvarès: 22 fr. Voyez les N°s 1567, 1568, 1657, 1671, 1764, 1868 et 1898.

108 BOUCHARDON (Edme).

— L'ŒUVRE COMPLET d'Edme Bouchardon, sculpteur du roi et dessinateur de l'Académie royale des inscriptions et belles-lettres, au nombre de 96 morceaux. Cat. de Boze, N° 2655.

Ce fameux sculpteur, né à Chaumont (Haute-Marne), était membre de l'Académie de peinture ; il a laissé plusieurs chefs-d'œuvre admirés de nos jours, et mourut à Paris le 27 juillet 1762, âgé de 64 ans.

Mémoire concernant Bouchardon. Se trouve dans le journal de Verdun du mois d'août 1762, pages 250 et suiv.

Mémoire excessivement curieux et peu connu.

L'abrégé de la vie de Bouchardon a été publié par M. le comte de Caylus. Paris, 1762, in-12.

109 BOUCHER (Nicolas) ORAISON FUNÈBRE de Charles, cardinal de Lorraine par Nicolas Boucher, précepteur du prince de Lorraine. Paris, 1579, in-8°.

Le cardinal de Lorraine est mort en 1574, et Boucher, devenu évêque de Verdun, est mort en 1593.

A cette oraison funèbre on joint la suivante qui n'en est qu'une augmentation.

— CAROLI LOTHARINGI cardinalis et Francisci ducis Guisii, litteræ et arma in funebri oratione habita à Nicolao Bocherio. Lutetia, Morellus, 1577, in-4°.

On en donna une traduction sous le titre suivant :

— CONJONCTION des lettres et des armes des deux frères, princes lorrains, Charles, cardinal de Lorraine, et François, duc de Guise, par Nicolas Boucher, traduit du latin par Jacques Tigrou. Reims, 1759, in-4°.

110 BOUÉ. CHRONIQUES ARDENNAISES. Paris, 1889, in-8°, br. 3 fr.

111 BOUGARD (le docteur E.). INCENDIE de Bourbonne-les-Bains. Relation du grand incendie arrivé à Bourbonne-les-Bains, en Champagne, le premier moy de cette année 1717, tirée d'une lettre écrite à M. le prince de Talmond, publiée d'après l'édition originale avec une introduction et des notes ; par le docteur E. Bougard. Paris, 1862, pet. in-8°.

Tiré à petit nombre. Cat. A. Aubry, 1 fr. 50 ; papier vergé, 2 fr. 50.

• Ces documents, relatifs aux petites villes de nos provinces, sont toujours très-curieux à publier et renferment de nombreux détails excessivement intéressants non-seulement pour l'histoire, mais pour l'étude des mœurs et de l'archéologie locales. M. le docteur Bougard a eu une heureuse pensée en faisant connaître le récit de ce terrible incendie qui détruisit 458 maisons sur 500 que possédait alors la ville de Bourbonne. Il l'accompagne de notes sobrement choisies et d'une introduction qui fait connaître l'état de ce pays dans la seconde moitié du XVII° siècle, époque où il fut sans cesse foulé par les bandes ennemies, et où le feu détruisit plus d'un bourg et plus d'un village. Cette fois du moins ce fut un accident qui amena la catastrophe de Bourbonne-les-Bains.

Ed. de B.

112 BOUHON (Mathieu). ALMANACH historique, civil et ecclésiastique, militaire
et topographique des Ardennes, pour
l'année 1791, in-8° de 132 pages.

Cet annuaire curieux, le premier qui ait paru pour le département des Ardennes, fait regretter que l'auteur ne lui ait pas donné suite comme il l'avait promis ; M. Vairin, professeur de mathématiques à l'école centrale des Ardennes, a publié un annuaire du département pour l'an VIII, in-18 de 224 pages.
(Biog. arden., art. Bouhon).

113 BOUILLEVEAUX (l'abbé R.-A.), curé
de Censières.

— LES MOINES du Der, avec pièces justificatives, notes historiques et notices sur
le bourg et le canton de Montierender
et la ville de Wassy. Chaumont, Cavaniol, 1845, in-8°, plan et fig.

— MONOGRAPHIE de l'église abbatiale de
Montierender. Chaumont, 1855, in-8°.

— NOTICE HISTORIQUE sur le prieuré de
Laudes, ornée de dessins de M. Hector
Guyot. Paris, Techener, 1856, in-8° de 8
feuilles 1/2.

— NOTICE HISTORIQUE sur Boitevaux.
Chaumont. 1851, in-8°.

— LES PÉLERINAGES champenois : Saint-
Léger de Perthes. Chaumont, Cavaniol,
1849, in-8°.

— NOTICE sur le prieuré de Condes. Paris,
1856, in-8° (2048).

BOUILLON (le duc de). Voyez Ordonnances
(1826).

114 BOULAESE (Jehan). LE THRÉSOR et entière histoire de la triomphante vic-
toire du corps de Dieu sur l'esprit ma-
ling de Béelzebud (sic), obtenue à Laon
l'an 1566, recueillie des actes publics....
publiquemët avérée par la vue, l'ouïe
et le toucher de plus de cët cinquante
mil personnes... Paris, Nic. Chesneau,
1578, in-4° avec une gravure sur bois
in-folio, 16f 50. Mommerqué.

Une des parties de ce volume a été imprimée à Liège, en 1598, in-12, et le même auteur avait déjà publié sur cet exorcisme l'ouvrage suivant :

— L'ABRÉGÉE HISTOIRE du Sacrement de
l'autel, fait à Laon en 1566, avec sa
carte, représentant le tout au vif. Paris,
Belot, 1573, petit in-8°.

Ces deux ouvrages, devenus très-rares, sont recherchés encore par les bibliophiles de notre province.

115 BOULANGIER (François). HISTOIRE de
la Vie et des Miracles de saint Memmie,
premier évêque de Chaalons, par Fran-

çois Boulangier. Chaalons, Claude Guyot,
1608, in-8°. Voyez l'art. Rapine.

116 BOUILLOT (l'abbé), BIOGRAPHIE du
département des Ardennes, ou histoire
des Ardennais qui se sont fait remar-
quer par leurs écrits, leurs actions, leurs
vertus ou leurs erreurs. Paris, 1830, 2
vol. in-8°.

Prix de publ., 15 fr.: 10 à 12 fr. dans les ventes.

La Biographie ardennaise, riche en noms de tous les genres, se recommande surtout par l'étendue de ses recherches, la clarté de sa rédaction et le choix des sources où son auteur a su puiser, et qu'il cite à la fin de chacun de ses articles. On est presque épouvanté du grand nombre de volumes qu'il lui a fallu nécessairement fouiller, et des renseignements qu'il lui a fallu prendre dans les localités elles-mêmes , pour parvenir à un résultat aussi satisfaisant. Le livre de M. Bouillot, tel qu'il est, mérite les plus grands éloges ; les Ardennais ne pouvaient espérer trouver un historien plus fidèle, plus capable, plus instruit, et il a suffisamment rempli le but qu'il avait dû se proposer en l'entreprenant.

Letillois, Biog. des Champenois célèbres, avant-propos, page 4.

BOUNAY (l'abbé François) (1056).

117 BOUQUET (F.-F.), instituteur à Poix
(Marne).

— DE L'AGRICULTURE en Champagne, ou
cours d'agriculture appliquée aux terres
calcaires du département de la Marne.

Se trouve dans les années 1847, 1848, 1849, 1850 et 1851 de l'Annuaire de la Marne.

— DE LA MORALITÉ dans les Campagnes,
depuis 1789. Châlons, 1860, T. Martin.
Br. in-8°.

Ouvrage couronné par la Société d'Agriculture, Commerce, Sciences et Arts de la Marne.

118 BOURRASSÉ (l'abbé). NOTICE sur le
mobilier de l'église cathédrale de Reims.
Reims, Jacquet, 1850, in-18 de 108
pages, suivi d'une notice sur Notre-
Dame de Reims, extraite des cathédrales
de France.

119 BOURBON (Louis de). Voyez bataille
de Rocroy, N° 1966.

120 BOURGEOIS (Jean). HISTOIRE de la vie
et de la mort de Louise de Lorraine,
abbesse de St-Pierre de Reims. Reims,
de Foigny, 1628. in-8°. N. Lelong, N°14942.

122 BOURGEOIS (René), avocat, né à
Reims.

On a de lui des mémoires qui traitent des évènements arrivés à Reims de 16 . . à 1679. Il y est surtout question des conférences de l'archevêque Letellier avec les échevins, sur le droit de police. Ces manuscrits, d'une écriture presque indéchiffrable, sont conservés à la bibliothèque de Reims.

(Gérusez, histoire de Reims.)

123 BOURGEOIS (de Langres).

— DESSIN de l'entrée et réception de Mgr
Louis de La Rivière, évêque de Langres.
Langres, 1659, in-4°.

Cet ouvrage, dit M. Carnandet dans sa Géographie historique de la Haute-Marne, est attribué à Méat, avocat, né à Langres.

124 BOURGEOIS. HISTOIRE des comtes de
Brienne , contenant une notice sur
Brienne-la-Ville, Brienne-le-Château et

l'Ecole militaire. Troyes, Anner-André, 1848, in-8° de 382 pages, 3 fr.

Voyez Jacquot.

BOURGEOIS-JESSAINT (1377).

BOURLON DE SARTY (1914).

125 **BOURQUELOT. MONNAIE** de Provins. (Dissertation curieuse insérée dans la chronique de Champagne, tome IV, page 69).

— HISTOIRE de Provins. Provins et Paris, 1838-40, 2 vol. in-8°, figure. Demi-rel. mar. Bulletin du Bouquiniste, 8 fr.

— NOTICE sur le manuscrit intitulé : Cartulaire de la ville de Provins. (XIII° et XIV° siècles.) Paris, 1865, 2f 50.

— MÉMOIRES de Cl. Hatou, contenant le récit des évènements de 1553 à 1582, principalement en Champagne et Brie. Paris, imprimerie impériale, 1857, 2 vol. in-4°. 18 fr.

BOUTARD. (1810).

125 bis **BOUSQUET** (Ch.), à Paris.

— LA GARDE IMPÉRIALE au Camp de Châlons. Paris, 1857. Vol. in-8°.

126 **BOUTHILLIER DE CHAVIGNY**, évêque de Troyes.

— CATHÉCHISME à l'usage de Troyes, de Denis-François Bouthillier. Troyes, 1704, in-12°.

— HARANGUE à la reine d'Angleterre. L. 1700, in-4° (2078) 1249.

127 **BOUTIGNY DES PRÉAUX** (Car.-François). QUÆSTIO MEDICA, an vinum remense ut suave, sic salubre ? propugnata, anno 1741. in Universitate parisiensi. Parisiis. in-4°.

128 **BOUTIOT** (J.-Th.) ETUDES sur la géographie ancienne appliquée au département de l'Aube. Troyes, Bouquot. Paris, Techener, 1861, in-8° de 180 pages, avec carte du département aux temps celtiques et gallo-romains, et coupes de terrains ; tiré à 100 ex. sur papier glacé, publié à 5 fr., et 27 ex. sur papier vergé. 6 fr. 50.

Cet ouvrage a valu à son auteur une mention honorable de l'Académie des inscriptions et belles-lettres en 1862. Le rapport en a été fait par M. Maury, bibliothécaire de S. M. l'Empereur.

Voici un travail, dit M. Maury dans son rapport, qui prendra place à côté de ceux dont nos départements sont l'objet. M. Boutiot ne se borne pas à rechercher les localités antiques, à en suivre les noms dans leurs transformations successives, à déterminer l'étendue des anciens *pagi* contenus dans le département de l'Aube ; il met encore en rapport les divisions avec l'état physique du pays, exposé dans quelques pages substantielles. Quoique son mémoire ne renferme que 180 pages, on y trouve des détails nombreux, suivis de quelques vues originales.... Ces études sont assurément un document d'une grande valeur pour la géographie ancienne de la France.

Mém. de l'acad. des Ins. et Belles-lettres, livraison de septembre 1861, page 248.

— GUERRE des Anglais, 1429-1435. Un chapitre de l'histoire de Troyes. Troyes, Bouquot, 1861, in-8° de 66 pages.

Prix de publication, 2 fr. 50 c.

Voir le compte-rendu dans la bibliothèque de l'Ecole des Chartes, 1860-1861, p. 469.

— LE MAIRE et les Echevins de la ville de Troyes prisonniers à l'hôtel de ville de Troyes en 1675. Troyes, Bouquot, 1858, in-8° de 38 pages.

Tiré à 40 exemplaires.

— RAPPORT à M. le Ministre de l'Intérieur sur les archives municipales de la ville de Troyes. Troyes, Bouquot, 1858. in-8° de 20 pages.

Tiré à 50 exemplaires. Prix de publ., 2 fr.

— LETTRES missives de Henri IV, conservées dans les archives municipales de la ville de Troyes, avec une introduction. Troyes, Bouquot, 1857, in 8° de 51 pages.

Tiré à 40 ex. sur papier de Hollande.

— ETUDES HISTORIQUES sur les anciennes pestes de Troyes. Troyes, Bouquot, 1857 in-8° de 56 pages.

Tiré à 400 ex. sur papier ordinaire, 1 fr. 50, et 20 sur papier vergé, 2 fr. 50.

— OBSERVATIONS sur les inondations de la Barse et les travaux qui pourraient être exécutés pour améliorer le cours de cette rivière. Troyes, Bouquot, 1856, in-8° de 8 pages.

Tiré à 50 exempl.

— NOTICE sur la navigation de la Seine et de la Barse, avec documents justificatifs. Troyes , Bouquot, 1856, in-8°.

Tiré à 35 exemplaires.

— DÉPENSES faites par la ville de Troyes à l'occasion du siége mis devant Montereau par Charles VII, en 1437. Troyes Bouquot, in-8° de 13 pages.

Tiré à 25 exemplaires.

— PROCÈS-VERBAL contenant la levée du ban et de l'arrière-ban dans le bailliage de Troyes en 1674. Troyes, Bouquot. 1854, in-8° de 42 pages.

Curieuse notice sur la noblesse de Champagne à cette époque.

Tiré à 30 ex. Prix de publ., 4 fr.

— RECHERCHES sur le théâtre à Troyes, au XV° siècle. Troyes, Bouquot, 1854. Br. in-8° de 38 pages.

Tiré à 30 ex. Prix de publ., 4 fr.

— LA SAINT-BARNABÉ à Troyes en 1466, ou une assemblée générale des habitants de la ville de Troyes au XV° siècle. Troyes, Bouquot, 1853, br. in-8° de 12 pag.

Tiré à 50 exempl. Prix de publ., 1 fr. 50.

— RECHERCHES sur les grands jours de Troyes. Bouquot, 1852, in-8°.

Prix de publ., 2 fr. 50 c.

L'origine des grands jours de Troyes, nommés quelquefois de Champagne, remonte à la dernière moitié du XIIe siècle, alors que les comtes de Champagne étaient à l'apogée de leur puissance, et qu'ils avaient au-dessous d'eux une noblesse qui luttait en force et en luxe avec celle des rois de France. Tout au moins, aucune trace de leur existence avant ce temps n'est arrivée jusqu'à nous.

C'est dans cet opuscule que nous trouvons ces indications et une foule d'autres encore, que nous pourrions citer, si notre cadre restreint nous le permettait.

(Techener, Bulletin du Bibl.)

— ETUDES sur le forage d'un puits artésien à Troyes, avec planches et coupes. Troyes, Bouquot, 1852, br. in-8° de 56 pages.

Tiré à 50 exempl.

La coupe principale du département de l'Aube à la Manche a été reproduite dans le bulletin de la Société de géologie de France.

On a joint à cette brochure :

— RÉPONSES aux objections soutenues à propos des études sur le forage projeté d'un puits artésien à Troyes. Troyes, Bouquot. 1852, in-8° de 39 pages.

Tiré à 200 exemplaires. Prix de publ., 1 fr. 50.

— ETAT des domaines du roi dans le bailliage de Troyes en 1595, pour une année finie au jour de la Madeleine. Troyes, Bouquot, 1859. Br. in-18 de 16 pages.

Tiré à 30 exemplaires.

— RAPPORT (premier) au préfet du département de l'Aube, sur le dépouillement des anciennes archives judiciaires déposées aux prisons de Troyes. Troyes, Bouquot, 1851. Br. in-18 de 18 pages.

— Le deuxième rapport au même, sur le même sujet. Troyes, 1852, in-18 de 18 pages.

Ces deux rapports ont été tirés chacun à 30 exemplaires.

— NOTES sur les actes et les registres de l'état civil de l'arrondissement de Troyes. Troyes, Bouquot, 1850, in-8° de 36 pages, avec tableau.

Tiré à 100 ex. Prix de publ., 2 fr.

— OBSERVATIONS sur le niveau aquifère de la limite occidentale du calcaire jurassique dans le département de l'Aube. Troyes. Bouquot, 1849. Br. in-8° de 16 pages avec plan et coupes de terrain.

Insérées dans les mémoires de la Société académique de l'Aube.

— ESSAI GÉOLOGIQUE sur les sources de la Barse, avec cartes et coupes de terrain. Troyes, Bouquot, 1848, br. in-8° de 28 pag.

Tiré à 25 exemplaires.

— LES TEMPLIERS et leurs établissements dans le département de l'Aube. Troyes, Dufour-Bouquot, 1866. Br. in-8°.

Tiré à 60 ex. sur papier fort. Prix de publ., 2 fr. 25.

— LOUIS JOUVENEL des Ursins, chevalier-bailli de Troyes, avec portrait authentique. Troyes, Dufour-Bouquot, br. in-8°.

Tiré à 40 ex. sur papier fort. Prix de publ., 1 fr. 25.

— INSTITUTIONS (DES) communales dans la Champagne méridionale aux XIIᵉ et XIIIᵉ siècles. Troyes, Dufour-Bouquot, 1865. Br. in-8°.

Tiré à 50 ex. sur papier ord., au prix de 1 fr. 25. Papier de Hollande, à 10 ex., 2 fr.

— NOTE sur des fragments de vase et d'os humains trouvés à Villeport près Troyes

en 1863. Paris, imprimerie Impériale. Br. in-8°.

Tiré à 100 ex. (Ext. des lectures faites à la Sorbonne en avril 1864.)

— NOTICE sur les limites territoriales dans le département de l'Aube. Paris, imprimerie impériale. Br. in-8°.

Tiré à 100 ex. (Extrait des lectures faites à la Sorbonne en avril 1864.)

— ETUDES HISTORIQUES. Histoire de l'instruction publique et populaire à Troyes, pendant les quatre derniers siècles. Troyes, Dufour-Bouquot, 1865 in-8°.

Tiré à 125 ex. sur papier glacé, vendu 3 fr., et 25 exempl. sur papier de Hollande, 4 fr.

Cet ouvrage est accompagné de 4 grandes planches de signatures autographes des XIVᵉ, XVᵉ et XVIᵉ siècles.

— ORIGINES du Christianisme, des privilèges singuliers de l'abbaye de Notre-Dame-aux-Nonnains de Troyes. Troyes, Dufour-Bouquot, 1864. Br. in-8°.

Tiré à 100 ex., dont 75 sur papier ordinaire, 1 fr. 50, et 25 sur papier de Hollande, 2 fr. 25.

Etude sur les coutumes curieuses relatives à l'intronisation des évêques de Troyes, et aux relations du chapitre de Saint-Pierre avec l'abbaye de Notre-Dame.

— QUERELLES entre le bailliage de Troyes et l'échevinage, à l'occasion de la préséance. Troyes, 1864. Br. in-8° de 31 pag.

— NOTE sur les Inondations de la rivière de Seine à Troyes, depuis les temps les plus reculés jusqu'à nos jours. Troyes, Dufour-Bouquot, 1864. br. in-8°.

Tiré à 25 exempl.

— MARIE ou la grosse Cloche du beffroy de Troyes. Troyes, Dufour-Bouquot, 1863, in-8° de 16 pages.

Tiré à 50 exempl. Prix de publ., 1 fr. 50 c.

Cette brochure contient des détails pratiques sur la fabrication de la grosse cloche du beffroi de Troyes, qui a été fondue en 1462, et pèse 15,500 kilog.

— NOTES sur le passage à Troyes, en 1390, de Froissart et de Valentine de Milan. Troyes, Dufour-Bouquot, br. in-8°.

Tiré à 25 exempl.

— INVENTAIRE des Chaînes de fer qui, au XVIᵉ siècle, servaient à la défense de la ville de Troyes. Troyes, Dufour-Bouquot, in-8° de 19 pages, avec une vue de la ville de Troyes en 1500 par Schitz.

Tiré à 20 exempl.

— RAPPORT sur la visite au crot de la Doux à Bouilly et sur les travaux exécutés dans le but de conduire l'eau de cette source à Bouilly et à Sanligny (Aube). Troyes, Dufour-Bouquot 1863, in-8° de 9 pages.

Tiré à 40 exempl. Prix de publ., 1 fr.

— NOTES sur le régime des eaux souterraines aux environs de Vendeuvre. Troyes. Dufour-Bouquot, 1863, in-8° de 12 pages.

Tiré à 40 exempl. Prix de publ., 1 fr.

— LETTRE sur les archives municipales de la ville de Troyes, adressée à M. d'Arbois de Jubainville, archiviste du département de l'Aube et inspecteur des archives communales. Troyes, Dufour-Bouquot, 1862, in-8° de 11 p.

Tiré à 50 exempl. Prix de publ., 1 fr.

— NOTES rédigées dans l'intérêt de M. le Prince et Mme la princesse de Luringe, à l'occasion de l'instance administrative diligentée pour arriver au règlement du moulin de Sainte-Maure. Troyes, Dufour-Bouquot, 1861. Br. in-8° de 19 p., avec plan du cours de la Seine depuis Troyes jusqu'à Saint-Benoist.

50 exempl.; ne se trouve pas dans le commerce.

— ETUDES sur les voies romaines du département de l'Aube non indiquées dans les itinéraires. Troyes, Dufour-Bouquot, 1862, in-8° de 34 pages, avec carte.

Ces études ont été rédigées sur la demande de M. le Ministre de l'instruction publique, pour servir à l'étude générale de la topographie des Gaules avant le Ve siècle.

— DES MONUMENTS CELTIQUES dans le département de l'Aube. Troyes, Dufour-Bouquot, in-8° de 5 pages avec pl.

Tiré à 25 exempl.

— DE LA CHAMPAGNE. Observations géographiques sur cette province. Arcis-sur-Aube, Frémont, 1862. in-8° de 7 pages.

Tiré à 100 exempl. Prix de publ., 75 cent.

— REVUE CRITIQUE pour servir de supplément au répertoire archéologique du département de l'Aube, par MM. Emile Socard et Théophile Boutiot. Troyes, 1861, in-4°.

Tiré à 50 exempl. papier de Hollande. Prix de publ., 10 fr.

Cet ouvrage comprend deux parties : la première est composée des Monuments et Objets appartenant à l'Archéologie du département; la deuxième est une Réponse aux articles publiés par M. d'Arbois de Jubainville dans le journal LE NAPOLÉONIEN, et l'examen de son Répertoire archéologique du département de l'Aube. Cette seconde partie a été éditée à part, format in-8°, de 38 pages. Elle n'a pas été mise dans le commerce.

— NOTICE HISTORIQUE sur Vendeuvre et ses environs, avec planches. Bouquot, 1858, in-8° de 164 pages.

M. Vallet de Viriville en a rendu compte dans le Bulletin de l'Ecole des Chartes, tome V, p. 422 et suiv.

129 BOUVARD. SUR LA CULTURE DES BOIS, dans le département des Ardennes. Br. in-8°.

130 BOUVET DE CRESSÉ (A.-J-B.), né à Provins, le 24 janvier 1772, ancien instituteur à Paris, membre titulaire de l'Académie des Sciences de Paris, mort vers 1828.

— VOYAGE A REIMS, à l'occasion du Sacre et Couronnement du roi Charles X, précédé d'une Notice historique sur la ville de Reims. Paris, Dabo, jeune, 1825, in-18, flg. 2 fr.

Quérard, France littéraire.

BOZI (de) 2024.

131 BRAMAND. DISCOURS SUR LES OBJETS qui ont fixé l'attention des amis de la Constitution de la ville de Troyes, pendant les mois de juillet et août 1791. Brochure in-8°, 75 c.

132 BRASSEUSE (Suzanne de). Voyez Vie de sainte Ulphe (2136).

BRASSOT (1972).

BRESLAY (de) (2082).

BRESSY (A.) (1066)

BRETAICHE (de la) (1696).

BRETONNIÈRE (François de la) (1286).

133 BRETAIGNE. VIE DE BACHELIER DE GENTES. Reims, Pottier, 1680.

Pierre Bachelier, né à Reims, est mort le 4 mai 1672, âgé de 61 ans.

134 BREYER (l'abbé Remi), chanoine de Troyes et docteur en Sorbonne, né à Troyes en 1669, mort en décembre 1749.

— LETTRES DE SAINT LOUP, évêque de Troyes, et de SAINT SIDOINE, évêque de Clermont, avec un Abrégé de la Vie de saint Loup. Traduit par Remi Breyer. Troyes, De Barry, 1706, in-12 (1690).

— DÉFENSE DE L'ÉGLISE DE TROYES, sur le culte qu'elle rend à saint Prudence, évesque. Paris, Charles Osmont, 1736, in-12, 5 à 6 fr.

— SUITE DE LA DÉFENSE de l'église de Troyes, sur le culte de saint Prudence. Paris, Osmont, 1738, in-12. 8 à 10 fr.

Cet ouvrage est très-rare, il est difficile d'en réunir les deux parties.

— MÉMOIRE où l'on prouve que la ville de Troyes, en Champagne, est la capitale de la province, par Remi Breyer. Troyes, 1728, in-4° de 51 pages.

— VIES (les) de SAINT PRUDENCE, évêque de Troyes, et de SAINTE MAURE, vierge, où l'on trouve quelques éclaircissements du IXe siècle et des remarques sur quelques points de discipline. Troyes, Lefèvre, 1725, in-8°. 3 à 4 fr.

Cet écrivain laborieux a encore publié une vie de saint Adérald, Troyes, 1741, in-12, composée par un auteur contemporain (anonyme), avec une préface où l'éditeur discute quelques points importants de l'histoire ecclésiastique de Troyes dans le Xe siècle. Il a laissé en manuscrit une histoire chronologique et dogmatique des conciles de la province de Sens, et des annales de la ville de Troyes.

Biographie universelle. — Quérard, France littéraire.

Voyez plus loin le numéro 2100.

BREYER (Jacques). Voyez recueil de plusieurs titres, N° 1939.

BRIELLE (N DE). (1170).

135 BRIFFAUT (l'abbé). HISTOIRE DE VICQ. (Haute-Marne). Chaumont, 1855, in-8°.

BRISSART-BINET. (1250) (1164).

136 BRIZARDO-NICOLAO. Voyez Metamorphoses Amoris. N° 1743.

BROCART (1067).

137 BROWER (Christophe), jésuite, mort à Trèves, en 1617, âgé de 58 ans.

— ANTIQUITATUM ET ANNALIUM TREVIREN-
SIUM libri XXV. Liége, 1670, 2 v. in-folio.

La première édition, faite en 1726, fut supprimée et n'est
pas commune. Chaudon. Dictionnaire historique.

On trouve dans cet ouvrage des notes intéressantes sur
l'ancienne Gaule belgique (Diocèse de Reims).

138 Nul.

139 BRULAY DE MORNAY. Voyez Sézanne,
et Mémoire historique (1688).

140 BRULÉ. TABLEAU STATISTIQUE du département de l'Aube. Paris, an x, in-8°,
1 fr.

141 BRULÉE. HISTOIRE DE L'ABBAYE royale
de Sainte-Colombe-les-Sens. Paris, 1852,
in-8°, figures. 3 fr.

Cat. Dumoulin (1863), No 8050.

142 BRUNETTE, architecte à Reims.

— NOTICE SUR LES ANTIQUITÉS DE REIMS,
les Découvertes récemment faites, et les
mesures adoptées pour la conservation
des anciens monuments. Reims. Gérard,
1861, 1 vol. in-8°. 3 fr. 50 c. (1223.)

143 BRUSLÉ. MÉMOIRE SUR LA STATISTIQUE
du département de l'Aube. Troyes, an
IX, in-4°, 2 fr. 50 c.

Cat. Dumoulin (1863), No 8092.

144 BRUSLÉ DE VALSUZENAY (le baron),
ancien préfet du département de l'Aube,
mort à Paris, en mars 1815.

— MÉMOIRE SUR LA STATISTIQUE du département de l'Aube. Troyes, an IX (1801),
in-8°.

— TABLEAU STATISTIQUE du département
de l'Aube, 1802, grand in-8°. 1 fr. 25 c.

Quérard, France littéraire.

145 BUIRETTÉ (l'abbé), prêtre à Sainte-Menehould.

— ODE SUR L'OUVERTURE du tombeau de
saint Remi. Châlons-sur-Marne, veuve
Bouchard, 1757, in-8°.

146 BUIRETTE DE VERRIÈRES (Claude-Remi-
Nerval), né à Verrières en 1769, mort
gouverneur d'Anvers, le 9 janvier 1813.

— ANNALES HISTORIQUES de la comté-pairie
de Châlons - sur - Marne. Châlons-sur-
Marne, Seneuze, et Paris, Grégoire,
1788, 2 parties grand in-8°.

De 6 à 10 fr.

— ETATS (les) DE CHAMPAGNE. A la ville de
Châlons. A Châlons, chez Seneuze, imprimeur du roi, 1788. Br. in-8° de 61 p.
3 fr.

L'auteur dit dans sa préface qu'il a pris ses matériaux
parmi ceux qu'il avait rassemblés pour former l'histoire
de Champagne à laquelle il travaillait à cette époque, et
qui n'a jamais paru.

Les Etats de Champagne doivent précéder les Annales
historiques, auxquelles ils servent comme d'introduction.

— ODE SUR LES EMBELLISSEMENTS de Chaalons, suivie d'une Eloge historique de
cette ville. Chaalons, Claude Bouchard,
1773. 1 vol. grand in 18 de 88 p. (1495.)

147 BUIRETTE (Fr.), citoyen de la ville de
Sainte-Menehould.

— HYMNE A LA LIBERTÉ, avec cette épigraphe : « Que César soit grand, mais
que Rome soit libre ». Châlons, Mercier,
l'an II de la liberté française. In-12 de
129 pages.

148 BUIRETTE (Cl.). HISTOIRE DE LA VILLE
DE SAINTE-MENEHOULD et de ses environs, avec la carte de l'arrondissement,
et trois plans de la ville. Sainte-Menehould. Poignée-d'Arnaud, 1837, in-8°, de
644 pages.

Le prix primitif, qui était de 6 fr. 75, est doublé aujour-
d'hui, l'ouvrage étant épuisé.

Cet ouvrage est orné d'un joli portrait de l'auteur.

Vente Louis-Philippe, 12 fr.

149 BULENGERI (Petri), Trecensis.

— INSTITUTIONES CHRISTIANÆ. Lutetiæ,
1561 in-8°, vélin, 6 fr. 50 c.

150 BURIDAN (Jean-Baptiste), avocat, né
à Guise (Aisne), mort en 1633.

— COMMENTAIRES SUR LA COUTUME DE VER-
MANDOIS, qu'on trouve dans le Recueil
des Commentateurs de ce comté : 2 vol.
in-folio, et séparément. Reims, 1631, in-
4°, et Commentaire sur la Coutume de
Reims. Reims, 1665, in-folio.

Chaudon, Dictionnaire historique. Voyez aussi les Nos
1336, 1344.

151 BURLUGUAY (J.) BREVIARIUM ECCLESIÆ
SENONENSIS. D. Harduini Forten de la Hoguette. Senonensis archiepiscopi aucto-
ritate, ac ejus ecclesiæ Capituli consensu,
editum. Senonis, 1702. 4 vol. in-12.

Ce bréviaire et celui de Cluny ont servi de modèle à tous
ceux qui ont été faits depuis.

Quérard, France lit. Voir plus loin les Nos 2104, 1454.

BUSSEROT (le père), 1366.

152 BUVIGNIER (A.), avocat à Verdun.

— MÉMOIRE sur quelques fossiles nouveaux
des départements de la Meuse et des
Ardennes. 1847, 1 vol. in-8°.

153 CABRISSEAU (Nicolas), docteur en théologie, né à Rethel le 1er octobre 1680,
mort à Tours le 20 octobre 1750.

— SERMON SUR LE SACRE de Louis XV,
prêché à Reims le 4 octobre 1722, dans
l'église de Saint-Michel, quinze jours
avant le sacre de Sa Majesté. Paris, Cot-
tin, 1724, in-4° de 30 pages.

Ce discours, qui roule sur les devoirs des sujets envers leur
souverain, préserva ensuite son auteur de la Bastille.
(l'abbé BOUILLOT.)

Cabrisseau est encore l'auteur d'autres ouvrages, entre
autres : Requête au Roi contre Simon Charuel, chanoine
de Saint-Symphorien de Reims, in-folio, 1723.

Il a publié plusieurs éditions des ouvrages de Legros,
chanoine de Reims, parmi lesquels on remarque : Motifs
invincibles d'attachement à l'église romaine, pour les
catholiques, ou de réunion pour les prétendus réfor-
més. Tours S. D., in-12 de 47 pages.

Ouvrage composé à Reims pour les protestants qui y étaient
prisonniers de guerre. (Biog. ardennaise.)

154 CADART (l'abbé F.-J.), chanoine de la

cathédrale de Châlons, né à Reims, en 1759, mort à Châlons en 1838.

— EXPLICATION DE L'ALLÉGORIE prophé-tique contenue dans le jugement de Salomon, ou la vraie Eglise pleinement manifestée, à l'époque et au moyen de la révolution, par la grande sagesse de Jésus-Christ. Epernay, Fiévet, 1816, br. in-8°.

— LE PETIT CATHÉCHISME pour le temps présent. Reims, 1796, in-18.

Ecrit contre le schisme et attribué à M. Cadart.
L'abbé Servant, vicaire épiscopal de l'évêque constitu-tionnel de la Marne, Nicolas Diot, répondit par : « Ré-ponse à l'ouvrage intitulé : Petit Cathéchisme pour le temps présent. » (Lacatte-Joltrois).

155 CALLET (J.-Cl.). QUESTIO MEDICA, an plerisque morbis chronicis conveniant aquæ thermales Borboniensis, in Cam-pagnia? Vesuntione, 1716, in-8°.

156 CALMET (Dom-Augustin), savant béné-dictin de la congrégation de Saint-Vannes, né près de Commercy, en Lor-raine, le 26 février 1772, mort à Se-nones, le 25 octobre 1757.

— HISTOIRE ECCLÉSIASTIQUE ET CIVILE de la Lorraine. Nancy, Cusson, 1728, 6 vol. in-folio. Nouvelle édition, Nancy, 1745 à 1757, 7 vol in-folio, 50 à 60 fr.

Le quatrième volume renferme la bibliothèque lorraine.
Ouvrage indispensable à consulter, pour l'histoire des pays limitrophes de l'ancienne province de Lorraine.
La vie de Dom Calmet fut écrite par D. Fangé, son neveu et son successeur, dans l'abbaye de Senones.

157 CALMETTE, maître de pension à Ay.

— HISTOIRE des villes, bourgs et villages remarquables du département de la Marne, précédée de Notions géogra-phiques et statistiques sur ce départe-ment, et d'un Précis historique sur l'an-cienne Champagne. Reims, Régnier, 1850. 1 vol. in-12.

158 CAMART (Antoine), procureur général du Rethelois, sa patrie.

— RECHERCHES pour montrer que les ecclésiastiques, nobles et habitants des villes et communautés du Rethelois sont exempts d'aides et gabelles; et les Causes de ce privilége S. L. N. D.

Biog. ardennaise, art. Camart.

159 CAMUS-DARRAS (Nicolas-Remi), né à Reims, en 1765, mort en 1849.

— ESSAI HISTORIQUE sur la ville de Reims, par un de ses habitants. Reims, Frémont, 1823, in-8°.

Cet ouvrage, semé de faits étrangers à Reims, de sorties contre les ordres de l'Etat, est peu propre à faire con-naître la ville, dont M. Camus se disait l'historien. (La-catte-Joltrois, Annuaire de la Marne pour 1850, p. 473).

— TABLEAU des principaux évènements qui se sont passés à Reims depuis Jules César jusqu'à Louis XVI, inclusivement. Paris, Roset, 1826, in-8°.

Cet ouvrage, resserré dans un plus petit cadre, est le même, à quelques légers changements près, que l'Essai

historique. Malheureusement le même esprit de déni-grement contre les rois et les prêtres, y règne encore, et rend cet ouvrage peu propre à être mis entre les mains de la jeunesse. (Lacatte-Joltrois).

Voyez la Notice biographique de M. Camus, dans l'Annuaire de la Marne pour 1850.

160 CAMUZAT (Nicolas), né à Troyes, en 1575, chanoine de cette ville, y mourut en 1655.

— PROMPTUARIUM SACRARUM antiquitatum Tricassinæ diœcesis, in quo præter se-riem historicam Tricassinorum præsu-lum, Origines præcipuarum ecclesiarum, vitæ etiam sanctorum qui in eadem diœcesi floruerunt, promiscuè continen-tur, Auctore Nicolao Camusat Tricassino. Augustæ Trecarum, apud natalem Mo-reau, 1610, in-8°.

4 à 5 fr. sans l'auctuarium, 10 francs complet.

— AUCTUARIUM PROMPTUARII, de 40 feuillets, même format.

Ce supplément est plus rare que l'ouvrage.
Collection précieuse (dit M. Vallet de Viriville), et qui fut longtemps la ressource presque unique sur les antiquités de Troyes; mais elle est criblée de fautes et d'inexacti-tudes, quant à la reproduction des textes qu'elle contient.

— MÉMOIRES pour servir de suite aux an-tiquités ecclésiastiques du diocèse de Troyes. 2° édition, S. L., 1756, 1 vol. in-12.

Catal. Naudin, 3 fr.

— MESLANGES HISTORIQUES, ou Recueil de plvsieurs Actes, Traitez, Lettres mis-sives et autres Mémoires qui peuvent servir en la déduction de l'histoire, de-puis l'an 1390, jusqu'à l'an 1580. Troyes, Noël-Moreau, dit Le Cocq, 1619, in-8°.

Recueil précieux, quoique composé d'additions successives, et disposé sans ordre et sans méthode. Il ne se borne pas à la Champagne seulement, il s'étend aussi aux pays limitrophes.
Camuzat était un prêtre très-charitable qui, ayant dirigé ses lectures du côté de l'histoire, et fouillé un grand nombre de bibliothèques, a laissé plusieurs ouvrages savants et érudits. Letillais. (Champ. céléb.) V. les Nos 1487 — 1684 — 1742.

161 Nul.

162 CAQUOT (Charles-Marie), né à Châlons-sur-Marne, en 1789, mort à Paris le 12 août 1857, successivement notaire à Courtisols et à Châlons-sur-Marne, an-cien juge suppléant au tribunal de cette ville.

— L'AGRICULTURE dans le département de la Marne. Br. in-8°.

Quelques exemplaires tirés à part.
Ce travail a été inséré dans les Compte-rendus de la Société acad. de la Marne, dont M. Caquot a été long-temps président.

— NOTICE sur M. Louis Becquey. (Voyez ce nom.)

Se trouve dans le Compte-rendu de l'Académie de la Marne, année 1851. Voyez Beugnot (A.)

— OBSERVATIONS sur les semis et planta-tions de pins.

Dans le Compte-rendu de la même Société, année 1855.

— USAGES LOCAUX encore en vigueur dans le département de la Marne, constatés par une commission cantonale (réunis et classés.) Châlons sur-Marne, Laurent, 1855, br. in-8°.

Se trouve également dans le Compte-rendu de l'Académie de la Marne, année 1855.

163 Nul.

164 Nul.

165 CARBON (N.), chanoine de la cathédrale de Reims, né en 1705, mort en 1745.

— VIE DE JEAN-BAPTISTE DE LA SALLE, fondateur des frères de la Doctrine chrétienne.

Le manuscrit, écrit entièrement par P. Siret, fit partie de la bibliothèque de Reims ; il disparut lors d'un triage où l'on entassa plusieurs bons ouvrages qui furent vendus à vil prix.

Remensiana, pages 131, 132, 133.

— DISSERTATION sur les Arcs de triomphe de la ville de Reims, publiée vers 1739. 1 vol. in-12.

Cet opuscule se divise en trois parties, l'auteur étudie l'origine des arcs de triomphe, décrit ceux de Reims, et résume les opinions émises par les archéologues sur la date de leur construction, qu'il place à l'époque d'Auguste. (Géruzez, histoire de Reims.)

166 CARBON FLIN DES OLIVIERS. Les meilleures pièces de ce poète rémois ont été imprimées dans un choix de poésies de Barthe de Masson de Morvilliers, en 1810.

Voyez ce nom dans la Biographie universelle.

167 CARNANDET (B.), bibliothécaire de Chaumont (Haute-Marne).

— NOTICE sur le bréviaire d'Abailard, conservé à la bibliothèque de Chaumont (Haute-Marne). Chaumont, Cavaniol, 1855, in-8°.

Ce bréviaire n'a jamais servi à Abailard, et a appartenu au Paraclet ; le manuscrit est du 16e siècle, 242 pages, parchemin assez mince.

— CONDAMNATION de Toussaint Perrin à être pendu à Bar-sur-Aube, pour vol, 1780.

— Dito de L. Thevenot à être rompu vif à Chaumont, p. avoir assassiné sa femme.

— Dito de Trotteminard à être rompu et brûlé vif à Troyes.

— Dito de N. Gérard à être pendu en la ville de Chaumont, 1779.

N° 1355 des archives du Bibl.

— LA HAUTE-MARNE, revue champenoise, par B. Carnandet, bibliothécaire de la ville de Chaumont, de Barthélemy. Paris, etc. Chaumont, 1856, in-4° de 600 p., avec portrait de Bouchardon. (Aubry, 5377.)

Archéologie, bibliographie, biographie, histoire, sigillographie, documents, etc. Cette revue complète, en 1 volume, n'a été tirée qu'à 150 exemplaires.

— LA VIE ET PASSION de Mgr saint Didier, évêque de Langres, passée en dicte cité l'an MCCCCIIII et composée par vénérable sanctifique personne, maistre Guillaume Flomong, chanoine de Langres. Imprimée pour la première fois, d'après le manus-

crit de la bibliothèque de Langres. Paris, 1855, in-8°.

Saint Didier, dit l'auteur dans sa géographie historique, page 98, a sauvé la ville de Langres de la fureur du barbare Crocus. Ce saint a été martyrisé vers l'an 409 de notre ère.

— TRÉSOR des pièces rares et curieuses de la Champagne, recueillies et publiées par Carnandet, bibliothécaire à Chaumont.

Prix de l'abonnement annuel, 14 francs.

Réimpression de 25 pièces rares et curieuses, dont la plupart figurent dans cet ouvrage à leur lettre alphabétique.

Ce recueil, tiré à petit nombre, malgré son prix élevé, ne tardera pas à devenir à son tour une rareté bibliographique.

— LETTRES SPIRITUELLES de Sébastien Zamet, évêque de Langres, publiées pour la première fois d'après le manuscrit de la bibliothèque de Chaumont, avec une introduction, par J. Carnandet. Dijon, 1858. 1 vol. grand in-18.

Cet évêque est mort en 1655.

— NOTICE HISTORIQUE sur Edme Bouchardon, suivie de quelques lettres de ce statuaire, publiées pour la première fois d'après les originaux. Paris, 1855, in-8°.

Voyez Bouchardon.

— NOTES ET DOCUMENTS pour servir à l'histoire de Châteauvillain (Haute-Marne). Paris, 1855, in-8°.

La pairie de Chateauvillain (Castrum-Villanum) fut érigée en 1703, en faveur de Louis-Alexandre de Bourben, comte de Toulouse.

— TABLETTES HISTORIQUES de la Haute-Marne. Paris. 1857, in-8°.

168 CARNANDET ET HESSE.

— RECHERCHES sur les périodiques de la Haute-Marne. Paris, Aubry, 1861, in-8°.

Tiré à 70 exemplaires, sur papier vergé. 6 francs.

Almanachs annuaires, publications ecclésiastiques et religieuses, actes de l'autorité civile, revues historiques et archéologiques, bulletins scientifiques et agricoles, journaux, etc., etc. (1934.)

169 CARRO. NOTICES sur le Château de Meaux et sur le Cabinet de Bossuet, par A. Carro. Paris, 1853, in-12, 2 fr.

170 CANTELLI (Giaccomo). GOUVERNEMENT GÉNÉRAL DE CHAMPAGNE. Carte in-folio. In Roma, 1695.

CARRACCIOLI (2138).

CARRÉ DE MONTGERON (2123).

171 CAUBLOT (Hubert), liturgiste, né à Poinson-le-Nogent (Haute-Marne), en 1719.

— CÉRÉMONIAL DU CULTE, à l'usage du diocèse de Langres, in-12.

Cet auteur était directeur du séminaire de Langres. (Carnandet, Géogr. hist. de la Haute-Marne.)

172 CAUCHON DE MAUPAS (Charles), né à Reims en 1566, mort à Nancy le 29 août 1629.

— RESTE DES VERS de la composition de feu très-généreux seigneur, messire Charles de Maupas, chevalier, baron du

Tour, seigneur dudit Maupas, du Cosson, etc. Reims, 1638, in-8°.

Baussonnet a fait son éloge. Voyez ce nom.

CAULLOMBY (de) (1402).

173. CAUMARTIN (Le Fèvre de), conseiller d'Etat, né à Châlons-sur-Marne en 1653, mort en 1720, âgé de 67 ans.

— RECHERCHES SUR LA NOBLESSE de Champagne, faites sous sa direction par Charles d'Hozier. Chaalons, Jacques Seneuze, 1673.. 1 tome en 2 volumes grand in-folio.

Cet ouvrage, dit M. Brunet dans la dernière édition de son Manuel, l'un des plus recherchés dans la classe des généalogies, ne valait autrefois que de 60 à 80 fr., et de 150 à 200 fr. avec les blasons coloriés. Devenu plus rare que jamais, il ne peut qu'augmenter de prix, surtout s'il continue à être demandé.

575 fr. de Martainville, exempl. sur vélin ; vendu 675, Lallemand de Retz, et 7,001 fr. La Vallière. Cet exemplaire est aujourd'hui à Paris à la bibl. de l'Arsenal.

— PROCÈS-VERBAL de la recherche de la Noblesse, en Champagne, faite par M. de Caumartin. Chaalons, J. Seneuze, 1673, in-8°, 10 à 12 francs.

Volume peu commun, réimprimé à Vouziers (Ardennes), en 1852, in-8°. Revu sur l'original qui se conserve dans les archives de la ville de Varennes (Meuse).

Le BIBLIOPHILE FRANÇAIS (15 mars 1866) annonce une réimpression de cet ouvrage, précieux pour notre province et dont les exemplaires bien conservés valent jusqu'à 1,500 fr. dans le commerce.

— ARMORIAL ET NOBILIAIRE de Champagne, fait sur la recherche de la noblesse de cette province, par de Caumartin, intendant de la généralité de Châlons. 2 vol. in-folio, atlant., v. m.

Manuscrit sur papier, peint en or et en couleur d'une belle écriture, avec tous les blasons et une table alphabétique des noms à la fin de chaque volume. (Cat. Morel-Vindé.) 299 francs.

174 CAUMONT (de). RAPPORT VERBAL sur une excursion archéologique en Lorraine, en Alsace, à Fribourg en Brisgaw et dans quelques localités de la Champagne. Caen, 1851, br. in-8°.

— NOTES sur les Tombeaux et les Cryptes de Jouarre (Seine-et-Marne). Caen, 1843, brochure avec planches.

Cat. Naudin, 5 francs.

175 CAVINIAC (Jean de), chanoine de Langres.

— JOANNIS DE CAVINIAC, historia brevis episcoporum Lingonensium. 1560.

Carnandet (Géographie hist. de la Haute-Marne.)

176 CAYLUS (Anne-Cl.-Ph. de Thibières de Grimoard, de Pestel, de Levy, comte de), né à Paris le 5 octobre 1692, mort le 7 septembre 1765.

— OBSERVATIONS sur le prétendu camp d'Attila, qui se voit près de La Cheppe (Marne). Dans le Recueil d'Antiquités. Paris, 1752-1757, 7 vol. in-4°. Tome IV, p. 332 et suivantes.

C'est un des meilleurs ouvrages que nous ayons sur les antiquités égyptiennes, étrusques, romaines et gauloises.

Le comte de Caylus a encore écrit les Vies de P. Mignard et d'Edme Bouchardon.

Voyez son article dans Dessessart (Siècles littéraires.)

177 CELLIER (Jacques), né à Reims, où il fut maître de musique à la cathédrale ; mort vers l'an 1600.

— RECHERCHES de plusieurs singularités, par François Merlin, controleur général de la maison de feue Madame Elisabeth, fille unique du feu roi Charles dernier, que Dieu absolue, portraictes et escrites par Jacques Cellier, demeurant à Rheims. Commencé le 3e jour de mars 1583, et achevé le 10 de septembre, l'an mil Ve quatre vingtz et sept.

La première partie de ce manuscrit reproduit l'oraison dominicale en vingt-neuf langues différentes, puis viennent treize dessins représentant des détails de la cathédrale de Reims ; suivent des modèles d'instruments de mathématiques et d'astrologie ; l'ouvrage est terminé par de très-belles calligraphies. (Travaux de l'Académie de Reims.)

M. Brissart-Binet possède dans son cabinet un second manuscrit qui est entièrement l'œuvre de Cellier, et qui doit être celui annoncé dans les Archives du Bibliophile de 1859, sous le N° 4852. Voici le titre et la savante description qu'en a donnée M. Claudin dans ses Archives du Bibliophile :

— A monsieur Claude de Lisle, seigneur de Marivaux, chevalier des ordres du roi, conseiller en son conseil d'Estat et privé, capitaine de cinquante hommes d'armes de ses ordonnances, lieutenant pour Sa Majesté en l'isle de France, gouverneur de la ville et citadelle de Laon et païs Laonnais.

Monseigneur, les louanges de vos vertus et valeur, m'ont encouragé à dresser en votre honneur ce petit œuvre, auquel est comprise l'oraison dominicale en 26 langues, 18 sortes d'écriture, et autes petites inventions de ma plume, lesquelles daignez regarder et accepter, et je prieray Dieu pour vostre prospérité et santé, comme vostre très-humble et très-obéissant serviteur, Jacques Cellier, précepteur de jeunesse, et organiste de l'église Notre-Dame de Reims. 1597, in-folio. Dem. rel. mar. vert du Levant, à nerf. 110 fr.

Très-curieux manuscrit exécuté de 1594 à 1597. Chaque page est entourée de superbes ornements dessinés à la plume, dans le genre de la renaissance, et qui ont pu servir, selon toute apparence, de modèles pour les reliures à compartiments, dites à la Grolier et à la Maïoli. Ce volume extraordinaire contient aussi des règles de musique, d'orgue et d'épinette ; on y voit de magnifiques dessins à la plume, de la plus belle exécution ; l'un d'eux représente l'orgue de Notre-Dame de Reims ; un calendrier, qui se trouve à la suite, est d'une ornementation fort remarquable ; des modèles de parqueterie en mosaïque, et des chiffres ornés et entrelacés, méritent une attention spéciale ; c'est, en un mot, un document précieux pour l'histoire des arts au XVIe siècle.

178 CÉNÉGAL. Voyez Réflexions sur Provins. N° 1946.

179 CERF (Ch.) et S. C. H.

— HISTOIRE ET DESCRIPTION de Notre-Dame de Reims. 2 forts vol. in-8°, fig. et plans.

Prix de publication, 13 fr. — Voyez Gilbert.

— DU LIEU OU FUT BAPTISÉ CLOVIS. Reims, 1861, br. in-8°, 1 fr.

— DU SACRE DE CLOVIS et des rois mérovingiens. Reims, 1861, br. in-8°, 1 fr.

180 CERISIERS (Réné de), jésuite, né à Nantes en 1609, mort en 1662.

— LES HEUREUX COMMENCEMENTS DE LA FRANCE CHRÉTIENNE, sous l'apôtre saint Remi, ou la Vie de saint Remi, par Réné de Cerisiers. Reims, Bernard, 1633, in-4°, et 1647, in-8°.

Voir le Dict. des Anonymes, tome 1er, page 177. (2e édit.).

CESAR DE GRANDPRÉ (1262).

180 bis. CHAILLAU-DES-BARRES (le baron). L'ABBAYE DE PONTIGNY (2e fille de Citeaux), Auxerre, 1844, grand in-8° de 248 pages, avec cartes et gravures, 3 fr.

181 CHALETTE père, géomètre du cadastre à Châlons-sur-Marne.

— OBSERVATIONS météorologiques faites à Châlons-sur-Marne pendant les années 1839, 1840, 1841, 1842.

Dans le compte-rendu de la Société acad. de la Marne de 1842, et dans les différentes années de l'Annuaire de la Marne.

— ESSAI CHRONOLOGIQUE et statistique du canton de Châlons-sur-Marne.

(Se trouve dans l'Annuaire de 1832.) Ce travail a valu à son auteur une médaille de première classe de la Société d'Agriculture et Arts du département de la Marne.

— NOTICE HISTORIQUE ET STATISTIQUE sur le canton de Montmort.

Se trouve dans l'Annuaire de la Marne, année 1827.

Dans sa séance du 29 août 1825, la Société d'Agriculture, Sciences et Arts du département de la Marne a décerné une médaille d'encouragement à l'auteur de cette notice.

— STATISTIQUE GÉNÉRALE du département de la Marne. Châlons-sur-Marne, Boniez-Lambert, 1844, 2 vol. in-8°, avec atlas in-folio.

Cette statistique a d'abord été publiée par canton, et imprimée dans l'Annuaire de la Marne; c'est ainsi que la statistique du canton d'Ay se trouve dans les années 1836 et 1837, et celle du canton de Bourgogne dans les années 1838-1839.

— DICTIONNAIRE DES COMMUNES du département de la Marne, 1 fort vol. in-8°.

4 fr., vendu primitivement 6 fr. 50.

— STATISTIQUE AGRICOLE de l'arrondissement de Châlons-sur-Marne, établie sur des renseignements officiels fournis pendant l'année 1828, par MM. les maires, en vertu de l'autorisation du préfet de police et précédée d'une notice sur le département entier.

Annuaire de la Marne, 1841.

— La STATISTIQUE AGRICOLE de l'arrondissement de Sainte-Menehould, du même auteur, se trouve dans l'Annuaire de 1842 et 1843.

— ESSAI SUR LA STATISTIQUE du canton de Sompuis.

Se trouve dans l'Annuaire de la Marne de 1822.

— ESSAI HISTORIQUE ET STATISTIQUE du canton de Fismes, arrondissement de Reims, département de la Marne.

Dans l'Annuaire de la Marne de 1824, page 21.

— STATISTIQUE du canton de Beine, arrondissement de Reims.

Annuaire de la Marne, année 1839.

181 bis. CHALETTE fils, docteur en médecine, né à Châlons-sur-Marne.

— DU DANGER DES INHUMATIONS PRÉCIPITÉES. Châlons, T. Martin, 1843, br. in-8°.

Cet opuscule est suivi de quelques considérations sur la situation des cimetières de Châlons-sur-Marne. C'est à cette publication que l'on doit l'institution, dans cette ville, des médecins vérificateurs des décès. — Ne se trouve pas dans le commerce.

182 CHALIPPE (Candide). ORAISON FUNÈBRE de François, cardinal de Mailly, archevêque de Reims, par C. Chalippe, récollet. Reims, 1722, in-4°.

Cet éloge se trouve également imprimé dans les Mémoires de Trévoux, du mois d'août 1723.

183 CHAMPAGNE (F.-Jean), DISCOURS du Sacre et Couronnement du T. C. Roy de France, par F.-Jean Champagne. Reims, Jean de Foigny, 1575, in-8°.

Catal. de Coste (2262).

184 CHAMPION (le P.). VIE du R. P. Lallemant (Louis), jésuite, né à Châlons-sur-Marne, mort en 1635. S. L., 1694, in-12.

A la fin de cette vie, se trouve un recueil de maximes du R. P. Lallemant.

CHANLAIRE. Voyez Peuchet.

185 CHAPERON, abbé de Saint-André, chanoine de Meaux, et vicaire général du diocèse, sous le cardinal de Bissy, mort à Meaux le 14 août 1740.

— LETTRE de M. l'abbé de Saint-André, grand-vicaire de Meaux, à un de ses amis, au sujet de la nouvelle Histoire de Meaux, donnée par D. Duplessis. Meaux, Alart, in-4°.

Cette lettre est suivie de :

— Réponse de D. Duplessis à cette lettre, in-4°. (N. Lelong), N° 9396.

CHAPPUYS (Claude) 2020.

CHAPUY. Voyez Jolimont.

186 CHAPUZOT (P. J.). NOTICE sur la Vie de saint Sébastien et sur la Relique insigne de ce saint martyr, conservée dans l'église de Jâlons, suivie d'un appendice sur la restauration de la crypte saint Ephrem. Br. in-8° de 32 p. Châlons, Laurent, 1863.

Saint Sébastien fut martyrisé le 20 janvier 288.

186 bis. CHARBONNET. DISCOURS prononcé à la fête de la jeunesse, à Troyes, le 10 germinal, an VI de la République. Troyes, imprimerie de F. Mallet. S. D. in-8°.

187 CHARBONNIER. L'ART D'AMÉLIORER LES MAUVAISES TERRES, et principalement les Terres crayeuses et légères du département de la Marne. Ouvrage utile et curieux, servant de supplément à l'Histoire de la Champagne. Châlons, T.-J. Martin, 1815, in-8° de 320 pages.

Cet ouvrage, dédié à M. le baron de Jessaint, préfet du département de la Marne, devait se composer de deux volumes. Le premier seul a été imprimé. Il contient en outre ; 1° L'ÉLOGE DE LA CRAIE et son utilité en agriculture et dans les arts; 2° la NOTICE HISTORIQUE de l'ancienne fertilité de la Champagne et des longues guerres qui ont causé sa ruine.

L'auteur était membre des Sociétés d'Agriculture, etc., de la Marne et de la Haute-Marne; et de la Société d'Industrie et Arts de Valenciennes.

187 bis. CHARBONNIER. TABLES spéciales de comparaison de la mesure agraire locale, dont la base est la perche de cent pouces, avec la mesure agraire métrique;

description des mesures en usage dans les différentes communes du département de la Marne. Châlons, Boniez-Lambert, 1839, 1 vol. in-18.

CHARLES (le Prince). (1327).

188 CHARLES (Réné), médecin français du XVIIIᵉ siècle, mort en 1752.

— DISSERTATION sur les eaux de Bourbonne-les-Bains. Besançon, 1749, in-12.

— QUESTIONES medicæ circa Thermas Borboniensis. Vesuntione, 1746, in-8º.

C'est un frère de cet auteur, curé de Bourbonne-les-Bains, que l'on doit la fondation de l'hôpital de cette ville. Voyez Bourbonne-les-Bains.

189 CHARLES, ancien directeur des eaux de Bourbonne-les-Bains, et professeur de médecine à l'université de Besançon.

— TRAITÉ des eaux minérales de Bourbonne-les-Bains. Paris, veuve Hanry, rue de la Harpe, 1728.

C'est le frère de l'abbé Charles. Voyez l'art. Bourbonne-les-Bains. Voyez aussi le nouveau Lelong, Nº 3008.

190 CHARLET (Antoine). INTRODUCTION du rituel Langrois, en latin.

— RELATION et Canonisation de saint François de Sales. Langres, 1866.

191 CHARLET (J.-B.), né à Langres, en 1650, mort en 1720.

— COLLECTION des Antiquités du pays et diocèse de Langres.

— MARTYROLOGE des Saints et Saintes du diocèse de Langres.

— LANGRES savante, ou Histoire des Hommes illustres du diocèse de Langres.

— ABRÉGÉ des Vies des Evèques de Langres.

Tous ces manuscrits sont entre les mains de M. Th. Pistollet de Saint-Ferjeux. (Carnandet, Géographie historique de la Haute-Marne, page 116.)

— HISTOIRE naturelle du diocèse de Langres (Haute-Marne). Manuscrit.

Cet ouvrage, où l'auteur s'étend jusqu'à Chaumont, Dijon, etc., fait partie de l'histoire générale du même diocèse, qu'il a composée. (Mélanges de M. Michault, tome II, p. 44 et suivantes. Paris, Tilliard, 1754, in-12). Bibl. physique de la France, Nº 45.

Charlet est encore l'auteur d'un Recueil des Antiquités de Langres, en collaboration avec F. Mariet, médecin antiquaire, natif de Langres. (Carnandet, Géogr. hist.)

CHARMOY (Louis de). Voyez Pinard (Jean).

192 CHARPENTIER (L.), de Reims.

— LES DIRES d'un vieux maître d'école, sur le concours de 1860-1861, entre les instituteurs. Br. in-8º.

193 CHARPENTIER (A.), docteur-médecin.

— LES ANNALES de la ville de Sainte-Menehould, où l'on pourra voir l'antiquité et les juridictions d'icelles, les fondations des abbayes des environs, les armoiries des seigneurs, gentilshommes et autres possesseurs des fiefs mouvans du chasteau, avec leurs blasons ; ensemble, la générosité et la fidélité des habitans pour le service du roy, pendant les guerres, tant estrangères que civiles ; finalement, les particularités des siéges, les batailles, et ce qui s'est passé entre Meuse et Marne, jusqu'à la paix, faite en 1660.

Voyez la Chronique de Champagne, tome II.

CHASTILLON (le maréchal de) (1965.)

194 CHATELAIN (Pierre dom), né à Reims, en 1709, mort en 1784, sous-prieur de l'abbaye de Saint-Remi.

— HISTOIRE abrégée de l'abbaye de Sainte-Claire de Reims (1770).

— HISTOIRE abrégée de Notre-Dame d'Argenteuil, de l'incendie du monastère de Saint-Riquier, près d'Abbeville, etc.

— L'HISTOIRE secrète de l'incendie de l'abbaye Saint-Remi (extraite des manuscrits de dom Chatelain), se trouve imprimée dans la Chronique de Champagne, tome 1ᵉʳ, p. 105 et suivantes.

(Danton, biographie rémoise.)

Tous les travaux de cet auteur, qui utilisait ses loisirs à écrire sur l'histoire de sa ville natale, et les monastères de son ordre, sont restés manuscrits. Egarés pendant longtemps, ils passèrent à M. Povillon-Pierrard (voyez ce nom), qui les revendit à la bibliothèque de la ville de Reims. On remarque dans les œuvres de dom Chatelain : Journal de tout ce qu'il a vu à Reims pendant sa vie. — Histoire de l'abbaye de Saint-Nicaise. — Histoire abrégée de l'abbaye de Saint-Remi : cet ouvrage devait être imprimé.

CHATILLON (Claude de). Voyez Boisseau.

195 CHAUBRY de Troncenord (le baron). RAPPORT au Conseil général de la Marne sur les monuments historiques, 1854-1855, brochure in-8º.

Les rapports des années 1857, 1858 et 1859 se trouvent dans l'Annuaire de la Marne de 1860, et les rapports de 1860 et 1861, se trouvent dans celui de 1862.

Les rapports sur les monuments historiques de 1856 à 1865, ont été publiés en brochures in-8º. Châlons, T. Martin, Dortu et Laurent.

— RECHERCHES sur les Peintres-Verriers champenois. Br. in-8º de 14 p., qui n'a pas été mise dans le commerce.

— NOTICE sur les Artistes graveurs de la Champagne. Br. in-8º, 1859.

— ETUDE historique sur la Statuaire au moyen-âge. 1ʳᵉ partie, 1859 ; 2ᵉ partie, 1863. Châlons-sur-Marne, Laurent, in-8º.

N'ont pas été mis dans le commerce, mais se trouvent dans le Compte-rendu de la Société d'Agriculture de la Marne.

196 CHAUVIN (l'abbé). BRIGANDAGE (le) d'Embrun ou Mémoires importants et nécessaires, contenant l'histoire et les suites de la condamnation de l'évêque de Senez, par l'abbé Chauvin, prêtre de Chilly. 1128, 3 vol. in-4º, vélin vert,

Claudin, archives du Bibliophile.

Manuscrits inédits et autographes du 18e siècle, d'une belle écriture et bien conservés, composés de plus de 1,300 pages.

Importants à consulter pour l'histoire des querelles du Jansénisme.

197 CHAVINEAU (André). LA MORT généreuse d'un pauvre chrétien, tirée sur les dernières actions et paroles de Louis de

Lorraine, cardinal de Guise, par André Chavineau, de l'ordre des Minimes. Paris, 1623, in-12.

198 CHAZAL (jeune). RECHERCHES curieuses et historiques sur la ville de Reims, ornées d'une carte itinéraire de Paris à Reims, et d'un plan de cette même ville. Paris, Aug.-Julien Martinet, 1825, in-18 d'une feuille, avec 2 planches.

(Quérard, France littéraire.) Voir plus loin le No 1217.

199 CHERRIER, jardinier à Vassy.

— MÉMOIRE sur la culture de la vigne. Paris, Mme Huzard, 1808, in-8°.

(Cat. Huzard, No 1736.)

CHENAY. Voyez Mailly (N. de).

200 CHESNEAU (Nicolas), HISTOIRE de l'Eglise de Reims; traduit de Flodoard, par Nicolas Chesneau. Reims, de Foigny, 1581, in-4°.

Cette traduction, faite sur un nouveau manuscrit, n'est pas fidèle.
L'exemplaire de Caumartin, évêque de Blois, rel. basane. (Cat. Claudin, 18 fr.)

201 CHEVALIER, médecin à Bourbonne-les-Bains.

— OBSERVATIONS sur les effets des Eaux de Bourbonne-les-Bains, dans les maladies hystériques et chroniques, par M. Chevalier, ci-devant chirurgien de l'hôpital royal et militaire de Bourbonne, et maître en chirurgie dans la même ville. Journal de Médecine, juillet et août 1772, 2 port., in-12.

Ce mémoire paraît avoir été fait pour constater l'efficacité des eaux thermales dans les maladies hystériques et chroniques, efficacité méconnue et proscrite de la cure des maladies des nerfs par l'auteur du traité des affections vaporeuses des deux sexes. (Biog. phys. No 82 du supplément.)

202 CHEVALIER. RÉPONSE de Chevalier, marchand à Bourbonne-les-Bains, au Mémoire de l'adjudication des fermes. S. L. 17... Br. in-8°, 2 fr. 50.

203 CHEVALIER. HISTOIRE de Bar-sur-Aube. Bar-sur-Aube, chez l'auteur, 1 vol. in-8°. 1851-1845. Vendu 2 fr. 25.

204 CHEVIGNÉ (le comte de). LES CONTES RÉMOIS, par le comte de C...... Paris, Lévy, imprimé par Claye, in-18 anglais, 34 dessins, 2 portraits dessinés par Meissonnier et gravés par Lavaignat, Perichon, Lavieille, etc.

Ce ravissant volume est le fruit de l'heureuse alliance de la poésie et de la peinture. Le modeste auteur des Contes rémois, qui se cache sous le voile de l'anonyme, a voulu doublement satisfaire le possesseur de son livre, en lui donnant à lire d'excellents vers, et à admirer de charmantes vignettes de Meissonnier. Ces vignettes, par parenthèse, ont été payées à l'illustre artiste le prix qu'elles valent, c'est-à-dire une somme fabuleuse. Ce n'est pas le côté le moins piquant de ce livre. (B. du Bouquiniste.)
Un exemplaire de l'édition de 1858, dem. rel. mar. r. non rogné, 2 portraits et 44 gr. sur bois d'après Meissonnier. (Cat. Aubry, 25 fr. Bull. du Bouquiniste, 455e num. 2128.)
Le comte de Chevigné a donné des traductions en vers français :

— 1° Du MORETUM de Virgile, 1816.

— 2° De l'ODE de Caffin, sur le vin de Champagne. 1825.

— Et d'une autre, de Guenon, sur le vin de Bourgogne. 1826.

(Quérard, France littéraire.)

205 CHEVILLION (Od.), médecin à Vitry-le-François.

— INSTRUCTION populaire contre le Choléra-Morbus. Paris, Hachette, 1849. 1 vol. in-18, 40 c.

— NOTICE sur les Eaux de Sermaize. 1851, brochure in-8°.

CHÈVRE (1593).

206 CHEZJEAN (A.) NOTICE historique sur Jean, sire de Joinville. Chaumont, 1853, broc. in-8° de 14 pages, ornée de 2 pl. : 1° le mausolée de Jean, sire de Joinville, découvert au château de Joinville en 1630, avec le sceau de la maison de Joinville ; 2° le château de l'auteur de l'histoire de saint Louis.

207 CHÈZE (Réné de la). LE ROI TRIOMPHANT, ou la Statue équestre de Louis XIII, posée sur le fronton de l'hôtel de ville de Reims, l'an 1636. Reims, Bernard, 1673, in-4°.

(Le nouveau Lelong.)

208 CHICHON. ADEPTIONE REGNI, consecratione, et coronatione regis, deque ingressu illius in civitate Rhemensi Ecphrasis, per Jac. Chichon, jurisconsultum Segusianum. Parisii, typog., Mat. David, 1547, in-4° de 88 pp.

209 CHIFFLET (J.-J.). DE AMPULLA REMENSI. Anvers, 1651, in-folio.

Tenneur (J.-A.), conseiller à la cour des aides, à Bordeaux, attaqua l'auteur, dans un écrit intitulé : De Sacra Ampulla Remensi Tractatus. 1652, in 4o, et 1651, in-folio. (Dumoulin, 6 francs.)

209 bis CHIFFLET (Pierre-François). LETTRE SUR BÉATRIX, comtesse de Champagne. Dijon, 1656, in-4°.

Ce livre, qui concerne plus l'histoire de Bourgogne que celle de la Champagne, a été réimprimé à 50 exemplaires à Lons-le-Saulnier, en 1840.

CHOISEUL D'AILLECOURT (1300).

CHOISEUL-BEAUPRÉ (1720-1892).

CHOISY, député de la Marne (1057).

210 CHOYSELAT (Prudent de). DISCOURS ÉCONOMIQUE, non moins utile que récréatif, par Prudent de Choyselat, procureur du roi à Sézanne. Rouen, 1612, 1 vol. in-12, rare.

211 CLAUSEL DE COUSSERGUES (J.-C.), membre de la chambre des députés.

— DU SACRE des Rois de France, et des rapports de cette cérémonie sur la constitution de l'Etat, aux différents âges de

la monarchie, par Clausel de Coussergues. Paris, Egron, 1825, 1 vol. in-8°.

Cet ouvrage a eu là même année une seconde édition, ou
du moins on en a refait le frontispice. (Quérard, Fr. litt.)

212 CLÉMENT (P.). Histoire de la Vie et
de l'Administration de Colbert. Paris,
1846, 1 vol. in-8°.

Ce célèbre ministre de Louis XIV est une trop grande
illustration de la Champagne pour que nous négligions
de citer dans ce Manuel les ouvrages qui le concernent.

Lettres instructives et Mémoires de Colbert, publiés d'après les originaux.
Paris, Imprimerie Impériale, 1861 et
1863, 2 volumes grand in-8°.

— Histoire et Martyre des trois saints
jumeaux Langrois. Langres, 1647, in-12.

213 CLICQUOT DE BLERVACHE (Simon),
économiste, né à Reims en 1723, mort
en 1796.

— Mémoire sur les moyens d'améliorer en
France la condition des laboureurs et
des journaliers. Paris, 1783, 2 vol. in-8°.

— Réimprimé en 1789 sous le titre : l'Ami
du Cultivateur, par un Savoyard.

Cet ouvrage a été couronné par l'académie de Châlons-
sur-Marne. Outre les nombreux ouvrages d'économie
politique publiés par M. Clicquot, on a encore de cet
auteur les poésies suivantes :

— Ode au père Ferry, sur le projet des
fontaines exécutées à Reims sous sa direction. Reims, 1748, in-4°.

— Ode sur la mort de M. Godinot. Reims,
1749, imprimé dans le Reims pittoresque.

— Ode sur la mort de M. Lévesque de Pouilly.
Reims, 1750.

— Mémoire sur la possibilité et sur l'utilité
d'améliorer les laines de la province de
Champagne, lu à la Société d'Agriculture de Paris, dans le mois d'avril 1787.
Reims, Jeunehomme, 1787, in-8° de 24 p.

M. Clicquot était procureur-syndic de la ville d'Amiens et
inspecteur général du commerce.

(Vente Huzard, 1 franc.)

214 CLOUET (l'abbé). Histoire ecclésiastique de la province de Trèves et des
pays limitrophes, comprenant les évêchés de Trèves, Metz, Toul, Verdun,
Reims et Châlons. Verdun, Lallemant,
1844-51, 2 volumes in-8°.

215 COCHELET (F.-Anastase). Répétitions
du saint Sacrifice de la Messe, en forme
d'homélies, contre Duplessis-Mornay,
par F.-Anastase Cochelet, de l'ordre des
Carmes, à Rheims, docteur en théologie
(faculté de Paris), natif de Maizières-sur-
Meuse. Anvers, Jean Keerberghes, 1611,
in-8°.

An. Cochelet, célèbre ligueur à Reims, prêchait l'élection
d'un bon roi catholique, à l'exclusion du roi de Navarre
et du duc de Mayenne. C'est à ce propos que celui-ci
lui fit dire qu'il eût à prêcher plus modérément, sinon
qu'il l'enverrait, cousu dans son froc, prêcher dans
la rivière. Obligé de s'expatrier lors du triomphe

d'Henri IV, le père Cochelet se retira à Anvers, où il
passa une partie considérable de sa vie, occupé à prêcher et à écrire contre les hérétiques. De retour en
France en 1617, il vécut en paix à Reims, où il mourut
en 1624, âgé de 74 ans. (Note du cat. de la bibl. de Reims.)

216 COQUEBERT DE TAIZY (Claude-André-
Jean-Baptiste), né à Reims en 1758.

La bibliothèque de Reims possède des notes et une biographie des hommes célèbres de la Champagne, manuscrites de Coquebert.

Collaborateur de la Biographie Michaud, dont il révisait
les épreuves, de Taizy a aussi fourni plusieurs articles
littéraires au Dictionnaire des Ouvrages anonymes de
Barbier. Ancien major d'infanterie, il mourut chevalier
de Saint-Louis, en 1815. (Quérard, France littéraire.)

217 COCQUAULT (l'abbé Pierre), chanoine
et official de l'église de Reims.

— Table chronologique de l'Histoire de
Reims, extraite sur l'histoire de l'Eglise,
ville et province de Reims, composée par
Pierre Cocquault, chanoine de l'église de
Reims. Reims, François Bernard, 1650,
in-4°, 12 francs.

Cette table de Cocquault n'est qu'un recueil de matières qu'il avait dressé, et qui a été publié après sa
mort. Il a suivi le même ordre qu'il s'était proposé dans
son ouvrage qui contient cinq volumes in-folio : son
vaste dessein renferme l'histoire ecclésiastique et civile
de la province de Reims. Il y fait cependant quelques
écarts, parlant quelquefois de l'histoire générale. L'auteur s'appuie sur les chartes et chroniques anciennes
qui sont les véritables sources de l'histoire. Cette
composition a été le fruit de ses longues et pénibles
recherches, et quoiqu'elle soit imparfaite, elle peut être
d'un grand secours pour ceux qui travaillent à l'histoire de Reims. (Note manuscrite de Lacourt, chanoine
de Reims, citée par dom Lelong.)

On reproche à cet auteur de faire commencer son histoire de Reims au déluge et d'avoir rempli son ouvrage
d'inutiles citations, mais ces défauts sont largement
compensés par les documents curieux qu'il renferme
et qu'on ne trouve que là.

Cocquault a encore laissé en manuscrit :

— Mémoire pour la revendication des
Eglises des Pays-Bas.

(Voir dom Lelong, Gérusez, hist. de Reims et chronique
de Champagne.)

218 COCQUAULT (Oudart), neveu du précédent. Cet auteur, dont les manuscrits
sont conservés à la bibliothèque de
Reims, donne dans ses mémoires des
renseignements curieux sur ce qui s'est
passé particulièrement à Reims, à l'é-
poque de la Fronde. Ces mémoires em-
brassent les années 1649 à 1694.

(Voir Gérusez, histoire de Reims. — Une Mazarinade à
Reims, en 1649. — Remensiana. — Cabinet historique.)

219 COFFIN (Charles), né à Buzancy (Ardennes).

— Ode sur le Vin de Champagne. Br. in-8°.

Cette ode, digne d'Ovide et de Catulle, disent les biographes, est devenue célèbre. Elle a été traduite en
vers français par le comte de Chevigné. Coffin est surtout connu par les hymnes latines qu'il composa
pour le bréviaire de Paris. Il mourut à Paris en 1749,
âgé de 73 ans.

220 COFFINET (l'abbé). Sceau de l'Abbaye
de Notre-Dame-aux-Nonnains de Troyes
(XIIe siècle). Paris, 1852, br. in-8°, fig.

Tiré à petit nombre. 2 francs 50 c.

221 COLARD (Antoine), né à Reims, dans
les premières années du XVIe siècle, chanoine de l'église de Reims.

— ANNALIUM Rhemensium libri septem, per Antonium Colardum, canonicum rhemensem, manuscrit in-4° de 10 feuillets ; c'est peut-être le même que le suivant :

— ANTONII COLARDI canonici Rhemensis annalium libri VII quibus Rhemensium antistitum res gestas explanatur.

Les annales, citées par Ducange, s'arrêtent à l'année 1580.

Ce manuscrit était conservé dans la bibliothèque de l'abbaye Saint-Nicaise. Voir Gérusez, histoire de Reims. Danton, biographie rémoise. — Cabinet historique.

222 COLBERT (J.-B.). TESTAMENT POLITIQUE, où l'on voit tout ce qui s'est passé sous le règne de Louis-le-Grand jusqu'en 1684. La Haye, 1694, 1 vol. in-12. 3 fr.

Voir Sandras des Courtils. — CATÉCHISME DU PARTISAN, dans la 5e édition du Manuel du Libraire.

Ce grand ministre fit imprimer à Paris, en 1679, un bréviaire exprès, pour l'usage de sa maison ; format in-8°. Ce livre, recherché des amateurs, est devenu très-rare.

COLLET (Jean). Voyez STATUTA SYNODALIA.

223 Nul.

224 COLIN. NOTES HISTORIQUES et statistiques sur le canton de Nogent-sur-Seine (Aube). Troyes, Colin, 1836, broch. in-12.

COLLIN (Mammès). Voyez Coutumes de Chaumont-en-Bassigny.

225 COLLIN. TABLETTES HISTORIQUES DE JOINVILLE. Chaumont, 1858, in-8° (1909).

226 COMBE (DE LA). VIE DE ROYER-COLLARD. Paris, 1863, in-8°.

227 Nul.

228 CONSTANT (Pierre), né à Langres, en 1560.

— DISCOURS sur l'entrée de M. Blérencourt, gouverneur de Langres (en vers français). Langres, 1603, in-4°.

— LE GRAND ÉCHEC de Guyonvelle et de ses adhérents, devant Château-Villain (Poème), 1589, in-12, rare.

On a encore du même auteur :

— INVÉCTIVE contre l'abominable parricide du roy très-chrestien Henry IIII. Paris, 1595, in-8°.

— LA RÉPUBLIQUE DES ABEILLES.

Ouvrage recherché et vendu 18-50, troisième vente de Charles Nodier.

229 COQUET. COUP-D'ŒIL rapide sur la ville de Provins et ses environs. Provins, Lebeau, 1816, 1re livraison. — Cat. B. Imp. (8068).

Ouvrage critique et descriptif. Seule livraison parue.

230 COQUILLARD (Guillaume), official de l'Eglise de Reims, mort dans cette ville en 1534, âgé de 72 ans.

— LES ŒUVRES de Guillaume Coquillard, en son vivant official de Reims. Paris, Galliot du Pré, 1532, in-8°, rel. mar. bleu. Lavallière, 18 fr.

— SES ŒUVRES, nouvellement corrigées et imprimées à Paris ; où sont côtenues plusieurs joyeusetez côme vous pouvez voir en la table du présent livre.

On les vêd en la rue Neufve Nostre Dame, à l'enseigne Sainct-Jehan-Baptiste, près Saìcte-Geneviefve des Ardans. 1534, in-16, vélin, 143 feuillets, titre compris, lettres rondes.

Vente J. L. H., de Lille (1856), 73 fr. — Edition de Paris, P. Libert, 1533, in-12. Mac-Carthy, 7-95.

— LES ŒUVRES de Guillaume Coquillard, en son vivant official de Reims. Lyon, François Juste, 1535, in-12 (goth.) Lavallière, 3-95.

— Les mêmes, Paris, Coustelier, in-12.

— POÉSIES DE GUILLAUME COQUILLARD, revues et corrigées sur les différentes éditions, augmentées d'un grand nombre de pièces, avec des notes historiques et critiques, et un dictionnaire des anciens termes qui se trouvent dans les poésies de Coquillard. 3 vol. in-4° cart.; catal. Lavallière, 20 fr.

Manuscrit sur papier du XVIIIe siècle, bien écrit, contenant 299 feuillets.

Il s'y trouve des pièces qui ne sont pas de Coquillard.

— RECUEIL DE PIÈCES, in-4° goth., m. rouge. Lavallière, 8-75.

Il contient les Droits nouveaux, avec le Débat des Dames et des Armes. — L'Enquête avec la Simple et la Rusée, avec son plaidoyer. — La belle Dame sans mercy (par Alain Chartier). — Le Débat de la Demoiselle et de la Bourgeoise.

La première édition des ŒUVRES DE COQUILLARD est de 1493, in-4° goth.

231 COQUINO PETRO. FASCICULUS ARCHIEPISCOPORUM Senonensis Civitatis metropolitanæ incipiens a beato Saviniano primo illius Archipræsule, usque ad præsentem annum 1552, auctore Coquino Petro, pastore Salignii propè Senonas, in-12.

Cet ouvrage, qui se trouvait dans la bibliothèque de l'abbaye de Saint-Pierre-le-Vif, à Sens, est dédié à Nicolas Marthre, secrétaire du cardinal de Bourbon, depuis doyen de Sens, mort en 1554 ; mais l'auteur l'a continué jusqu'en 1557. (N. Lelong. 10015).

232 CORDA (rémois). LES ADIEUX d'un Champenois à la Folie-Beaujon, également connue sous le nom de Montagne française.

Châlons, Boniez-Lambert, s. d., br. de 16 pages.

233 CORDIER. REIMS PITTORESQUE, ancien et moderne, par plusieurs auteurs, et publié par Cordier. Reims, 1835 et suivantes. 1 vol. in-8°. (1148-1535)

M. Cordier n'en était que l'éditeur. Les articles qui composent cet essai de publication mensuelle sont de MM. L. Paris, P. Varin, H. Fleury et Lacatte-Joltrois. Il n'y a eu que cinq livraisons.

234 CORNET-PAULUS, chef de division à la préfecture de la Marne.

— DICTIONNAIRE géographique et statistique du département de la Marne. — Châlons, Laurent, 1862, in-12, 1f 50.

235 CORRARD DE BRÉBAN, président honoraire à Troyes, membre de l'Académie de cette ville. .

— MÉMOIRE sur les diverses enceintes et sur les fortifications de la ville de Troyes. Troyes, Bouquot, 1854, in-8°, avec un plan de Troyes au XVIe siècle. 3 fr.

Il y a des exemplaires en papier de couleur qui se paient plus cher.

— RECHERCHES sur l'établissement et l'exercice de l'imprimerie à Troyes. 1851, in-8°, fig. 3-50. deuxième édition. La première était de 1839.

Cette deuxième édition, augmentée et tirée à 160 exemplaires, d'un travail consciencieux, est du plus grand intérêt pour l'histoire littéraire et la bibliographie. Cette brochure contient la nomenclature des imprimeurs de la ville de Troyes, depuis la fin du XVe siècle jusqu'à 1789, et des notices sur leurs productions les plus remarquables. On y trouve le fac-simile du Bréviaire de 1483, premier livre imprimé à Troyes. (Techener, — Bulletin du Bibl.)

— LES ABBESSES DU PARACLET, présentées dans l'ordre chronologique, avec des Notes relatives à l'histoire de cette célèbre abbaye. — Troyes, Dufour-Bouquot, 1861, in-8°, orné de 2 planches. 3 à 4 fr.

Cet ouvrage n'a pas été mis dans le commerce.

— NOTICE sur l'œuvre de François Girardon, de Troyes, avec un précis de sa vie, et des notes historiques et critiques. — Troyes, Bouquot et Laloy, libraires-éditeurs, 1850. Br. in-8° de 58 pages. 1-50.

Tiré à 250 ex.

— LES RUES DE TROYES, anciennes et modernes, revue étymologique et historique. Paris, 1857, in-8°, avec un plan de la ville. 3 fr.

236 CORROZET (Gilles), LE CATALOGUE des antiques élections des villes et citez, fleuves et fontaines assises es troys Gaulles, par Gilles Corrozet, parisien, et Cl. Clampier, lyonnois. — Lyon, chez Françoys. Juste. S. d. (vers 1588). Goth., fig. sur bois, in-16, Ex. rel. mar. r. tr. dor., 40 fr.

(Bull. du Bibl. No 2002)

Ouvrage fort rare et des plus curieux. C'est le recueil des anciennes légendes et traditions de l'origine de toutes les villes de France, de Belgique et des bords du Rhin. Pour chaque ville se trouve une petite figure sur bois représentant sa fondation. On trouve également dans ce petit livre la description de toutes les eaux thermales, des églises et lieux de pèlerinage fréquentés à cette époque. (A. Claudin, — Arch. du Bibl.)

237 COSSON (Charlotte-Catherine), née à Mézières, le 4 juin 1740.

— CHANT PASTORAL ET RELIGIEUX, consacré à l'illustre bergère, patronne de Paris et de toute la France, par une bergère des Ardennes. — Paris, sans nom d'imprimeur, 1804, in-4°.

Pour voir les nombreuses productions de cette femme poète, voyez ce nom dans la Biogr. ardennaise de M. Bouillot.

238 COSTER (F.-A.), avocat, né à Nancy.

— ELOGE de J.-B. Colbert. Nancy et Paris, Brunet, 1773, in-8°.

239 COSTIGIER. DISSERTATION sur le lieu de la sépulture de Jean de Mandevilain, chanoine de Clermont et successivement évêque d'Arras, de Nevers et de Châlons-sur-Marne.

Mercure du mois de juin 1755.

240 COTTEAU (G.), juge à Auxerre.

— NOTE sur les échinides kimméridgiens de l'Aube.

Dans le Bulletin de la Société géologique de France, tome XI (1854).

— ETUDE sur les débris organisés contenus dans les terrains du département de l'Aube.

Dans le Congrès scientifique de France, 1864, p. 256 et suiv.

240 bis. COTTEREAU DU COUDRAY (Ar.), né à Tours, le 28 janvier 1697, mort en 1770.

— LETTRE sur la mort de Jean-Joseph Languet, arch. de Sens, par J.-B.-A. Cottereau du Coudray, curé et premier échevin de la ville de Dannemarie, membre de l'Académie de Villefranche. 1753, in-4°.

Cet auteur a publié plusieurs articles dans le JOURNAL DE VERDUN, de 1732 à 1744.

Ses poésies, publiées par les soins de M. Cottereau, son neveu, ont été imprimées à Paris chez Caillau, 1750, in-8°.

241 COUCY (Enguerrand de). CHARTE reconnaissant à l'abbaye de Foiny, possession franche et entière de certaines propriétés y dénommées, maisons, terres, prés, dîmes, etc.

Charte originale en langue vulgaire, sur vélin, datée du mois d'août 1272.

Claudin, archives du Bibliophile, 18 francs.

242 COURMEAUX (E.). NOTICE sur la bibliothèque de Reims. Reims, 1844, br. in-8°.

243 COURTALON-DELAISTRE (l'abbé J.-Ch.), curé de Sainte-Savine, de Troyes, né à Dienville (Aube), en 1735, mort le 29 octobre 1789.

— ALMANACH de la ville et du diocèse de Troyes. Troyes, André, 1776-1787, 12 volumes in-16.

Avec E.-T. Simon ; c'est une continuation des Ephémérides de Grosley.

— ELOGE de Pierre Mignard, 1781, in-12.

— HISTOIRE de la vie et du culte de sainte Savine, vierge et patronne d'une église sous son invocation, dans un faubourg de Troyes. Troyes, Garnier, 1774, brochure in-12.

Ouvrage anonyme ainsi que le suivant.

— TOPOGRAPHIE historique de la ville et du diocèse de Troyes. Troyes, veuve Gobelet, 1783-86, 3 volumes in-8°.

30 fr., Paupel (avril 1856).

Un quatrième volume devait contenir la Biographie des Troyens célèbres, mais il n'a jamais paru.

Le premier volume contient : Annales troyennes, livre II. Evêques de Troyes, tome II, livre III , Vies des saints du diocèse, livre IV; histoire des églises de la ville et des faubourgs, livre V; juridictions diverses de la ville de Troyes. tome III; description des villes, bourgs et villages des neuf districts ou doyennés du diocèse, par ordre alphabétique.

Ouvrage très-bien fait et très-facile à consulter, d'après le classement méthodique des matières.

Il a paru, en 1786, à Troyes, une carte du diocèse de Troyes, divisée en doyennés, pour faciliter l'usage du livre. Cette carte, qui est assez rare, a été dressée par M. Courtalon, ingénieur géographe.

Simon, depuis bibliothécaire du tribunat, a coopéré à cet ouvrage.

— VIE du pape Urbain IV, suivie de celles de Pierre de Celle, de Comestor et de Salomon Jarki, pour servir à l'histoire littéraire de la Champagne. Troyes, veuve Gobelet, et Paris, 1782, 1 vol.in-12.

Ouvrage rempli de documents curieux.

— DISCOURS sur les Beaux-Arts. Paris, 1778, in-12.

— EPITRE à l'auteur de l'Anti-Uranie. (Le P. Bonhomme, cordelier). Troyes, 1765, in-8°. Anonyme. (1236-1522).

On a encore du même auteur :

— RECHERCHES sur la tactique des Gaulois, insérées dans le Journal de Verdun, mai et septembre 1770.

— DES POÉSIES, dont quelques-unes sont insérées dans l'Esprit des Journaux.

Il a laissé en manuscrits :

— L'HISTOIRE DES COMTES de Champagne, in-folio, et celle de la baronie de Villemaur, 2 volumes in-folio.

(Quérard, France littéraire.)

244 COURTET. MOTHA EMOTHA, par Estienne Courtet, chanoine de Langres et poète latin, qui vivait encore en 1663.

A part le mérite de la poésie, dit M. Carnandet, les vers de Courtet renferment les noms de beaucoup de Langrois et de Dijonnais célèbres.

— LOTHARINGIA in angustiis, en vers héroïques.

— CASSANDRA LINGONICA, etc.

Grand nombre des poésies de cet auteur sont restées manuscrites. (Carnandet.)

245 COUTANT (des Riceys). FRAGMENTS historiques sur l'ancien comté de Bar-sur-Seine. Br. sans titre, s. d., gr. in-18.

246 COUTANT (L.) et S...... RECUEIL de Notes et de Pièces historiques, pour servir à l'Histoire des Riceys, depuis leur fondation jusqu'à nos jours. Paris, Ebrard, 1840, in-8°.

On trouve à la fin de ce volume un colloque en patois Riceton, en 1789. C'est un spécimen curieux et remarquable.

247 COUTANS (dom. G.), bénédictin. DESCRIPTION historique et topographique de la grande route de Paris à Reims, avec le plan de cette dernière ville, orné d'allégories. Paris, 1775, in-4°.

Dom Coutans est encore l'auteur d'un Atlas géographique des environs de Paris; on joint à cet atlas une brochure intitulée :

— DICTIONNAIRE de l'Atlas géographique des environs de Paris (gravé par Picquet). Paris, an VIII (1800).

248 CRÉPIN. NOTICE sur la paroisse de Blécourt. Chaumont, 1858, in-8°.

248 bis. CROËSES DE BERGE (de). GÉNÉALOGIE de la très-illustre maison de Poyvre (en Champagne), s. l., n. d., in-folio, 8 francs.

Catalogue Dumoulin (19-1862).

249 CULOTTEAU (Gilles), né à Reims. mort en 1706, docteur en médecine.

— AN VINUM Remense, Burgundico suavius et salubrius affirm. Reims, Potier, 1700.

Cette thèse célèbre, où l'on démontre la qualité du vin de Champagne, fut traduite en français la même année, sous le titre de : Question agitée le 5 mai de l'an 1700, aux écoles de médecine de Reims, sous la présidence de M. Culotteau : « Si le vin de Reims est plus agréable et plus sain que le vin de Bourgogne. »

Voir cat. des imprimés de la bibl. de Reims, t. II, p. 270.

249 bis. CULOTTEAU (NICOLAS), fils du précédent, né à Reims en 1697, mort à Châlons-sur-Marne en 1763.

— MÉMOIRE sur les Monuments trouvés dans l'église de Vert, diocèse de Châlons-sur-Marne, lu à la Société littéraire de cette ville, dont il était un des fondateurs.

— HISTOIRE de la ville et vicomté pairie de Vertus, restée manuscrite.

Culotteau est encore l'auteur de nombreuses dissertations conservées dans la Société littéraire de Châlons, et de pièces fugitives publiées dans les Ephémérides, etc. etc. Voyez le manuscrit de dom Rocher, à la Bibliothèque de Châlons-sur-Marne, les Tablettes historiques du diocèse de Châlons, année 1757. (Danton, biog. rémoise.)

Culotteau a remporté le prix de l'Académie des Inscriptions en 1740, sur les Lois de Lycurgue. (Voir N. Lelong No 34,278.)

250 CRAPELET (C.-A.). HISTOIRE du Châtelain de Coucy et de la dame de Fayel, publiée d'après le manuscrit de la Bibliothèque du roi, et mis en français par C.-A. Crapelet. Paris, Crapelet, 1829, gros vol. in-8°, fig. et fac-simile.

Un exemplaire vélin, reliure m. r. du Levant, non rogné, doré en tête. 39 fr. Louis-Philippe; 45 fr. Schavyd.

Cette histoire est rapportée en partie dans les mémoires historiques de Bauglier.

— RECHERCHES sur l'auteur du roman du châtelain de Coucy et de la dame de Fayel.

(Bulletin du Bouquiniste, année 1857, page 157 et suivantes, et 243 et suivantes.)

Un manuscrit de ce roman se trouvait à la vente Louis-Philippe, ayant une espèce d'épilogue en 59 vers. (Voir le No 1108 du catalogue.)

Trente ans environ après l'évènement tragique qui termina les aventures amoureuses du châtelain de Coucy et de la dame de Fayel, un poète inconnu voulut les rimer en roman; c'est ce roman, dont le texte a été reproduit et traduit par M. Crapelet, qui forme ce beau volume. — Indépendamment de l'intérêt du sujet, très-connu, ce petit poème, qui contient plus de huit mille vers de huit syllabes, est conçu à l'imitation des chansons du roi de Navarre, et composé avec bien plus d'art qu'on n'en suppose aux ouvrages de ces temps, que l'on appelle barbares : le style, toujours naïf, est souvent gracieux et rempli d'une finesse que la simplicité des formes de la langue rend parfois fort piquante. La traduction, bien que d'une grande fidélité, se fera lire avec plaisir par les personnes que l'étude de ce vieux français pourrait rebuter. (Viollet le Duc.)

251 DAGONET (Grégoire), né à Châlons-sur-Marne le 5 septembre 1795, médecin en chef de l'Asile public d'aliénés de Châlons-sur-Marne, membre de plusieurs Société savantes, mort en 1847.

— CONSIDÉRATIONS médicales et administratives sur les aliénés. Châlons, Boniez-Lambert, 1838, br. in-8°.

— DES INSECTES nuisibles à l'agriculture, observés dans le département de la Marne pendant l'année 1839. Châlons-sur-Marne, 1840. Br. in-8°, avec fig., id. 1841 et 1842.

— NOTICE sur les Dévastations opérées par divers insectes dans le cours de l'année 1838, dans le département de la Marne. Châlons, Boniez-Lambert, 1839, brochure in-8°.

— NOTICE sur M. Claude-Elisabeth Adrien, chirurgien en chef de l'Hôtel-Dieu de Châlons-sur-Marne. (Annuaire de la Marne, année 1837.)

— RECHERCHES statistiques sur l'aliénation mentale dans le département de la Marne.

Se trouve dans le compte-rendu de la Société d'Agriculture de la Marne de 1842.
La notice biographique de M. Dagonet se trouve dans l'Annuaire de la Marne, année 1847-48.

252 DAGAUME (G.). REQUÊTE de l'Université de Paris au roi, au sujet de l'union du collége des jésuites de Reims, à l'Université de la ville. 1724, in-folio.

Cette requête est dirigée contre les jésuites, qui voulaient être agrégés à l'université de Reims ; ces derniers parvinrent à la faire supprimer, en se désistant de leur prétention.

Il n'échappa que peu d'exemplaires de cette édition ; mais elle a été réimprimée dans la requête au roi, mémoires et décrets des universités de Paris et de Reims, 1761, deux volumes in-12. (Quérard.)

253 DAMOURETTE (le docteur), inspecteur adjoint des Eaux minérales de Sermaize.

— RAPPORT adressé à M. Duvivier, sous-préfet à Vitry-le-François, sur les Eaux minérales de Sermaize. Vitry-le-François, Bitch, 1858, br. in-18.

254 DANCHET. LE SACRE de Louis XV dans l'église de Reims. Paris, 1722, in-folio avec figures, rare.

Ce volume est recherché à cause des belles planches qu'il renferme. 60 à 80 francs.

Il existe des exemplaires de cet ouvrage avec des figures enluminées. (2024)

255 DANDRÉ-BARDON (Michel-François), peintre, poète et musicien, né à Aix le 22 mai 1700, mort le 14 avril 1783.

— ANECDOTES sur la mort de Bouchardon, suivies de quelques Recherches historiques sur les Casques et Vêtements des anciens. Paris, 1764, in-8°.

— MONUMENTS de la ville de Reims, 1765, in-12. (1768).

Quérard, France littéraire.

256 DANIÉLO (J.-F.), né dans le département du Morbihan, en 1800.

— HISTOIRE de la Gaule Belgique, et de Reims, sa métropole. Paris, 1833, 2 vol. in-8°.

257 DANTON (Henri-Félix), ancien notaire à Avize (Marne), mort à Reims, sa ville natale, en 1855, âgé de 36 ans.

— HISTOIRE du Journalisme à Reims. Reims, 1854, in-8°.

— BIOGRAPHIE rémoise, depuis les temps les plus reculés jusqu'à nos jours. Reims, 1855, in-8°.

Danton était collaborateur de la Revue mensuelle (1853-54) ; il rédigea en partie la continuation des almanachs de Reims. Celui de 1855 est dû presqu'entièrement à sa plume laborieuse ; il a laissé en manuscrit :

— HISTOIRE des Corporations rémoises.

— HISTOIRE des Enfants de Reims qui ont été décorés de la croix de la Légion-d'Honneur.

(Voyez COURRIER DE LA CHAMPAGNE, janvier 1853, et l'almanach de Reims pour 1856.)

On reproche à Danton d'avoir omis dans sa biographie nombre de célébrités locales, et de ne pas avoir assez étendu ses notes ; enfin, d'avoir laissé en quelque sorte l'ouvrage à refaire.

257 bis. DARDENNES. LETTRES HISTORIQUES écrites en 1814, de Chaumont (Haute-Marne), lors de l'occupation de cette ville par les troupes alliées. Chaumont, 1814, petit in-8° de 112 p. 10 fr.

Ouvrage rare, tiré à 40 exemplaires seulement.

258 D'ARGÉ (CHALONS-). DU SACRE des Rois de France et de leur couronnement. Paris, 1824, in-8°.

259 Nul.

260 DAUDET (le chevalier), né à Nismes.

— EXPLICATION des Emblèmes héroïques inventés par M. le chevalier Daudet, pour la décoration des arcs de triomphe érigés aux portes de Reims, lors de la cérémonie du sacre de Louis XV, roi de France et de Navarre. Reims, Pothier, 1722, in-4°.

— LE PLAN de la ville de Reims, sa Vue du côté de Paris. Plan de l'église cathédrale, représentation de la cérémonie du sacre du roi Louis XV, le tombeau de Saint-Remi, la marche du roi, depuis Notre-Dame jusqu'à Saint-Remy et porte Basée, et le dessin de la porte Mars. Le village de Corbeny avec le plan de l'église Saint-Marcou, la route depuis Versailles jusqu'à Reims et celle depuis Reims jusqu'à Soissons, passant par Corbeny, le tout gravé par le chevalier Daudet, géographe de Sa Majesté. Paris, 1722, in-folio.

Il y a des exemplaires où l'on a joint le lit de justice de 1722 avec les plans.

— ROUTE de Paris à Reims, levée sur les lieux, par le chevalier Daudet.

N. Lelong, No 629, voyez plus loin le No 1577.

DAVIER (1727).

DAVID-ANDRY (1275).

DAVID (Pierre). Voyez cérémonies, 1259.

260 bis. DEFER (l'abbé E.). VIE des Saints du diocèse de Troyes, et Histoire de leur culte jusqu'à nos jours. Troyes, 1865, 2 tomes en un volume de 525 pages.

Cat. A. Socard, 5 fr. 25, 15 exempl. sur papier vergé, 12 fr.

DEFER (1182).

261 DE FOURNY (l'abbé Pierre Du Four). LA LOY de Beaumont. Coup-d'œil sur les libertés au moyen âge, par l'abbé De Fourny (Pierre Du Four). Reims, 1864. in-8° de XII et 262 pages, plans et fig. 5 fr.

Cet ouvrage se trouve imprimé dans les travaux de l'Académie de Reims, année 1864.

DE FRANCE DE VAUGENCY (1733).

262 DEFREY (Pierre), de Troyes.

— LA GÉNÉALOGIE, avec les gestes et nobles faits d'armes de Godefroy de Bouillon, et de ses frères Baudoin et Eustache. Paris, Le Noir, 1511, in-folio, goth.

263 DEGUINAUT (Léon) et Jean, son frère, tous deux docteurs en médecine.

— TRAITÉ sur les admirables Cures et Guérisons qui se sont faites à la Fontaine de Corgirnon, 1603.

Ouvrage publié par ordre de Charles d'Escars, évêque de Langres.

264 DEHAYE (Ponce), né à Rethel en 1740. poète, prédicateur et provincial des minimes de la province de Champagne, auteur de plusieurs odes sur les évènements du temps, et d'un drame intitulé : MARCELLUS OU LES PERSÉCUTIONS, composé à vingt ans, et qui lui valut une lettre de Voltaire et la disgrâce de l'archevêque de Reims.

Il a laissé plusieurs comédies manuscrites, dont une, le Siége de Rhodes, a été jouée sur le théâtre de Rethel en 1804. (Biographie ardennaise.)

265 DEJEAN (le père), professeur de rhétorique au collége de Troyes.

— DISCOURS (en latin) sur le Mariage du roi, prononcé devant l'évêque de Troyes et une nombreuse assemblée.

Il avait orné la salle où il prononça son discours, d'inscriptions, de devises, d'emblèmes et de symboles historiques avec des vers latins et français qui les expliquaient. (Journal de Verdun, mois de février 1726.)

DE LA BARRE (L.-Jos.) 1285.

266 DELAHAUT (Nicolas-Joseph), religieux de l'ordre de Prémontré, né à Carignan le 15 décembre 1702, mort à Brieulles-sur-Meuse le 17 mars 1774.

— ANNALES civiles et religieuses d'Yvois, Carignan et Mouzon, avec des augmentations et des corrections, par l'Ecuy, ancien abbé général de Prémontré. Paris, 1822, 1 vol. in-8°.

Louis-Philippe, 5 fr.

267 DELAISTRE (Just). LISTE alphabétique des villes, bourgs et villages régis par la coutume de Chaumont, 1725, in-4°.

DELAISTRE (Nicolas-Pierre). Voyez Deux mémoires (1073 1382).

268 DE LA PORTE (l'abbé). DESCRIPTION de la Champagne ; au tome XXXVIII du voyageur français.

Compilation d'un prétendu voyageur qui n'a point vu par lui-même les pays dont il donne la description; aussi n'est-elle pas très-exacte et manque de critique; mais en revanche la narration est pleine d'intérêt.

Ce tome 38e n'est pas de l'abbé de La Porte, mais de Domairon. (Psaume). Dictionnaire de bibliographie.

268 bis. DELARUE (le P.), de la Compagnie de Jésus.

— ORAISON funèbre de messire Jacques Benigne Bossuet, évêque de Meaux, etc. prononcée dans la cathédrale de Meaux, le 13 juillet 1704, in-4° avec portrait.

Catalogue Techener (1858) No 8430, 4 fr.

DE LA SALLE. Voyez almanach de Reims (1073).

DE LA SALLE DE L'ETANG (1858).

269 DE LA TOUCHE (le chevalier), né à Châlons-sur-Marne.

— RELATION de ce qui s'est passé à l'entrée solennelle de Mgr Claude-Antoine de Choiseul, évêque, comte de Châlons, pair de France, avec une explication des figures symboliques et des devises dont était décoré l'arc de triomphe élevé à la porte de Marne de cette ville. Châlons, Claude Bouchard, 1735, in-folio.

Voyez Ed. de Barthélemy.

DE LA TOUR D'AUVERGNE (1727 et 1736).

269 bis. DE LA TULLAYE (le baron). LETTRE à un sénateur, sur la dérivation de la Somme-Soude. — In-8° de 30 p. Châlons, T. Martin, 1862.

270 DELBARRE. ESSAI sur la vie de Thibault IV, comte de Champagne et de Brie, et roi de Navarre. Laon, impr. de E. Fleury et A. Chevergny. 1850, in-8°.

270 bis. DELBARRE et BAUVENNE. NOTICE historique et archéologique sur le château et la ville de Château-Thierry. Paris, 1858, in-8°, planches, 1 fr. 50.

271 DE L'ESTRE (Hugues), de Châlons-sur-Marne.

— DE L'ESTRE perpétuel de l'empire français par l'éternité de cest estat, au roy très-chrétien. Discours en deux remontrances faictes aux ouvertures, en l'an 91 et 92 de la chambre de justice et parlement naguères séant à Chaalons. Paris, 1595, in-8°, carte, 10 fr. 50.

Archives du Bibliophile (1858 No 7560).

272 DELETTRE (F.-A.). HISTOIRE de la province de Montois, comprise dans les cantons de Bray, Donnemarie, Provins

et Nangis, arrondissement de Provins. Nogent-sur-Seine, 1849, in-8°.

DELIÉGE (Claude))1796).

DELMAS (Louis). Voyez L. Lefèvre.

273 DELOCHE (Nicolas-André), né à Novion-en-Porcien, en 1732.

— ODE ILLUSTRISSIMO ecclesiæ principi Car. Ant. de la Roche-Aymon, archiep. duci Remensi canebat Nic. Andreas Deloche, artium professor, nec non abbatiæ regalis J. Petri Remensis canonicus. Reims, 1763, in-4° de 8 pages.

— DESCRIPTION des décorations pour le passage de Mme l'archiduchesse Marie-Antoinette d'Autriche, dauphine de France. Reims, 1770, in-4° de 34 pages.

— L'AMOUR reconnaissant de la ville de Reims, ode à Mgr le cardinal de la Roche-Aymon. Reims, 1772, in-8° de 4 p.

— IN INAUGURATIONEM Regis Ludovici XVI, ode. Reims, Multeau, 1775, in-4°.

— ODE à l'occasion du Sacre de Louis XVI. Reims, 1775, in-8° de 14 pages.

On a imprimé trois strophes de cette ode à la page 114 du JOURNAL HISTORIQUE du sacre et couronnement de Louis XVI. Paris, vente 1775, in-8o.

— EXPLICATION des emblèmes inventés et mis en vers par M. Bergeat, vidame de Reims, et M. l'abbé Deloche, tous deux chanoines de l'église métropolitaine, pour la décoration des édifices, arcs de triomphe et autres monuments érigés par les soins de la ville lors de la cérémonie du sacre de Louis XVI. Reims, Barth. Multeau, 1775, in-4° de 22 pages.

Biographie ardennaise, (1479.)

274 DEMAUGRE (Jean), poète, né à Sedan en 1714.

— REQUÊTE (en vers) à l'impératrice Marie-Thérèse. Sedan, 1760, in-4°.

Elle est pleine de goût et de gaîté, et valut au poète, de la part de cette princesse, une réponse flatteuse et une gratification de cent ducats.

— DISCOURS sur le rétablissement du culte public de la religion catholique dans la ville de Sedan. Bouillon, 1785, in-4°.

On peut consulter sur ce fait :

— AVERTISSEMENT (historique) à la tête de l'office qu'on célèbre à Sedan le jour de saint Mathias, en mémoire du rétablissement du culte public du Saint-Sacrement en cette ville. Reims, Multeau, 1645, in 8°.

On y voit comment ce rétablissement se fit en 1644, par les soins du maréchal de Fabert, premier gouverneur de Sedan, après la cession de cette ville à Louis XIII, en septembre 1642, par Frédéric-Maurice de la Tour, duc de Bouillon. (Biographie ardennaise.)

275 DEMILLY (aîné). AGRICULTURE zootechnique. Reims, Huet, 1861. Brochure in-12 de 28 pages.

— OBSERVATIONS sur l'Espèce chevaline et

son amélioration dans l'arrondissement de Reims. Châlons-sur-Marne, Boniez-Lambert, 1844, in-8°.

276 DENIEL. RECHERCHES sur le Régime des eaux de la rivière de Seine dans l'étendue du territoire de la ville de Troyes. Troyes, Anner-André, 1841, in-8°, 2 fr. 50.

277 DENIS (l'abbé F.-A.). ESSAI HISTORIQUE et archéologique sur Péey, commune du canton de Nangis (Seine-et-Marne), et en particulier de la seigneurie de Beaulier. Meaux, 1863, in-8°.

DEPINTEVILLE-VAUGENCY. (1679).

278 DEPPING (G.-Bernard). NOTICE archéologique sur la ville d'Arc-en-Barrois (Haute-Marne). Paris, 1848, br. in-8°, fig.

(Quérard, France littéraire.)

279 DÉRODÉ (Jean-Nicolas). PROJET du canal à construire en Champagne, par lequel on amènerait les bâtiments de la rivière d'Aisne dans le centre de la ville de Reims. Reims, Piérard, 1779, in-12.

Voyez Annuaire de la Marne pour 1850, page 463.

280 DERODÉ-GÉRUZEZ (P.-A.). MÉMOIRE sur la Navigation de la rivière de Vesle, et sur la possibilité de la mettre en communication directe avec celle d'Aisne, par un canal à ouvrir à Reims et à Berry-au-Bac. Reims, veuve Seurre-Moreau, 1825, in-8°.

La société Satory ayant critiqué ce mémoire, M. Dérodé y répondit par une nouvelle brochure.

— NOTICE historique sur les Couronnements des rois de France, depuis Clovis jusqu'à Charles X. Reims, 1825, in-8°.

— OBSERVATIONS sur les Monuments publics de la ville de Reims, sur les Embellissements, les projets et les améliorations dont ils sont susceptibles. Reims, 1827. in-8°.

— RAPPORT au conseil municipal de la ville de Reims pour remplacer la machine hydraulique des anciennes fontaines par une pompe à feu. Reims, 1823, br. in-4° de 25 pages.

— LE RÉGULUS français, pièce de comédie en trois actes et en prose.

Jouée sur le théâtre de Reims, elle n'eut que deux représentations. (Lacatte-Joltrois.)

— SOUSCRIPTION pour les Recherches des houillières au sondage des puits artésiens. Reims, Guélon-Moreau, 1830, in-8°.

— ELOGE FUNÈBRE de Pierre Gobert, citoyen de la ville de Reims. Reims, 1841, broch. in-8°.

281 DESCHAMPS (E.). POÉSIES morales et historiques d'Eustache Deschamps, chapelain de France et bailly de Senlis.

Paris, Crapelet, 1832, 1 volume grand in-8°, 20 francs.

Première édition des œuvres de ce fameux poète du XVᵉ siècle. Eustache Deschamps était Champenois et né à Vertus (Marne).

281 bis. DES ETANGS (Louis). INFLUENCE des plantations d'arbres verts sur l'agriculture en Champagne.

Dans le Congrès scientifique de France, 31ᵉ session (1864), page 368 et suivantes.

282 DESGUERROIS (N.). EPHEMERIS sanctorum insignis ecclesiæ Trecensis. Troyes, Edmond Nicol, 1648, 1 vol in-12.

On regrette que M. Letillois de Mézières n'ait pas consacré un article à ce savant distingué, dans sa biographie des Champenois célèbres. Oubli, du reste, que M. Ch. Desguerrois a réparé. Voyez plus loin.

— SS. LUPUS ET MEMORIUS cum Attila rege ; auctore Nicolas Desguerrois. Treces, Nicot, 1643, in-12.

C'est une dissertation sur le passage d'Attila par Troyes. Marie-Nicolas Desguerrois, né à Arcis-sur-Aube, vers 1580, mort à 101 ans; il est encore l'auteur d'un ouvrage intitulé :

LES VÉRITÉS de saint Avertin, fidèle achate de Louis-Thomas de Cantorbéry. Troyes, F. Jacquard, 1644, 1 vol. in-12.

— LA SAINCTETÉ CHRESTIENNE, contenant les Vie, Mort et Miracles de plusieurs saints de France et autres pays dont les reliques sont au diocèse de Troyes, avec l'Histoire ecclésiastique, traitant des antiquités et des églises et abbayes dudit diocèse, recueillie par M. N. Desguerrois de Jésus. Troyes, Jean et François Jacquart, 1637, in-4° de 427 p. et 30 feuillets non chiffrés, avec un frontispice gravé vis-à-vis le titre.

Ouvrage édifiant, devenu rare, vendu 24 à 30 francs.

283 DESGUERROIS (Charles). ATTILA et saint Loup. Troyes, 1851 ; Paris, 1855. Brochure in-8°, tirée à 35 exemplaires.

Archives du bibliophile, 2 fr. 50.

— HISTOIRE du diocèse de Troyes, 185... 2 vol. in-4°.

— VIE et Ouvrages de Marie-Nicolas Desguerrois. Troyes, 1854, in-8° avec portrait, 1 fr. 50.

— NOTICE sur Monseigneur Seguin des Hors. Troyes, 1856, in-8° de 8 pages.

— PAYSAGES de Champagne (poésies). Paris, 1854, in-12.

— JEAN PASSERAT, poète et savant. Paris, Ledoyen, 1856, gr. in-8° de 80 p., 3 fr.

284 Nul.

285 DESMAREST (François). MÉMOIRE chronologique des foires de Champagne et de Brie, établies en la ville de Troyes, par François Desmarest, seigneur de Paris, avocat au parlement, échevin de la ville de Troyes. Troyes, 1787, in-4°.

286 DESMAREST (Nicolas), né à Soulaines

près de Bar-sur-Aube, le 16 septembre 1725, mort le 28 septembre 1815.

— MÉMOIRE de M. Desmarest sur la culture des raves et des navets, dans la Guyenne, lu en 1763 à la Société littéraire de Chaalons-s Marne (manuscrit).

Ce mémoire est conservé dans les registres de cette société. On en trouve un extrait dans le MERCURE du mois de juillet 1763, page 130 et suivantes.

Quoique ce mémoire paraisse ne concerner que la Guyenne, l'intention de M. Desmarest est d'engager à étendre la culture des raves et des navets dans toutes les parties du royaume où elle peut réussir. Il invite surtout les cultivateurs de la Champagne à ne pas négliger cette branche de l'agriculture, qui peut très-bien réussir dans les terres de cette province, aux environs des rivières. (Biographie physique de la France, Nᵒ 1138.)

Pour les autres ouvrages de M. Desmarest, voyez son article dans la France littéraire de Quérard.

DESRUES. Voyez descriptions, etc.

287 DESAULX (Pierre), né à Reims en 1699.

— ELOGE de M. de Pouilly, 1750, in-4°. — Oraison funèbre de Mᵐᵉ de La Rochefoucault.

— EPITRE au père Ferry, sur le succès de son entreprise pour les fontaines publiques de Reims, 1747, in-4°.

— EPITRE à Mᵍʳ de Talleyrand, coadjuteur de l'archevêque de Reims, 1767, in-4°.

Desaulx composa une foule d'inscriptions, d'emblèmes, de devises, en usage aux fêtes publiques, et d'autres morceaux de poésies de circonstance, totalement oubliés aujourd'hui (1375-1948-1977.)

288 DESSAIN (Louis). D'ALVAIRE, comédie en cinq actes et en vers, représentée pour la première fois le 25 février 1841, sur le théâtre de Reims. Reims, Luton, brochure in-8°. 1 fr. 50.

DESTABLES. Voyez almanach de Reims et les Nᵒˢ 1073 et 1988.

289 DESTRÉES (Jacques), né à Reims.

— ARRÊT qui ordonne qu'un mémoire imprimé et signé du sieur abbé Destrées, abbé de Bonlieu, diocèse de Reims, sera supprimé. 1778, in-4°.

Cet abbé Destrées doit être le même auteur que celui du contrôleur du PARNASSE, 3 vol. in-12 et du MÉMORIAL de Chronologie généalogique et historique. 4 vol. in-24, etc.

— GÉNÉALOGIE historique et critique de la maison de La Roche-Aymon. Paris, 1776, in-folio.

L'armorial de M. d'Hozier contient un éloge historique de Raymon de Pavie, par l'abbé Destrées.

290 DE TORCY. RECHERCHES chronologiques, historiques et politiques sur la Champagne et le pays partois. Châlons, 1832, 1 vol. in-8°.

Cet ouvrage devait avoir quatre volumes de quatre à cinq cents pages, avec cartes et plans. Le premier volume seulement a paru; il contient beaucoup de choses utiles et savamment exposées; mais l'histoire générale de la France y occupe plus de place que l'histoire de Champagne ; et encore, pour cette dernière, le pays partois absorbe presque exclusivement tout le texte. On regrettera toujours que l'auteur n'ait pas tiré parti des nombreux documents qu'il possédait sur la province de Champagne, ainsi que de sa belle collection de sceaux, tant originaux que reproduits, et qui embrassait presque toute la série des anciens comtes.

— Fragments tirés d'un manuscrit contenant des recherches chronologiques et historiques sur l'ancienne ville de Vitry-en-Partois, sur ses comtes particuliers, et sur les comtes de Troyes et de Champagne. Paris, 1839, brochure in-8°.

291 DEVISME (J.-F.-L.). Manuel historique du département de l'Aisne. — Laon, Courtois, 1826, in-8°.

Bon à consulter pour la région du département de l'Aisne qui faisait autrefois partie de la Champagne.

Cet ouvrage est divisé en deux parties, la première comprend la chronologie des faits, la deuxième fait connaître les hommes distingués; elle est suivie d'une table générale de tout ce qui a été publié sur ce département.

Cet auteur avait déjà publié en 1812 :

— Histoire de la ville de Laon, 2 vol. in-8° avec plan; et, dans le deuxième volume de la société des antiquaires de France, on trouve du même, des Observations sur le camp de César, situé au territoire de Saint-Thomas, canton de Craonne, arrondissement de Laon.

292 DIDOT (A.-F.). Missel de Juvénal-des-Ursins, cédé à la ville de Paris, le 3 mai 1861, par A.-F. Didot. Paris, 1861, in-8°, br. 2 fr. 50.

Voyez ce nom.

DIGOT (1810).

293 DISAUT, sous-préfet à Ste-Menehould.

— Notice historique sur Sainte-Menehould.

Annuaire du département de la Marne, 1844.

L'auteur de cette courte Notice n'a fait que reproduire les souvenirs qui lui sont restés de la lecture du patient et patriotique travail de M. Buirette, sur l'histoire de Ste-Menehould.

294 DOÉ. Notice sur les principaux Monuments de la ville de Troyes. Troyes, 1839, in-12.

Le tome II des mémoires de la Société des Antiquaires de France renferme une Dissertation sur l'emplacement d'Agendicum, ville des Senones, dans la Gaule Celtique (1820), qui a pour auteur M. Doé. (Quérard, France lit.)

295 DOLLET (Pierre-Nicolas), professeur au collège de Châlons-sur-Marne.

— Souvenir d'un berger champenois.

Carnandet. (Géographie historique.)

295 bis. DOMINÉ (Ernest). Mémoire sur l'industrie du coton à Troyes.

Se trouve dans le Congrès scientifique de France, année 1864, pages 194 et suivantes.

DORAT (Jean) (1804).

296 DORIGNY (P.-Jean), né à Reims.

— Histoire de la Vie de saint Remy, archevêque de Reims. Châlons, 1721, fig. de Thomassin, in-12, veau brun. 10 fr.

(Bulletin du Bibliophile.)

297 DORIN, docteur en médecine à Châlons-sur-Marne.

— Discours sur l'Ornithologie. Châlons, 1803. Brochure in-8°.

— Rapport sur les truffières du département de la Marne.

Se trouve dans le compte-rendu de la Société académique de 1860.

298 DORIVAL (Jean-François-Félix). Rapport général au peuple assemblé, à ses représentants et aux juges et jurés par lui nommés, sur la conspiration qui a existé contre sa souveraineté, sa sûreté et sa liberté. Sedan, Baudoin; Bouillon, Brasseur, 1795, in-4° de 493 p.

On doit à cet auteur le curieux article sur Bouillon, inséré dans l'Encyclopédie méthodique. (Bibliog. ardennaise.)

299 DORMOIS. Notes historiques sur l'hôpital de Tonnerre et sur ses archives. Auxerre, 1852, in-8° avec planches. 3 fr.

300 DOUCE. Livre de sainte Philomène, ou Relation d'un Miracle opéré à son intercession, dans Mainbresson. Rethel, imp. de Beauvarlet, 1856, in-18.

DOUCIN (le Père) (1878).

301 DOUGE (P.). Première entrevue de Clovis Ier, roi des Francs, et de Clotilde, sa femme, au village de Villery, près Troyes. Épisode de l'histoire de Champagne au ve siècle, par P. Douge. Troyes, 1854.

Br. in-8° tirée à 200 exempl. 2 fr.

— Réfutation de diverses assertions de plusieurs historiens, même les plus récents, sur le lieu de la réception de Clotilde et de sa première entrevue avec Clovis ; le tout appuyé de preuves et de notes historiques.

302 DOYEN (baron Charles-Pierre), ancien receveur général de l'Aube, membre de plusieurs Sociétés savantes, né à Orléans en 1797.

— Rapport sur les Travaux de la Société académique de l'Aube, au Congrès des Sociétés savantes. Troyes, 1856, in-8°.

303 DRÉGEL (André-Jean-François-Xavier), né à Plesnoy, dans la Haute-Marne, mort en 1843, âgé de 68 ans.

— Essai sur l'Histoire de la ville et du diocèse de Langres.

— Matériaux pour les annales de Langres. — Généalogies.

Ces divers ouvrages sont restés manuscrits. Carnandet. (Géographie de la Haute-Marne.)

DREUX DU RADIER (1285).

DREVOS (1482).

304 DRIOU (A.) Récits historiques et pittoresques sur l'ancien monastère de Montier-en-Der. Versailles, C. Dufaure, 1842, in-8°.

305 DRIOUX (l'abbé). Nouvelles calomnies du protestantisme, en réponse à M. Gourjon, sur le massacre de Wassy. Langres. 1843, in-8°.

306 DROUET, ancien greffier du tribunal civil de Châlons-sur-Marne.

— NOTICE géologique sur le département de la Marne.

Ann. du départ. de la Marne pour 1836.

Le compte-rendu de la Société d'Agriculture de la Marne de 1863 contient une Description géologique du département de la Marne, du même auteur.

— DESCRIPTION des Pierres tombales qui existent dans l'église Saint-Loup de Châlons-sur-Marne.

Dans le Congrès archéologique de France, année 1855, page 124 et suivantes.

306 bis. DUBARLE (Eugène), procureur du roi, successivement à Melun et à Reims.

— STATISTIQUE du département de Seine-et-Marne, 1838, in-8°.

HISTOIRE DE L'UNIVERSITÉ, 2 vol. in-8°.

ÉTUDES HISTORIQUES sur le département de la Marne.

Se trouve dans la CHRONIQUE DE CHAMPAGNE.

307 DUBOIS (l'abbé). HISTOIRE de l'abbaye de Morimont, quatrième fille de Citeaux. Dijon, 1852, 1 vol. in-8° avec plan. 4 fr.

Cette célèbre abbaye du diocèse de Langres, fondée en 1115, a eu plus de sept cents monastères sous sa filiation ; elle était tellement rapprochée de la frontière de Champagne, qu'une partie du réfectoire se trouvait sur les terres de Lorraine. (Vosgien, dict. géographique)

308 DUBOIS. STATISTIQUE du département des Ardennes, 1842, 1 vol. in-8°.

— QUATRE-VINGT-DIX-NEUF MOUTONS..... ou : Les Rémois ne sont pas si bêtes! comédie proverbe en un acte, mêlée de couplets, précédée de nouvelles et contes rémois. Reims, Brissart-Binet, 1854, in-8°. 6 francs.

Ouvrage orné de vignettes, fleurons, encadrements, etc.

308 bis. DUBOIS, qu'il ne faut pas confondre avec le précédent.

— ESSAI sur l'agriculture du département de l'Aube. Br. in-8°, publiée en 1819.

309 Nul.

310 Nul.

311 DU BOIS. PHILOSOPHE (le) AMOUREUX, ou Histoire des amours et Infortunes de Pierre Abailard et d'Héloïse, par N. Du Bois. Au Paraclet, La Haye, 1696, in-12. Excellente reliure v. f., 6 francs.

(Vente Pompadour.)

312 DUBOURG-MALDAN. HISTOIRE de la Faculté de Médecine de l'Université de Reims.

Cette histoire, qui devait être suivie d'un précis sur la maîtrise en chirurgie sur la communauté des apothicaires de la même ville, n'a pas été continuée, dans la Chronique de Champagne, elle s'arrête à l'année 1808.

— JEAN-BAPTISTE DE LA SALLE, ou Histoire de la fondation des Ecoles chrétiennes.

Chron. de Champ., tom. II, p. 301, tom. III. p. 81 et suiv.)

— LA PESTE à Reims, en 1668.

Chronique de Champagne, tom. II, page 1re.

313 DU BOYS DE RIOCOUR. HISTOIRE de la ville et des deux siéges de Lamothe, 1841, 1 vol. in-8°.

314 DU BREUIL (Pierre). HISTOIRE ample des peuples habitant aux trois bourgs des Ricey, par M. Pierre Du Breuil, bachelier de Sorbonne. A Paris, sans nom d'imprimeur, 1654, in-12 de 30 p., plus 6 p. non paginées pour le titre et les pièces liminaires.

— DESCRIPTION de la terre et baronnie des Ricey, située en Bourgogne, par Nicolas de La Brosse, écuyer, gentilhomme bourguignon. A Paris, sans nom d'imprimeur, 1654, in-12 de 146 pages. A la fin, une gravure représentant des armoiries.

Ces deux ouvrages, qui, dit M. Brunet, imprimés séparément, sont ordinairement reliés ensemble. (48 fr. Delaleu, 20 fr. Fontette.)

(Extrait du Manuel du libraire.)

314 bis. DUCHALAIS (A.). DISSERTATION sur une Charte inédite de l'an 1138, relative à l'histoire de Melun. Paris, Didot, 1845, brochure grand in-8°, 2 fr. 50.

315 DUCHESNE, lieutenant général de police à Vitry-en-Champagne.

— CODE DE LA POLICE, ou Analyse des règlements de police, par M. Duchesne, lieutenant général de police de la ville de Vitry-en-Champagne. Paris, Prault, 1761, 2 volumes in-12.

DUCHEMIN (Charles). Voyez Titres, N° 2099.

316 DUCHESNE (A.). NOTICE sur deux Dalles tumulaires existant à Reims, rue Saint-Guillaume, 17. Reims, 1847, br. in-8°, ornée de 2 planches, 1 fr. 50.

— NOTICE sur un Manuscrit de poésies latines, de Nicolas Chesneau, doyen et chanoine de Saint-Symphorien de Reims, en 1580. Reims, 1850, br. in-8° de 12 p.

— CATALOGUE raisonné des portraits des archevêques de Reims.

Duchesne avait une fort belle collection de gravures, dessins, etc., sur la ville de Reims et la Champagne. Elle fut dispersée à sa mort, en 1858; cependant une bonne partie est passée à la bibliothèque de Reims.

317 DUCHESNE (André). HISTOIRE de la Maison de Châtillon-sr-Marne, contenant les actions les plus mémorables des comtes de Blois et de Chartres, de Saint-Pol, etc., ensemble les armes de toutes les familles nobles de France et des Pays-Bas alliées par mariage à celle de Châtillon, représentées en cuivre. Le tout divisé en 12 livres et justifié par chartres-titres, etc., avec les preuves. Paris, 1621, in-folio, exemplaire sur vélin, 80 fr.

Cat. Techener ; l'exemp., aux armes de Caumartin, 30 fr. Vente Pompadour, 7 fr. 20 ; de Baze, 9 fr. 05. — 60 fr. Mac-Carthy, et 90 fr. Naudin. (1280).

318 DU FAY (de l'Académie des Sciences).

— OBSERVATIONS sur la chaleur des eaux de Bourbonne-les-Bains.

(Histoire de l'Acad. 1724, page 47.)

319 DUFFAY. DU SACRE des rois de France, ou Inauguration de Pharamond et exposition des lois fondamentales de la monarchie, in-12, 2 fr. 50.

320 DUGUÉ (E.-J.), ingénieur en chef du département de la Marne.

— DÉRIVATION de la Somme-Soude et du Petit-Morin. Paris, 1862, Dunod, éditeur. Châlons, imp. T. Martin, in-4° avec plan.

C'est le travail le plus important qui ait été publié sur cette question.

— OBSERVATIONS des Maires et Habitants du Petit-Morin. 1861, T. Martin, 2 feuilles in-8°.

— RÉPLIQUE des Maires et Habitants du Petit-Morin, à M. Robinet. 1862, T. Martin, 2 feuilles in-8°.

— RÉPONSE à M. Robinet. 1862, T. Martin, 136 pages in-8°.

320 bis. DUGUET (P.) RAPPORT au Conseil municipal de Châlons, au sujet du chemin de fer projeté d'Orléans à la ligne de Strasbourg. 1863, T. Martin, 4 feuilles in-4°.

— RAPPORT présenté à la Société d'Agriculture, Commerce, Sciences et Arts du département de la Marne, sur les Travaux de Viticulture de M. le docteur J. Guyot. 1867, T. Martin, 72 pages in-8°.

DU LYS (Charles), (1938).

321 DUMONT (A.). MÉMOIRE sur les Terrains ardennais et rhénan de l'Ardenne, du Rhin, du Brabant et du Coudras. Bruxelles, 1844-46.

Deux parties in-4°.

DU MOLIN (Charles). Voyez Coutumes de Vitry-en-Partois (1348).

322-323 Nuls.

324 DUPLESSIS (dom Michel-Toussaint-Chrétien), religieux de la Congrégation de Saint-Maur, né à Paris en 1689, mort en 1767.

— HISTOIRE de la ville et des seigneurs de Coucy, avec des notes et des pièces justificatives. Paris, 1728, in-4°, avec planches.

Ouvrage devenu rare. 10 à 15 fr.

— HISTOIRE DE L'ÉGLISE DE MEAUX, avec des Notes ou Dissertations, et des Pièces justificatives. Paris, Gaudin, 1731, 2 vol. in-4°.

25 à 30 fr. — Cutot-Naudin, 40 fr.

On apprend dans la préface que cet ouvrage est dû au zèle du cardinal de Bissy. A la suite se trouvent les catalogues raisonnés des évêques, doyens généraux de l'ordre, abbés et abbesses du diocèse de Meaux; ainsi qu'une suite des vicomtes, baillis, et des lieutenants généraux du bailliage de Meaux; la généalogie de la maison de Bissy. Le premier volume est terminé par une table chronologique; le second contient les pièces justificatives, au nombre de 748, et les statuts synodaux du diocèse qu'on a pu recueillir depuis 1246 jusqu'en 1730, sous le titre de : SYNODICUM MELDENSE, et le pouillé du diocèse, par ordre alphabétique. (C. J.) — 2084.

325 Nul.

326 DU PONCET (Nicolas), jésuite. ORAISON funèbre de Marguerite-Angélique de Bethune, abbesse de Saint-Pierre de Reims. Dijon, Ressaire, 1711, in-4°.

N. L., No 14,945.

DUPRÉ (Thomas), 2108.

DUPUIS (l'abbé), 1.464.

DU RADIER. (Voyez DREUX ou le N° 1285)

DURAND (Etienne), 1349.

327 DURIVAL (Nicolas-Luton), magistrat, né à Commercy, le 12 novembre 1723, mort le 21 décembre 1795.

— DESCRIPTION de la Lorraine et du Barrois. Nancy, 1778-83, 4 vol. in-8°.

Utile à consulter pour l'histoire de la Haute-Marne. Cet ouvrage est un des meilleurs qui aient paru en ce genre : c'est l'histoire du Barrois et de la Lorraine, depuis la plus haute antiquité jusqu'à la mort du dernier duc, Stanislas Ier. (D. S. L.)

Le quatrième volume est devenu plus rare que jamais, les exemplaires qui restaient chez le libraire ayant été vendus à un épicier pendant la révolution. (Quérard, France littéraire.)

— INTRODUCTION à l'Histoire de la Lorraine et du Barrois, par M. D***. Nancy, Babin, 1775, in-8°.

— TABLE ALPHABÉTIQUE des villes, bourgs, villages et hameaux de la Lorraine et du Barrois, 3e édit. avec des additions. Nancy, 1766, in-8°.

La première édition parut en 1748.

L'abbé d'Expilly a inséré cette table dans son Dictionnaire géographique de la France. (Quérard, France litt.)

DUSOMMERARD (1295).

DU TILLET (Jean) 1456.

328 DUVAL. TABLEAU de la Vie du glorieux saint Bernard. Troyes, Bouvillon, 1647, un vol. in-8°.

(Cat. Nyon et Vallière, No 15,719).

329 EGRON (A.). ESSAI STATISTIQUE sur une partie des départements de la Marne et des Ardennes. Br. in-8°, 1 fr.

329 bis. ESTAINTOT (le comte), au château des Autels (Seine-Inférieure), membre du Congrès scientifique de France.

— EXPOSÉ COMMÉMORATIF de la vie, des funérailles et des bienfaits de Mme Pailloux (Elisa Haumonté), membre du Congrès scientifique de France et de la Société française d'Archéologie, née à Troyes, le 6 septembre 1812, morte le 6 juin 1864. Br. in-8°.

Une partie de ce travail a été lu au Congrès scientifique de France, 31e session (1864). Voyez p. 420 et suiv.

330 ESTRE (Hugues de L'). PERPÉTUEL DE L'EMPIRE FRANÇOIS par l'æternité de cest estat, au roy, discours en deux remontrances faictes aux œuvertures, en l'an

91 après la Sainct Martin, et 92 après Pasques, de la Chambre de justice et Parlement naguères séant à Châlons. Paris, 1595, in-8° cart., 5 fr.

330 bis. ESTRAYEZ-CABASSOL.

— NOTICE HISTORIQUE et descriptive sur la cathédrale de Châlons-s-Marne. Châlons, T. Martin, 1842. Broch. in-8°, 1 fr. 50.

331 ETIENNE-GALLOIS (Aug.-Alph.), bibliothécaire du Sénat, né à Vitry-le-François, le 6 juillet 1809.

— LA CHAMPAGNE et les derniers Carlovingiens.—Lutte des derniers Carlovingiens et des premiers Capétiens.—Intervention des archevêques de Reims dans cette lutte. — Héribert II de Vermandois et sa maison (820 à 962). Paris, Techener, 1855, in-8°.

(Catal. Naudin, 5 fr.)

— LA CROIX DE VITRY-LE-BRULÉ, souvenir historique.

Chron. de Champ., tome Ier, p. 140.

— LES DUCS DE CHAMPAGNE, Mémoire pour servir d'introduction à l'histoire de la Champagne. Paris, 1843, 1 vol. in-8°.

(Catal. Naudin, 6 fr.)

332 EXPILLY (l'abbé J.-J.), né à Saint-Remy (Provence) en 1719, mort en 1793.

— DICTIONNAIRE GÉOGRAPHIQUE, historique et politique des Gaules et de la France. Paris, 1762-70, 6 vol. in-folio, 90 à 100 fr.

Cet ouvrage, qui n'a pas été terminé, et qui s'arrête à la lettre S, est indispensable à ceux qui écrivent sur nos anciennes provinces. Le 6e volume est peu commun. Courtalon-Delaistre, qui était beaucoup plus à même de nous de juger cet ouvrage, se plaint de son inexactitude à l'égard de la Champagne. — Note de M. Vallet de Viriville. (Arch. hist., page 31.)

333 ETANGS (Stanislas DES). — MÉMOIRE sur les bois employés dans la charpente des anciens édifices.

— NOTES sur quelques plantes observées dans le département de l'Aube.

— LISTE des noms populaires des plantes de l'Aube et des environs de Provins. (1846).

Trois petites brochures in-12.

334 FAROCHON. PROJET D'UN MONUMENT A COLBERT, pour Reims, sa ville natale, exécuté en relief par Farochon. Une feuille in-4°, ornée de la statue. Brissart-Binet, 1 fr.

335 FARON. MÉMOIRE pour servir à l'histoire de saint Alpin, premier évêque de Chaalons en Champagne.

— DISSERTATION au sujet de la bataille d'Attila dans les Gaules, et du lieu où elle s'est donnée, justifiée par les citations des auteurs, et une chronologie où l'on fait un abrégé de l'histoire ecclésiastique et de la prophane (sic), depuis l'an 400 jusqu'à la mort de saint

Alpin. A Châlons, chez Mercier, imprim'-libraire, Grande-Rue, 1791; sur l'édition d'Alexis-Xavier-René Mesnier, à Paris, en 1725, in-12.

336 FAURE (Hippte), pharmacien à Châlons-sur-Marne, membre de l'Académie de cette ville.

— RAPPORT sur l'ensemble des travaux des conseils d'hygiène publique et de salubrité du département de la Marne, lu au nom d'une commission, par M. H. Faure, pharmacien, membre du Conseil. 1849-1859. Châlons, Laurent, 1860, br. in-8°.

— NOTICE sur la source minérale de Sermaize. Br. in-8°, tirée à petit nombre.

Elle a été imprimée dans le compte-rendu de la Société d'Agr. de la Marne de 1857.

— PIERRE BAYEN, chimiste, né à Châlons-sur-Marne, le 7 février 1725. Châlons, J.-L. Leroy, 1865. Br. in-8° de 19 pages, avec portrait.

Malatret, neveu du chimiste châlonnais, a publié sous le titre d'opuscules chimiques, les Mémoires de Bayen, précédés d'un Eloge de Parmentier, l'illustre agronome. (H. F.)

FAYE (Barthélemi). Voyez COUTUMES.

FAYET. Voyez EXPOSÉ.

337 FÉLIX (Claude), né à Montigny-le-Roi, xve siècle, grand-vicaire à Langres.

— DE PONTIFICIBUS urbis lingonicæ.

— DE ANTIQUITATE et laude civitatis.

Ouvrages restés manuscrits. (Carnandet. Géographh. his.)

338 FERIEL (J.) JEAN, SIRE DE JOINVILLE, sénéchal de Champagne, par J. Feriel. Chaumont, 1843, br. in-8°, 2 planches.

Tiré à 50 exemplaires.

— NOTES ET DOCUMENTS pour servir à l'histoire de Joinville. Joinville, 1856, in-8°. Portrait, médailles, sceaux et fac-simile.

— NOTES HISTORIQUES sur la ville et les seigneurs de Joinville, avec un appendice contenant les pièces relatives à l'ouverture et à la violation des tombeaux des ducs de Guise. Paris, 1835, in-8°

— HISTOIRE ET DESCRIPTION de la chapelle Sainte-Anne, au cimetière de Joinville. Paris, 1838, 1 vol. in-8°.

— PRÉCIS de l'histoire de Saint-Dizier, avec une Note sur la montagne du Châtelet. Chaumont, S. D., in-8°.

FERRY (le père), minime. V. DISSERTATION.

338 bis. FÉTIS (Ed.). LÉGENDE DE SAINT HUBERT, précédée d'une préface bibliographique et d'une introduction historique. Bruxelles, 1846, in-8°.

Catal. Techener (1858), No 8014. 30 fr. — C'est la réimpression d'une édition du XVIe siècle, exécutée avec un soin particulier.

339 FEUGES. LETTRE DE PERMISSION de Mgr l'évêque de Troyes (Bossuet), pour

rétablir une église renversée à Feuges, diocèse de Troyes.

JOURNAL DE VERDUN, mois de novembre 1726, p. 335.

FILLION (Robert). Voyez GOURDIN.

340 FINOT (J.-P.), troyen. LES ARCHERS, les arbalétriers et les arquebusiers de Troyes. Troyes, Bouquot, 1858, in-8°.

Cat. Al. Socard, 10 fr. — Cet ouvrage n'a pas été mis dans le commerce. (1,236 bis.)

— EXCURSION (UNE) de Troyes à Chaumont. Troyes, Bouquot, 1858, in-8°, avec une vue de la maison centrale de Clairvaux et un portrait du général Vouillemont. 3 fr.

Non mis dans le commerce.

— PASSAGE ET SÉJOUR de Napoléon-le-Grand à Troyes, en 1805. — Troyes, Dufour-Bouquot, 1863, in-8°. 2 fr.

Ouvrage non mis dans le commerce.

— LA TOUR BALEAU, à Troyes. — Troyes, Dufour-Bouquot, 1860, in-8°, 2 fr.

Non mis dans le commerce.

340 bis. FISQUET (H.) LA FRANCE PONTIFICALE (GALLIA CHRISTIANA). Histoire chronologique et biographique des archevêques et évêques de tous les diocèses de France, depuis l'établissement du christianisme jusqu'à nos jours, divisé en dix-sept provinces ecclésiastiques, par M. H. Fisquet. Paris, Repos, 1864.

Le premier volume comprend la métropole de Reims. Un volume in-8° de 232 pages, terminé par une table générale des noms cités, et orné du portrait de Mgr Gousset. 8 fr.

N.-B. — Les dix-sept provinces formeront 22 à 25 volumes in-8°. Chaque diocèse se vendra séparément.

341 FLAMENG (Guillaume). VIE de Mgr saint Bernard, chapelain de la Vierge Marie, translatée du latin, de M. Guillaume Flameng. Paris, in-4° gothique.

— VIE de saint Bernard, par Guillaume Flameng, jadis chanoine de Langres. Troyes, Pantoul (vieille édition). Paris, Regnault, 1520, in-4°.

— VIE (la) et passion de Mgr sainct Didier, martyr et évêque de Langres, joué en ladicte cité, l'an M. CCCC IIII, et composé par vénérable et scientificque personne maistre Guill. Flameng, chanoine de Langres, publié pour la première fois, d'après le manuscrit de la bibliothèque de Chaumont, par J. Carnandet. Paris, 1855, in-8°.

Prix primitif, 5 fr.

342 Néant.

343 FLAYOL. — JEANNE D'ARC A REIMS, juillet 1429, par Flayol, avocat; pièce couronnée par l'Académie de Reims, juin 1853. — Paris, Dentu, in-8° d'une feuille.

FLEURANGE (le maréchal de). Voyez Histoire et Mémoire, Nos 1540 et 1738.

344 FLEURY (H.) et Louis PARIS. CHRONIQUE DE CHAMPAGNE. REVUE historique et littéraire, publiée sous la direction de MM. H. Fleury et Louis Paris. 4 vol. in-8°, ornés de nombreuses gravures. Reims, 1837-1838.

Cet ouvrage se vend de 30 à 40 fr. dans les ventes (en bonne condition).

On regrettera toujours que cette revue intéressante n'ait pas été continuée; c'eût été une mine féconde à exploiter, que d'y faire entrer les nombreux documents curieux et inédits conservés aux archives des départements, sur chaque localité; le curieux et le travailleur y seraient venus puiser tour à tour des renseignements exacts, et nous aurions pu voir se multiplier les monographies locales, toujours si intéressantes au point de vue de l'histoire.   B. D.

— APERÇU général de l'Histoire de Champagne. (Chroniq. de Champ., tome Ier, II, III et IV).

Ce travail n'a pas été terminé, la Chronique ayant cessé de paraître après le 4e volume.

345 FLIN DES OLIVIERS (Carbon de), né à Reims, est l'auteur de nombreux morceaux de Poésies, et de plusieurs Comédies. Il fut l'éditeur des œuvres du chevalier Bertin, et l'un des collaborateurs du MODÉRATEUR, journal à la rédaction duquel présidait Fontaine.

346 FLODOARDI. ECCLESIAE REMENSIS historia, curâ J. Jumondi. Parisiis, 1611, in-8°, vélin de Hollande.

(Bull. du Bibl. 1982). — Ed. princeps.

— FLODOARDI presbyteris ecclesiæ remensis canonici historiarum ejusdem ecclesiæ libri IV, curâ et studio Jacobi Sirmondi.

Parisiis, Sebast. Cramoisy, 1611, in-12.

— HISTORIÆ remensis ecclesiæ libri IV, auctore Flodoardo, presbytero et canonico ejusdem ecclesiæ; studio et cum scholiis Geor. Colvenerii, Duaci. Jo. Boyard, 1617, in-8°.

Voyez l'art. Bandeville et Chesneau (Nic.).

347 Néant.

348 FOIGNY (Jean de), associé et successeur de Nicolas Bacquenois, premier imprimeur à Reims.

— TRADUCTION française de l'Oraison funèbre prononcée à Rome, aux obsèques de François de Lorraine, duc de Guise, par Jules Poggia. Reims, 1563, in-8°.

— LE SACRE et COURONNEMENT du roy de France (Henry III), avec toutes les cérémonies, prières et oraisons qui se font auxdict sacre et couronnement, en l'église de Reims. Reims, J. de Foigny, 1575, in-8°.

Catal. de Coste, 2262. — Voyez Entrée-Brief. — Discours du Sacre. — Avertissement. — Voyez aussi Champagne (Jean).

349 FOIGNY (François-Jacques de). LES MERVEILLES de la Vie, des Combats et Victoires d'Ermine, citoyenne de Reims, par François-Jacques de Foigny, rémois, docteur en théologie, chanoine régulier

de Saint-Augustin, prieur-curé de Cormicy. Reims, Jean de Foigny, 1648, in-4°.

Voyez dom Lelong, bibliothèque historique de France.

350 FORMANOIR DE PALTEAU (Guill.-L.), né au château de Palteau, diocèse de Sens, en 1722, premier commis des vivres de la généralité de Metz.

— OBSERVATIONS et Expériences sur diverses parties de l'agriculture, par M Formanoir de Palteau, de la Société royale d'agriculture de la généralité de Sens. La Haye et Sens, 1768, in-8°.

Cette brochure renferme plusieurs Mémoires sur la haute Champagne ; le premier sur les différentes espèces de terre, le second concerne les engrais.

FORMEY (l'abbé). Voyez CANTIQUES.

351 FORNERON, recteur de l'Académie de la Marne.

— NOTICE sur la ville et le château de Lamotte.

Envoyé par l'auteur à la Société d'Agriculture de la Marne.

— GUIDE des Instituteurs aux principes de pédagogie, pour l'instruction primaire.

— VISITE aux ruines de Lamotte.

352 FORTELLE (de la). LA VIE militaire, politique et privée de Mlle d'Eon de Beaumont (née à Tonnerre). Paris, 1779, in-8°.

Catal. Dumoulin, 3 fr.

353 FORTEMPS (Jean-Baptiste). MÉMOIRE pour M. Jean-Baptiste Fortemps, prêtre, ci-devant vicaire de Saint-Symphorien de Reims, appelant comme d'abus contre messire François de Mailly, archevêque de Reims, 1717, in-4° de 11 pages.

354 FOSSE (Jacques de la). IN CRUCES solemniter depactas Sedani, piâ Regis et Reginæ munificentiâ, odæ It., occasione acceptâ salutiferi signi, Parænisis lyrica ad Sedanenses heterodoxes. In-4°. Paris, Blaizot, 1665.

Le 10 mai 1664, Louis XIV fit planter une croix sur la place d'armes, vis-à-vis du temple des calvinistes de Sedan. L'année suivante, la reine mère Anne d'Autriche et la reine Marie-Thérèse en firent ériger deux autres dans d'autres endroits de la ville. De la Fosse saisit cette occasion pour adresser ces odes et une exhortation aux Sédanois hétérodoxes, afin de les attirer au giron de l'église. (L'abbé Bauillot, biog. ard.)

355 FOULQUART (Jehan), né à Reims, dans la première moitié du XVe siècle.

— JOURNAL fait par Jehan Foulquart, procureur-sindict (sic) des habitants de Rheims, contenant les faicts de la ville de Rheims durant ma charge de procureur, qui a commencé le 1er jour de mars 1479, avant Pâques. In-folio.

— REGISTRE fait par Jehan Foulquart, lors clerc, c'est-à-dire procureur de l'échevinage, au moys d'octobre et de novembre 1478, in-folio.

Ces deux manuscrits se trouvent à la bibliothèque impériale. Varin a publié plusieurs manuscrits de Foulquart, conservés à la bibliothèque de la ville de Reims, savoir :

— NOTICE sur l'incendie de la cathédrale de Reims.

— NOTICE sur le sacre de Charles VIII.

— L'HISTOIRE de Cochinart et de ses interrogatoires.

Ces trois ouvrages semblent n'être qu'un extrait d'un manuscrit de 556 pages, embrassant une période de 20 années, de 1479 à 1499. (Geruzez, hist. de Reims. — Varin, archives administratives.)

355 bis. FOURNAISE. NOTICE sur un cimetière romain trouvé à Roucy, 1851.

Bull. de la société arch. de Soissons. V, 148. (Périn, rech. bibl. sur le département de l'Aisne.)

356 FOUQUE (V.). RECHERCHES historiques sur la révolution communale au moyen âge, et sur le système électoral appliqué aux communes. Châlons, 1848, 1 vol. in-8°. Br. 2 fr.

— RECHERCHES historiques sur les corporations des archers, des arbalétriers et des arquebusiers. Châlons, 1852. Br. in-18, 1 fr. 50.

256 bis. FROUMENTEAU. LE SECRET des Finances de France, découvert et départi en trois livres, etc. Paris, 1681; trois parties en un fort volume in-8°.

Ouvrage assez rare, donnant l'état de tous les diocèses et bailliages de France dans le commencement du XVIIe siècle.

357 FOURQUET (l'abbé), curé de Champigneul, diocèse de Châlons-sur-Marne.

— RELATION de la guérison merveilleuse d'une jeune fille mordue par un chien enragé.

Se trouve dans le JOURNAL DE VERDUN, du mois de novembre 1727.

358 FRAMBOISIÈRE (Nicolas-Abraham de la), médecin du roi.

— DESCRIPTION de la fontaine minérale du Mont-d'Or, depuis peu découverte au territoire de Rheims. Paris, Bretel, 1616, in-8°.

(Nouv. Lelong. No 3110.) M. Brissart-Binet en a donné sous son nom, une réimpression elzévirienne.

359 FRANCART (l'abbé). VIE de saint Thierry, prêtre, disciple de saint Remi. Reims, Regnier, 1827, in-8°.

Cet ouvrage est orné d'une gravure représentant les funérailles du saint.

360 FRANCE DE VAUGENCY (Ant.-Guill.-Nic.). RÉFLEXIONS sur les labours de la Haute-Champagne, par M. France de Vaugency, de la Société de Châlons-sur-Marne.

Ces réflexions ont été lues le 27 février 1765 à l'assemblée publique de la Société littéraire de Châlons-sur-Marne. On en trouve un extrait dans le MERCURE du mois de juillet 1765.

On a du même auteur (anonyme) :

— MÉMOIRE sur la culture du sainfoin et ses avantages dans la Haute-Champagne, par M***, de la société littéraire de Châlons-sur-Marne, correspondant de l'Académie des sciences et arts de Metz. Amsterdam, 1764, in-12.

(Quérard, France littéraire.)

361 FRANÇOIS (dom Jean), savant bénédic-tin de la congrégation de saint Vannes, né à Arsemont le 26 janvier 1726, où il est mort le 22 avril 1791, religieux de l'abbaye de Saint-Pierre de Châlons-sur-Marne.

— HISTOIRE de l'ancien diocèse de Châlons-sur-Marne, dont le manuscrit in-folio se conserve dans la bibliothèque de cette ville.

Ce travail a été d'un grand secours pour ceux qui ont écrit depuis sur plusieurs communes du diocèse.

Cet auteur a publié :

— BIBLIOTHÈQUE GÉNÉRALE des écrivains de Saint-Benoît. Bouillon, 1777, in-4°.

— DICTIONNAIRES roman, wallon, celtique et tudesque, etc. Bouillon, 1777, in-4°.

— HISTOIRE de la ville de Metz (avec dom Tabouillot). Metz, 1769 et années suiv. 4 vol. in-4°.

FRANÇOIS DE L'ISLE. Voyez Isle (de L').

362 FRANÇOIS, pharmacien à Châlons-sur-Marne.

— MÉMOIRE sur la cause de la graisse des vins, et sur le moyen de la détruire ou de la prévenir.

Dans le compte-rendu de la Société académique de 1830.

— RÉSUMÉ des Observations météorolo-giques, pendant les années 1826-1828-1829.

— TRAITÉ sur le travail des vins blancs mousseux, par M. François, ancien pharmacien à Châlons-sur-Marne. Châ-lons, Boniez-Lambert, 1837. Br. in-8°.

— USAGE du Tannin contre la graisse des vins. Br. in-8°.

FRANÇOIS (Jean-Charles). Voyez Mémoire des maires, etc.

363 GADAN (F). ANCIENS USAGES à Saint-Etienne et à Notre-Dame-aux-Nonnains, XIIe-XVIIIe siècles. Troyes, 1851, in-8°.

Catalogue Techener, 6 fr.

Ce troisième recueil du Bibliophile troyen se compose de pièces concernant l'église royale et collégiale de Saint-Etienne, et l'abbaye royale de Notre-Dame-aux-Nonnains, détruites pendant la révolution. Elles ont été recueillies par M. Gadan, qui les a enrichies de notes philologiques, de variantes, etc. Il n'en a été tiré que cent exemplaires, presque tous retenus par les souscripteurs.

— BIBLIOPHILE TROYEN (le), recueil de pièces concernant la ville de Troyes ou conservées dans sa bibliothèque, publiées par J.-F. Gadan. Troyes, Poignée, li-braire, rue du Temple, 18. M.DCCCLI. In-12 divisé en trois parties ayant un titre chacune, avec les deux marques de Jehan Le Coq : 1° Visio quam vidit Karolus imperator de suo domine; — 2°

Compte de l'église de Troyes, 1375-1385; — 3° Anciens usages de Saint-Etienne et de Notre-Dame-aux-Nonnains. XIIe-XIIIe siècles.

Cet ouvrage devait être continué, mais l'auteur n'a donné que ce premier volume, d'une belle exécution typogra-phique; il sort des presses de M. Caffé, imprimeur à Troyes.

Dans ce volume se trouve l'Epitre de saint Etienne, chantée en l'église de Reims, publiée par M. Prosper Tarbé. (Voyez ce nom.)

— COMPTES (de la fabrique) de l'église de Troyes, 1375-1585, publiés avec notes et éclaircissements. Troyes. 1851, in-8°, 6 francs.

Catalogue Techener.

Tiré à cent exemplaires. Ces comptes, en français, con-tiennent des détails fort curieux sur les richesses et les divers revenus de l'évêché de Troyes. On y trouve cités une foule de noms d'artistes et d'artisans employés pour l'embellissement de l'église. (Note du catalogue.)

— ESSAI HISTORIQUE sur la ville de Bar-sur-Aube. 1838, 1 vol. in-8°.

— ESSAIS HISTORIQUES sur la ville de Bar-sur-Aube, publiés d'après un manuscrit inédit portant la date de 1785. 1838, in-8°.

364 GALLERON. JOURNAL HISTORIQUE de Reims, depuis la fondation de cette ville jusqu'à nos jours. Reims, 1853, 1 vol. in-8°, formant la première partie, seule parue.

Vendu 5 francs.

— VARIÉTÉS RÉMOISES, Causeries litté-raires et historiques. Reims, 1855, 1 vol. in-12, 1 fr. 50.

— LES JUMEAUX de Saint-Lié, nouvelle rémoise. Reims, 1854, in-8°, 2 fr.

365 GALLIEN (Claude). DÉCOUVERTE des Eaux minérales de Château-Thierry et de leurs propriétés. Paris, Besongne, 1630, in-8°.

(N. L. N° 3034.)

366 GALLOIS (l'abbé), curé à Soudron.

— TABLEAU STATISTIQUE du canton d'Ecury-sur-Coole, arrondissement de Châlons, département de la Marne.

Dans l'Annuaire de la Marne de 1823, page 21. — Ouvrage couronné par la Société Académique de la Marne.

367 GARDEUR LE BRUN (Ant.). NOTICE sur M. Vincent, ancien directeur de l'Ecole d'Arts et Métiers de Châlons-sur-Marne, et directeur des constructions navales à Toulon et à Cherbourg.

Se trouve dans le compte-rendu de 1853 (Académie de la Marne).

368 GARINET (Jules), né à Châlons-sur-Marne, en 1797, littérateur, conseiller de préfecture honoraire.

— FÊTE (LA) DE L'ANE, célébrée dans la cathédrale de Sens, le 1er janvier de chaque année.

CHRONIQUE DE CHAMPAGNE, tome II, page 231 et suiv.

— HISTOIRE de l'église cathédrale de Châlons-sur-Marne et de son chapitre. Brochure in-8°.

— MÉMOIRE sur les Assemblées nationales antérieures aux États-Généraux de 1789.

Se trouve imprimé dans le compte-rendu de la Société de la Marne de 1833.

— MÉMOIRES sur l'établissement du christianisme à Châlons, et sur les Institutions qui s'y rattachent.

Extrait des Mémoires académiques de la Marne, année 1836. Ce travail, souvent cité, se trouve dans la CHRONIQUE DE CHAMPAGNE.

— NOTICE HISTORIQUE et archéologique sur le village et l'église de Thibie. Br. in-8°, 1844.

— VIE DE Mgr DE PRILLY, évêque de Châlons. Br. in-8°, 1860.

On doit encore à M. Jules Garinet, plusieurs Notices biographiques sur des hommes marquants du département, publiées dans l'Annuaire de la Marne.

— TABLEAU représentant la Dédicace de l'église cathédrale de Châlons, en Champagne, par le pape Eugène III, le troisième jour des kalendes de novembre (26 octobre 1147).

Annuaire de la Marne, 1845, page 228.
Une copie de ce tableau, faite par M. Liénard, artiste distingué, se trouve dans la riche collection de M. Garinet.

369 GARNAULT (François), RÉDUCTION et Évaluation des mesures et poids anciens du duché de Rethelois, en mesures et poids royaux, par François Garnault. Paris, 1585, in-4°.

Rare et curieux ouvrage, vendu jusqu'à 20 francs.

370 GARNIER (Pierre), ancien curé de Fèrebrianges, au doyenné de Vertus, mort le 13 mai 1736.

— HISTOIRE des évêques de Châlons-sur-Marne, depuis saint Memmie jusqu'à Mgr de Juigné, 91e évêque de Châlons.

On lit une note qui constate que ce manuscrit a été donné le 22 mai 1726 à Mgr de Saulx-Tavannes, évêque de Châlons-sur-Marne, étant en tournée épiscopale.
Ce manuscrit est conservé dans la bibliothèque du chapitre de Châlons-sur-Marne. Voyez Aubert (l'abbé).

370 bis. GARNIER. RÈGLEMENT de l'hospice civil de Bar-sur-Aube, précédé d'une Notice historique sur les hôpitaux de Bar-sur-Aube. 1828, in-12.

371 GARREAU. DESCRIPTION du gouvernement de Bourgogne, suivant les principales divisions temporelles, ecclésiastiques, militaires et civiles, etc., etc. Dijon, 1717, in-8°. Réimprimée en 1734, in-8°.

Pour la bibliographie de la faible partie de l'ancienne Bourgogne qui se trouve aujourd'hui comprise dans le département de l'Aube, voyez Vallet de Viriville (Arch. hist. de l'Aube).

372 GAULTEROT (Denis), avocat, né à Langres en 1622.

— L'ANASTASE de Langres, tirée du tombeau de son antiquité. Langres, Baudrot, 1647, petit in-4°.

6 à 8 francs. Psaume, 4 francs.

Histoire que l'auteur composa d'abord en latin et qui fut plus tard fort mal traduite par son gendre. (Carnandet, Géog. hist.)

373 GAULTIER (Nicolas). DÉCOUVERTE des fraudes sédanoises par la confrontation du catéchisme de Jacques Cappel, ministre et professeur en théologie à Sedan, prétendant confirmer par l'Ecriture la confession de foy des églises prétendues réformées de France, par Nic. Gaultier, rhémois, ci-devant ancien surveillant au consistoire de Sedan. Paris, Et. Perrin, 1618, in-8°.

Nicolas Gaultier, après avoir embrassé la religion réformée abjura, et composa plusieurs écrits contre les protestants.

On a encore du même auteur :

— LES LIVRÉES de Babel huguenotte, ouvrage devenu rare, publié à Reims, chez Nicolas Constant, en 1619, in-8°.

374 GAUTHIER (F.). NOTICE historique sur le collége de Langres. Langres, 1857, in-8°.

375 GAUTIER (Hubert), né à Nîmes, le 21 août 1660, mort à Paris le 17 septembre 1737, docteur en médecine, puis ingénieur.

— DISSERTATION sur les Eaux minérales de Bourbonne-les-Bains. Troyes, Michelin, 1716, in-12.

Voyez Mém. de Trévoux, du mois de mai 1716.

376 GAUSSEN (A.). ESSAI sur les sceaux des comtes et comtesses de Champagne. Paris, Durand, 1859. Br. in-folio, avec planches, 4 fr.

— PORTEFEUILLE archéologique de la Haute et Basse-Champagne. 50 livraisons in-4°, contenant chacune deux chromo-lithographies. Le prix de chaque livraison était de 2 fr. 50.

377 GAYET. ÉPHÉMÉRIDES de la Marne. Br. in-8°, 1857.

378 GAYOT (Eug). CHRONIQUE ÉQUESTRE, de 1307 à 1843. Br. de 22 pages.

378 bis. GAYOT (A.). MÉMOIRE sur cette question : « Châlons a-t-il été réellement la capitale de la Champagne ? »

Congrès archéologique de France (1855), p. 278 et suiv. — La réponse de M. Sellier se trouve à la suite.

— MÉMOIRE sur la culture de la vigne dans le département de l'Aube (statistique).

Ce mémoire, très-intéressant, a pour objet de répondre à ces deux questions : 1° Quelles sont les modifications introduites dans la culture de la vigne, dans le département de l'Aube, et quelles en sont les causes ? 2° La culture de la vigne s'est-elle transportée sur des terrains différents de ceux où elle était pratiquée autrefois ? Congrès scientifique de France, 31e session (1864), pages 426 et suivantes.

379 GEOFFROY (A.), de Vertus.

— PHYSIOLOGIE du vigneron. Saint-Dizier, 1856. Saupique, 1 vol. in-12 (rare).

C'est principalement le portrait du vigneron de Vertus et des environs, esquisse champenoise, avec le patois du pays.

379 bis. GEOFFROY. EXAMEN des Eaux de Bourbonne. (Histoire de l'Académie royale des Sciences, 1700, pages 60 et suivantes.)

380 GEORGES (E). BIOGRAPHIE de Grosley. Troyes, 1849, 1 vol. in-8°.

— BIOGRAPHIE de Pierre et François Pithou. Troyes, 1849, 1 vol. in-8°, 1 fr.

— COUP-D'ŒIL sur les progrès de la langue française en Champagne , depuis les temps les plus reculés jusqu'à nos jours. Châlons-sur-Marne, Laurent, 1863, 1 vol. in-8°, 5 fr.

Cet ouvrage a été imprimé dans le compte-rendu de la Société d'Agriculture, Commerce, Sciences et Arts de la Marne, année 1862.

— HISTOIRE du pape Urbain IV (Jacques Pantaléon, de Troyes) et de son Temps, 1185-1264. Arcis-sur-Aube , Frémont-Chaulin, 1865, in-8° de 556 et XII pages. Prix de publication, 6 fr.

Histoire curieuse d'un jeune écolier de Troyes qui, après avoir été successivement étudiant de l'université de Paris, doyen des chanoines de Laon, archidiacre de Liége, légat en Allemagne, évêque de Verdun, patriarche de Jérusalem, est devenu l'un des plus grands papes du moyen âge.

381 Nul.

382 GEORGIN. ORIGINE de plusieurs villages des environs de Reims : Berru, Nogent et Selles. Reims, Regnier, 1858, petit in-12.

Très-rare, l'ouvrage ayant été saisi.

383 GERMINET. GUIDE du Voyageur sur le chemin de fer des Ardennes, section de Reims à Laon et au camp de Châlons. Br. in-8°, 1857, carte, 75 c.

384 GERSON (Jean CHARLIER, plus connu sous le nom de), né au village de ce nom, diocèse de Reims, en 1365.

— JOS. DE GERSOMO tractatus de pollutione nocturnâ, an impediat celebrare, an non, et de cognitione castitatis ac pollutionibus diurnis, in-4. Pagina prima ex 33 lineis, et ultima ex 17 et ex 18 foliis signatis. Huic unitur. Laire, index Librorum; ad annum 1490, N° 18.

384 bis. GÉRUZEZ (Jean-Baptiste-François), professeur au collége de Reims , né dans cette ville le 25 novembre 1763, mort en 1830.

— DESCRIPTION historique et statistique de la ville de Reims. Reims et Châlons-sur-Marne, 1817, 2 vol. in-8°, ornés de 20 gravures représentant les monuments anciens et modernes de la ville de Reims. Prix de publication, 12 fr.

L'analyse de la description historique et statistique de la ville de Reims se trouve dans l'Annuaire de la Marne pour 1814-15.

— DISSERTATION sur une inscription trouvée à l'abbaye de Saint-Remy de Reims, le 1er avril 1713. Châlons-sur-Marne, Boniez, 1817, in-8°.

M. Géruzez est encore l'auteur de plusieurs ouvrages d'éducation à l'usage des écoles. Il participait, en 1792 et 1793, à la rédaction de la FEUILLE VILLAGEOISE, et était encore, en 1830, collaborateur de la Revue britannique. (Letillois, CHAMPENOIS CÉLÈBRES.)

— FLORE MÉDICALE du département de la Marne, d'après Mérat. Châlons-sur-Marne, 1819, in-12.

Se trouve dans l'Annuaire de la Marne de la même année.

— MÉMOIRE sur le Sacre à Reims. Reims, imprimerie de Le Batard, 1819, in-8° de 16 pages.

La notice biographique de M. Géruzez se trouve dans l'Annuaire de la Marne pour 1831, p. 347.

385 GÉRY (André-Guillaume de), chanoine régulier , abbé de la congrégation de Sainte-Geneviève , né à Reims le 17 février 1727, mort à Paris le 7 octobre 1786, général de son ordre en France.

— ELOGE de Jeanne d'Arc, dite la Pucelle d'Orléans. Paris, 1779, in-4°.

Cet auteur a aussi publié une dissertation sur le véritable auteur de l'Imitation de Jésus-Christ, pour servir de réponse à celle de l'abbé Vallart. Paris, Cavelier, 1758, in-12. L'abbé de Saint-Léger a fourni à son confrère les matériaux de cette dissertation. L'auteur y défend moins l'opinion favorable au chanoine régulier Kempis, qu'il ne s'attache à combattre l'assertion de Vallart, qui attribuait l'Imitation à l'abbé de Verceil, maitre de saint Antoine de Padoue, pour donner réalité au prétendu personnage de Gerson, à qui Vallart attribue l'Imitation. (Quérard, France littéraire.)

386 GILBERT (Ant.-P.-Max.), littérateur, membre de la société des Antiquaires de France.

— DESCRIPTION historique de l'église métropolitaine de Reims, avec des détails sur sa restauration, par Gilbert, concierge de l'église métropolitaine. Paris et Reims. Barbier, 1817. Br. in-8°.

La deuxième édition est de 1832.

387 GILBERT-LIMBACH. DES FONTAINES acides de la forest d'Ardenne. Anvers, 1559, in-4°.

(Bibl. phys. de la France.)

388 GILLET (Charles), bibliothécaire de la ville de Châlons sur-Marne.

— NOTICE BIOGRAPHIQUE de Charles Picot, suivie du catalogue du musée que cet amateur distingué a laissé à la ville de Châlons-sur-Marne. Châlons-sur-Marne, Laurent, 1863, br. in-18.

M. Gillet est encore l'auteur des notices biographiques de MM. Joppé et Ch. Perrier, et d'un petit volume intitulé : le ROMAN A UN FRANC et les JOURNAUX LITTÉRAIRES à un sou.

389 GILLOT (Claude), de Langres.

— RECUEIL de 71 estampes dessinées et gravées par Gillot, pour servir à l'édition des fables de La Motte. In-4° oblong, veau marb.

Lavallière, 6 fr. 20.

Ch. Gillot, peintre et graveur, né à Langres, est mort en 1722, âgé de 49 ans.

— QUATRE ESTAMPES gravées par Jean Audran, d'après Gillot, in-folio en largeur, 40 fr.

— La PASSION des Richesses, exprimée dans un esprit satirique, par des satyres avares. — LA PASSION de l'Amour, exprimée par des satyres amants.—LA PASSION de la Guerre, exprimée par des satyres guerriers. — LA PASSION du Jeu, exprimée par des satyres joueurs. — Belles épreuves, avec marges.

(Catal. Techener (1855) N° 7,700.)

— QUATRE ESTAMPES avec cette indication : Inventé, peint, et gravé par C. Gillot. A Paris, chez P. de Roquefort, graveur.

FESTES DE DIANE, troublées par des satyres. — FESTES DE BACCHUS, célébrées par des satyres et des bacchantes. — FESTE DE FAUNE, dieu des forêts. — FESTE DU DIEU PAN, célébrée par des sylvains et des nymphes.
Catal. Techener (1858) No 7702, 34 fr.

— L'ÉDUCATION, LE MARIAGE, deux estampes en largeur, format in-folio.

Au bas de ces estampes se trouve l'adresse de Jean Audran, graveur du roi.
Catal. Techener (1858) No 7703. 24 fr.

390 GIMÉES (Mlle V.-C. des). LA CHARITÉ, légende champenoise de l'année 1203. Troyes, Sainton, 1839, br. in-8°.

Le nom de famille, suivant M. Quérard, est Colin.

391 GIRAULT (l'abbé), chanoine honoraire de Troyes, curé-doyen de Bar-sur-Aube.

— LA VIE de saint Germain, son martyre, ses reliques, son culte et les grâces reçues par son intercession. Bar-sur-Aube, Hue fils, 1839, in-12.

L'abbé Girault est encore l'auteur de :

— LES ENTRETIENS d'un pasteur avec ses enfants, sur le Symbole des Apôtres. Paris, Adr. Leclerc, 1824, 3 vol. in-12. 7. fr.

392 GIRAULT DE SAINT-FARGEAU (Yonne).

— HISTOIRE nationale et Dictionnaire géographique de toutes les communes de la France, formant pour chaque département un ouvrage complet. Paris, Baudoin frères (Firmin Didot), 1828. Le prix primitif de chaque livraison. avec une carte et dix gravures, était de 8 fr.

Ouvrage indispensable à ceux qui s'occupent de l'histoire de nos anciennes provinces.

— NOTICE sur Brienne, insérée dans le PROGRESSIF, journal de l'Aube, du 11 novembre 1831.

GOBERT. (Voyez Pichon.)

392 bis. GOBET-BOISSELLE. NOTICE NÉCROLOGIQUE sur M. Augustin-Joseph Becquey, vicaire-général du diocèse de Châlons.

(Dans le compte-rendu de la Société académique de la Marne, de 1827.)

393 GODARD (l'abbé). VIE des Saints de la Haute-Marne (diocèse de Langres). Chaumont, 1855, in-12 de 203 pages, orné du portrait de saint Mamès, d'après un manuscrit du 16e siècle.

— HISTOIRE ET TABLEAU de l'église Saint-Jean-Baptiste de Chaumont, par Godart. Chaumont, 1848. 1 vol. in-8°, plan, fig. 5 f.

393 bis. GODART (J.), suppléant du juge de paix à Epernay.

— DESCRIPTION d'une Caverne présumée gauloise, découverte en 1851, sur le territoire de Chouilly, dans la montagne de Saran.

Congrès arch. de France, année 1855, pages 199 et suiv.

GODFROY (Denis). — Voyez HISTOIRE de Charles VI.

394 Néant.

395 GODFROY (Théodore). LE CÉRÉMONIAL FRANÇOIS. Paris, Cramoisy, 1649. 2 vol. in-folio.

Ouvrage très-curieux à consulter pour la cérémonie du sacre et du couronnement des rois de France.
L'auteur devait publier trois volumes, mais le troisième n'a pas paru.

GODFROY. (Voyez Mémoire.)

396 GODET (Louis). SACRÉ HÉLICON (le) ou le dévot logis de la Muse dévote, par Loys Godet, sieur de Thilloy, champenois, chaalonnois, dédié à monseigneur de Nyvernois et de Rethel. Chaalons-sur-Marne, Claude Guyot, 1608, in-18 de 84 pages.

Ce petit recueil de poésie est devenu rare. On y remarque une épître en vers de l'imprimeur à l'auteur, qui n'est pas la plus mauvaise du recueil. Au verso du dernier feuillet se voient les armes de Châlons, gra es sur bois avec cette épigraphe, qui s'adresse au roi Henri IV :

Tes Chaalonnois ont pris ces quatre belles fleurs
Pour montrer, ô grand roi ! comme ils t'affectionnent ;
Et que ces beaux fleurons qui ton chef couronnent
Ont pris ferme racine au profond de leurs cœurs.

Édition de Paris, Jean Millot, 1608, in-8°. Vente Lavallière, 3 fr. (Voyez Coutumes de Châlons.)

397 GODET (Philibert). SACRÉ de Louis XIII. Vœu de Châlons-sur-Marne. Reims, 1610, in-4°.

Ces vers furent insérés dans la Réjouissance de la France, et les vœux des Français au Sacre de Louis XIII.

397 bis. GOERG (Jacques). — APERÇU sur le chemin de fer de Paris à Metz. 1860. Douze pages in-4°. — Châlons, imp. T. Martin.

— OBSERVATIONS relatives à l'enquête sur la dérivation des Eaux des vallées de la Somme et de la Soude. 1861. Vingt-quatre pages in-8°. Châlons, imp. T. Martin.

398 GOIN (Jean-François), prêtre de l'Oratoire, mort en 1708.

— ORAISON funèbre d'Anne de Choiseul-Praslin, abbesse de Notre-Dame des Nonains de Troyes. Troyes, 1688, in-4°.

398 bis. GONDRIN (Louis-Henri de). REMONTRANCE du clergé de France au roi. par M. L.-H. de Gondrin, archevêque de Sens. Paris, Vitré, 1656, in-4°.

399 GONDY (Jean-Franç.-Paul de), cardinal de Retz, né à Montmirail. (Voyez Retz.)

399 bis. GORLIER.— GORLIER (Jacques LE), Champenois, écuyer, sieur de La Grancourt. Paris, Cl. Collet, sans date, in-8°. Titre gravé.

Livre rare et satirique sur les maux du XVIIe siècle, les galanteries des femmes, les habillements, etc. — Cet ouvrage, écrit en prose, est entremêlé de petites pièces de vers, quatrains, etc., dont nous ne citerons que le suivant :

Écoutez de grandes merveilles :
Ces hommes aux habits nouveaux
Ne sont en fraize que des veaux,
Et que des asnes en oreilles.

(Bulletin du Bouquiniste.)

399 ter. GONZALLE (J.-L.). LE VIN DE
CHAMPAGNE, poème lyrique en huit
chants, suivi de poésies diverses. Paris,
E. Dentu, libraire – éditeur ; Reims,
Brissart–Binet, libraire, 1860. 1 vol.
petit in-12. 2 fr.

Nous ne savons ce que la critique a pu dire de ce joli
petit volume, pétillant comme le vin qu'il chante; nous
dirons que, jusqu'à présent, c'est ce que nous avons de
meilleur sur ce sujet dans notre bibliothèque; nous
l'avons placé à côté des jolis contes de M. de Chevigné.

On a du même auteur :

— LA MUSE PROLÉTAIRE, poèmes, satires et
poésies diverses, 2 vol., précédés d'une
lettre de Lamartine. 1843, 1 vol. in-8°.

— ELOGE du maréchal Drouet, comte d'Er-
lon, 1844, in-8°.

— UNE ACADÉMIE vue au microscope. 1844,
in-8°.

— L'EUMÉNIDE, 1 vol. in-8°, 1847.

— SATIRES ET POÉSIES, précédées d'une
lettre de Béranger.

— BETHLÉEM, poème, 1858, in-8°.

— COUPS DE FOUET et A BAS LES MASQUES.
Reims, 1863, in-12.

— PANARD et la Chanson. 1865, in-8°.

400 GOTTESCALC, moine d'Orbais (Marne).

Il fut dégradé de la prêtrise en 809, et fouetté publiquement
devant le roi Charles-le-Chauve, à la sollicitation de
l'archevêque de Reims, Hincmar, qui l'envoya prisonnier
dans l'abbaye d'Hautvillers, comme ayant semé des
erreurs sur la grâce.
G. Peignot. Dict. des livres condamnés au feu, tom. II,
p. 241. — On croit que ses écrits ne sont pas venus
jusqu'à nous.

400 bis. GOUJET (Cl.-P.). LA VIE de messire
Félix Vialart de Herse, évêque et comte
de Chaalons en Champagne. — Utrecht,
1738-39, in-12. Rouen, 1741, in-12.
Cologne, 1738, in-8°. 2 à 3 fr.

Il y a des exemplaires accompagnés d'une RELATION DE
MIRACLES, à laquelle Goujet n'a pris aucune part. Voyez
les Mémoires de sa vie, page 155, et pour ses autres
ouvrages, son article dans la France littéraire, de
Quérard.

401 GOURDIN, pharmacien à Reims. EXAMEN
CHIMIQUE de l'eau de la fontaine de la rue
des Moulins, à Reims. 1772. Br. in-12.

Fillion (Robert), Rémois, y ajouta :

— OBSERVATIONS sur la vertu de ces eaux
et la manière de les prendre. 1772.

Fillion est mort en 1806, laissant un manuscrit intitulé :
EPHÉMÉRIDES, auquel il avait travaillé pendant six ans.
Voyez CHRONIQUE DE CHAMPAGNE. (Catal. de la bibl. de
Reims.)

402 GOURJON (Horace), ministre protestant.
LE MASSACRE DE WASSY, d'après un manuscrit du couvent de Wassy. — Wassy,
1844, in-8° de 2 feuilles 1/2, avec planch.

(Voyez Drioux.)

403 GOUSSET (Jean), jurisconsulte, né à
Chaumont (Haute-Marne).

— LES LOIX MUNICIPALES et Coutumes
générales du bailliage de Chaumont-en-
Bassigny, avec des Commentaires. —
Epinal, impr. de Hovion, 1623, in-4°.

(Carnandet, Géogr. hist.)

404 GOUSSET (Thomas-Jos.), archevêque de
Reims, né à Montigny-lès-Cherlieu (Haute-
Saône).

— LES ACTES de la Province ecclésiastique de
Reims, ou Canons, Décrets des Conciles,
Constitutions, Statuts et Lettres des Evê-
ques des différents diocèses qui dépendent
ou qui dépendaient autrefois de la métro-
pole de Reims. Publiés par Mgr Thomas
Gousset, archevêque de Reims. — Reims,
Jacquet, 1842-44, 4 vol. in-4° de 20 à 25 fr.

Mgr Gousset est l'éditeur des Conférences d'Angers (mises
en concordance avec le Code civil) et augmentées de
notes nombreuses et intéressantes (Besançon, 1823,
26 vol. in-12) ; du Rituel de Toulon (id., 1825, 6 vol.
in-8°) ; du Dictionnaire théologique de Bergier (id., 1826,
3 vol. in-8°), et l'un des co-rédacteurs des SELECTA
SS. PATRUM OPERA, annoncés en 30 vol. in-8°. (Quérard,
France litt.)

— STATUTA SYNODI diœcesariæ Eminentis-
simo Maria-Josepho Gousset I. R. E.
presbytero cardinali titulo sancti Callixti
archiépiscopo. — Remensis, M DCCC LI.
Reims, Jacquet, 1852, 1 vol. in-8° de sept
feuilles 1/4.

— MANDEMENTS, Ordonnances, Lettres, etc.,
publiés par Mgr Gousset. 1840-1866, 2 vol.
in-4°.

Les Actes du dernier synode tenu en 1866 sont sous presse.

GOUTARD (N.). Voyez NOTICES HISTORIQUES.

405 GRANGIERII (Joan.), Catalaunensis. —
DISSERTATIO de loco ubi victus olim fuit
Attila in Galliis. (Psaume.) Parisiis, 1641,
in-8°. 4 à 5 fr.

Cette Dissertation a été réimprimée avec des Notes, à
Leipzig, 1746, in-8°, et figure comme pièce rare dans
les bibliographies de Beyer, David Clément, de Vogt, etc.
Cet auteur prétend que cette fameuse bataille s'est donnée
près du village de Cuperly (Marne).

406 GRASSIÈRE (Jean-Louis), né à Reims
en 1771, mort en 1839.

— PRÉCIS HISTORIQUE de la restauration de
la métropole de Reims. — Reims, 1822,
in-8°.

Cet auteur, en sa jeunesse, improvisait des vers avec assez
de facilité. — Sa notice biographique se trouve dans
l'Annuaire de la Marne pour 1840.

— PRÉCIS HISTORIQUE des Fêtes et Cérémonies qui ont eu lieu à Reims, du 28
septembre au 10 octobre 1820.

— NEUVAINE faite à Saint-Remi, à l'occasion de la naissance du duc de Bordeaux.

— MISSION DE REIMS, janvier et février 1821.
Reims, Lebatard, 1821. Br. in-8°. 1 fr. 50.

Se trouve dans l'Annuaire de la Marne pour 1822, p. 263.

406 bis. GRÉAU (Julien). — COMPTE-RENDU
d'une excursion aux Dolmens qui existent dans l'arrondissement de Nogent-
sur-Seine.

Congrès scientifique de France (1864), p. 209 et suiv.

407 GRIVAUD DE LA VINCELLE. — ARTS

ET MÉTIERS DES ANCIENS, représentés par des monuments, ou Recherches archéologiques, servant principalement à l'explication d'un grand nombre d'antiquités recueillies dans les ruines d'une ville gauloise et romaine, découverte entre Saint-Dizier et Joinville (Haute-Marne). Paris, Nepval, 1819 et années suivantes, in-folio.

Ouvrage curieux et estimé, orné de plus de 130 planches ombrées au trait. — 18 livraisons in-folio, de 8 à 10 planches chacune. — Le prix de souscription était de 15 fr. la livraison, et de 30 fr. sur papier vélin.

Cet ouvrage avait d'abord été conçu et exécuté par l'abbé de Tersan, qui, de son vivant, avait chargé Grivaud de la Vincelle de le publier. A la mort de l'abbé de Tersan, Grivaud continua seul l'ouvrage, et fit paraître trois livraisons. M. G. Jacob fils a terminé l'ouvrage, en se conformant au premier plan de l'abbé de Tersan, dont Grivaud s'était beaucoup écarté. (Voyez Grignon. — Quérard, France littéraire.)

Grivaud de la Vincelle a inséré différentes Notices et Dissertations dans le Magasin encyclopédique, dans les Annales encyclopédiques, et on a de lui un Mémoire sur l'usage des vases lacrymatoires, dans le Recueil de l'Académie celtique, tome IV, 1809. (Cl. Madeleine, historiographe et littérateur, né à Châlon-sur-Saône en 1762, mort à Paris vers la fin de 1819.)

408 GRIGNON (Pierre-Clément), né à Saint-Dizier en 1723, mort à Bourbonne, en 1784.

— BULTIN *(sic)* DES FOUILLES faites par ordre du Roi, d'une ville romaine sur la petite montagne du Châtelet, entre Saint-Dizier et Joinville, découverte en 1772. Bar-le-Duc, 1774-1775. — Deux parties in-8°, avec le plan des fouilles.

Un exemplaire rel. mar. r. fil. — Cat. Claudin, 23 fr. (Voyez Phulpin.)

Cet ouvrage est une description intéressante des antiquités trouvées sur cette montagne, et dont la plus grande partie a passé dans le cabinet de M. l'abbé de Tersan. (Voyez Grivaud de la Vincelle.)

Grignon est encore l'auteur de l'ouvrage suivant :

— NÉCESSITÉ de rendre la Marne navigable depuis Saint-Dizier jusqu'à Joinville.

Il a de plus publié ses ouvrages réunis en un volume in-4°. Paris, 1775. (Voyez tome IX, page 70, et tome XI, page 163, des MÉMOIRES de l'Académie des Sciences.— C., g. h.)

409 GRIGNON. — OBSERVATIONS sur les Epizooties contagieuses, particulièrement sur celle qui a régné en Champagne, présentées à l'Académie de Châlons, par Grignon. — Londres ; et se trouve à Paris chez Delalain. 1776, in-8° de 70 pages.

Vente Huzard, 1 fr. 25.

410 GROSLEY (Pierre-Jean), avocat, né à Troyes en 1718, mort en 1785.

— MÉMOIRE DE L'ACADÉMIE DES SCIENCES, Inscriptions, Belles-Lettres, etc., etc., nouvellement établie à Troyes en Champagne, par P.-J. Grosley, André Le Fèvre et David. — Liège (Troyes), C. Barnabé (Jacques Lefèvre), 1744, in-8° de 72 pag.

Recueil de facéties qui a eu trois éditions toutes différentes les unes des autres et qu'il serait bon de réunir ; la première est la moins commune : 9 fr. 50 ; la seconde, Troyes et Paris, Duchesne, 1756, est en deux parties in-12 de 140 à 150 pages, avec une gravure. 4 à 5 fr. ; 6 fr. (Bulletin du Bouquiniste.)

Vente Charles Nodier, exemplaire relié par Derosme, 30 fr. ; autre, à la même vente, 21 fr.

La troisième édition, sous le titre de MÉMOIRE DE L'ACA-DÉMIE CI-DEVANT ÉTABLIE A TROYES, sans lieu d'impression, 1768, est assez jolie ; il s'en trouve des exemplaires avec un nouveau titre de l'an X et portant cette indication : Nouvelle édition, corrigée et augmentée de l'éloge de l'auteur, par le citoyen Herluison. (Manuel du Libraire.)

Lefèvre, le collaborateur de Grosley, publia sous le voile de l'anonyme une LETTRE sur les Mémoires de l'Académie de Troyes. Amsterdam (Paris), 1755 (1765), in-12. Cette lettre est très-rare. L'abbé Goujet assure qu'il n'en a été tiré que 12 exemplaires. C'est à cette lettre que répondit Grosley le 2 mai 1768. Voyez ci-après. — (Quérard, France Litt.)

— MÉMOIRE de l'Académie des Sciences et Belles-Lettres nouvellement établie à Troyes en Champagne. Sans lieu ni date, in-8°, 30 fr.

(Cat. de M. A. Socard, 1866, N° 149.)

Cette édition, dit le catalogue cité plus haut, est inconnue des bibliographes. M. Emile Socard, qui a écrit un article fort substantiel sur le larcin commis par Grosley à l'égard des auteurs des Mémoires de l'Académie, ne mentionne point cette édition dans la liste qu'il donne de ces facéties.

— RECHERCHES pour servir à l'Histoire du Droit françois, suivi de : Recherches sur la Noblesse utérine de Champagne. 1 vol. in-12. Paris, 1752, veuve Etienne, rue Saint-Jacques.

— MÉMOIRES pour servir de supplément aux Antiquités ecclésiastiques du diocèse de Troyes, par M. Nicolas Camuzat. Troyes, 1750, in-12, seconde édition très-augmentée, 1757, in-12 (anonyme).

La première édition fut saisie en arrivant à Paris, et brûlée à la Bastille. Grosley a fait mettre cette inscription au milieu du frontispice de chaque édition : J. N. R. J. On sait qu'elle signifie : « Jesus Nazarenus Rex Judæorum. » Mais Grosley lui donnait ce sens : « Jésuite n'aura rien ici. »

L'exemplaire de la seconde édition de ces Mémoires, envoyé ou donné par Grosley lui-même aux prêtres de la Doctrine chrétienne de Paris, se trouve aujourd'hui dans la bibliothèque royale de Fontainebleau. Il y a deux frontispices ; l'un est conforme à celui que nous venons d'indiquer ; sur l'autre on lit : « Mémoire pour servir à l'histoire des Jésuites, contenant le précis raisonné des tentatives qu'ils ont faites pour s'établir à Troyes. »

— OBSERVATIONS D'UN PATRIOTE (relativement à l'attentat de Damiens). Troyes, Gobelet.

Ouvrage anonyme de Grosley.

Un espion des Jésuites dénonça l'envoi que Grosley avait fait à Paris de cet écrit. Le libraire Gobelet, de Troyes, et sa femme, furent par suite mis à la Bastille.

— ELOGE HISTORIQUE ET CRITIQUE de Monsieur Breyer, chanoine de l'église de Troyes. — Troyes, 1753, in-12, 2 à 3 fr.

(On y trouve un catalogue des œuvres de Breyer (Remi).

— VIE DE PIERRE PITHOU, avec quelques Mémoires sur son père et ses frères. 1756, 2 vol. in-12.

Cet ouvrage est très-estimé ; on en trouve un extrait dans les Ephémérides troyennes de 1763.

— EPHÉMÉRIDES TROYENNES (les). Troyes, 1757-68. 12 vol. in-32, fig., 40 à 50 fr.

C'est une espèce d'almanach. A la suite du calendrier, on trouve différentes pièces ou dissertations relatives à l'histoire de Troyes, à dater de leur origine jusqu'en 1761, l'année 1763 *(sic)* exceptée, dit A.-A. Barbier. Ces éphémérides furent supprimées par sentence du présidial de Troyes, comme contenant des calomnies, des faussetés, des indécences, etc.

Montrocher, ingénieur à Troyes, en publia deux critiques en 1761, la première sous le titre de LA RAMPONIDE, critique des Ephémérides troyennes, in-12, et la seconde, sous celui de LETTRE DE M. HAYE, maître savetier à Troyes, à l'auteur des Ephémérides troyennes, in-12.

— LETTRE A MONSEIGNEUR ****, au sujet des Observations sur l'Almanach de Troyes, 1757, in-24 de 5 pages.

— DE LA NAVIGATION DE LA SEINE, au-dessus et au-dessous de Troyes.

Les vues de cet excellent patriote, sur le rétablissement et les utilités de cette navigation, se trouvent dans les Ephémérides troyennes de 1760, p. 66-74; de 1762, p. 84-86, et de 1764, p. 161-163. (Voyez le nouveau Lelong, No 885.)

— LETTRE A M. DESM***, I. D. M. D. L. (Desmarest, inspecteur des manufactures de Lyon), en réponse à M. Lefèvre, sur les Mémoires de l'Académie de Troyes. Datée de Troyes, le 2 mai 1768, in-12 (anonyme).

— LETTRE A M.*** (Trasse), pour servir de réponse à ses observations, in-4° de 15 p.

Grosley parle lui-même de cette lettre dans ses Mémoires sur les Troyens célèbres, à l'art. Grozelier.

— MÉMOIRES HISTORIQUES ET CRITIQUES pour l'histoire de Troyes (tome 1er et tome II, pages 1 à 190). Paris, veuve Duchesne, 1774, 2 vol. in-8°.

— LES MÊMES, avec une notice sur la Vie et les Ouvrages de l'auteur, par Et.-T. Simon, professeur d'éloquence. Troyes, Sainton et fils, et Paris, cat. Valland, 1812, 2 vol. in-12. (Anonyme.) 12 fr.

Ces mémoires, dit M. A.-A. Barbier, ont été rédigés par Grosley, et sont fort curieux, comme tout ce qui est sorti de la plume de cet écrivain laborieux, savant et original. Il avait le projet d'y intercaler dans un ordre méthodique les différents morceaux historiques qu'il avait successivement publiés sur la vie de Troyes dans les Ephémérides troyennes; mais, effrayé des fautes de son typographe, il suspendit l'impression de cet ouvrage. Ce ne fut que longtemps après sa mort que M. E.-T. Simon, ancien ami de Grosley, conçut l'idée de terminer le second volume, dont 190 pages étaient déjà imprimées, en composant cette fin de plusieurs morceaux des Ephémérides, et de quelques notices sur les illustres Troyens, qu'il publia en 1812, en rafraîchissant le titre du premier.

Il résulte de cette publication, ajoute M. Barbier, et de celle, tant des Ephémérides troyennes, que des œuvres posthumes de Grosley, publiées par M. Patris-Dubreuil, que l'on trouve dans trois ouvrages portant le nom de Grosley les mêmes notices sur des hommes célèbres, et dans deux les mêmes morceaux tirés des Ephémérides troyennes. Ces doubles et triples emplois sont un outrage à la mémoire de Grosley. — (Tiré de Quérard, France littéraire.)

— SIÉGES DE TROYES par les Jésuites, ou Mémoires et Pièces pour servir à l'histoire de Troyes, pendant le XVIIe siècle, par Grosley, précédés du Discours de Jean Passerat, Troyen, prononcé au Collège royal de Paris, en 1594. Paris. Troyes, imp. de Cardon, 1826, in-12.

Exemplaire demi-rel. mar. n. rogné, 5 fr. (Voyez Maydieu.)

— VIE DE GROSLEY, écrite en partie par lui-même, continuée et publiée par M. l'abbé Maydieu, dédiée à un inconnu. Londres (Paris, Barrois le jeune), 1787, in-8°.

Il n'y a de Grosley que les 144 premières pages, qui ne vont que jusqu'en 1757. Ce qui est de lui est assez piquant, quoique un peu confus. Maydieu a donné dans ce volume un extrait infidèle du testament de Grosley. Ce testament a été réimprimé dans les opuscules en prose et en vers (publiés par M. Patris-Dubreuil), 1810, in-12.

— MÉMOIRE pour Etiennette Boyau, femme de Louis Le Large, tisserand, demeurant à Troyes, ladite Etiennette Boyau garde-malade et demanderesse; contre maître François Bourgeois, chanoine de l'insigne église collégiale et papale de Saint-Urbain de Troyes, défendeur.

Réimprimé dans le tome 2 des CAUSES AMUSANTES ET CONNUES.

— ŒUVRES INÉDITES de Pierre-Jean Grosley. publiées par L.-M. Patris-Dubreuil. Troyes et Paris, 1813, 3 vol. in-8°, avec portrait. 15 fr.

Ces trois volumes contiennent : 1o des Mémoires sur les Troyens célèbres ; 2o un Voyage en Hollande, dont le manuscrit n'a pas été conservé en entier; 3o Extrait de la Correspondance de Grosley pendant ses deux voyages d'Italie ; 4o une Réfutation d'une Critique du baron de Grimm : ce morceau est de l'éditeur; 5o une Table des Matières à la suite de laquelle on a ajouté, depuis l'impression, des corrections, remarques et additions, et l'éloge de Grosley, par M. Dacier.

On peut se procurer séparément le Voyage en Hollande, dont il a été tiré à part un certain nombre d'exemplaires. Prix de publication, 5 fr.

Indépendamment des ouvrages que nous venons de citer, Grosley est encore auteur d'une dissertation sur le patois de Courtisols, de plusieurs morceaux fournis à divers journaux, ainsi que de beaucoup d'articles communiqués à Chaudon pour les éditions de 1766 et 1769 de son Dictionnaire historique portatif. La Société des Bibliophiles français a fait imprimer en 1817, dans le tome V des Mémoires qu'elle publie, un conte inédit de Grosley, intitulé : CANONISATION DE SAINT YVES. (Quérard, France littéraire.)

M. L. P. (CAB. HIST.) possède un recueil assez volumineux de lettres inédites de Grosley, qu'il se propose de publier.

410 bis. GROSLIN. — NOTICE HISTORIQUE sur la ville de Bourmont. Neufchâteau, 1840, in-8°.

411 GROSSE (MÉMOIRE de M.) sur les Eaux minérales de Vitry-le-François.

Se trouve dans le JOURNAL DE VERDUN, du mois d'octobre 1740, page 256.

Ce Mémoire de M. Grosse, docteur en médecine de la Faculté de Paris, est approuvé par M. Blanchard, médecin de Vitry-le-François.

412 GUÉNIOT (Claude), médecin à Langres.

— DES VERTUS ET PROPRIÉTÉS des Eaux minérales de Bourbonne-les-Bains. Un vol. in-8°.

413 GUÉRARD (B.). POLYPTIQUE de l'abbaye de Saint-Remy de Reims, ou dénombrement des manses, des serfs et des revenus de cette abbaye, vers le milieu du IXe siècle de notre ère. — Paris, Duprat, 1853, in-4° de 24 feuilles 1/2. 7 fr. 50.

(Catal. Naudin, 12 fr.)

414 GUÉRARD (Adolphe), licencié ès lettres, maître de pension à Avize (Marne).

— GÉOGRAPHIE synoptique de la France.

La première édition, sous format in-4° oblong, a été imprimée à Epernay ; la seconde, format in-4° ordinaire, a paru à Châlons en 1857. Imp. T. Martin.

— ALMANACH HISTORIQUE, géographique, topographique et statistique de la Marne. Châlons-sur-Marne, Laurent, 1855-1859.

Cinq volumes in-18, curieux à réunir. Cette collection ne tardera à devenir rare. Chaque volume est orné d'une carte du département.

— CAMP DE CHALONS, Attila, roi des Huns, Napoléon III, Empereur des Français ; la

Barbarie et la Civilisation, etc. Châlons, Laurent, 1858. Br. in-8°, 1 fr.

— STATISTIQUE HISTORIQUE du département de la Marne. Châlons-s-Marne, T. Martin, 1861. Un vol. in-8°. Prix de public°ⁿ, 5 fr.

Ce prix ne s'est pas maintenu.

415 GUÉRIN (l'abbé L.-F.). — HISTOIRE de Notre-Dame de Lépine, avec approbation de Mˢʳ l'évêque de Châlons-s-Marne. 1840, petit in-18 de 188 pages.

Se vend à Notre-Dame-de-Lépine, près Châlons-s-M., 75 c.

416 GUÉNIN (Alexandre) et RAY (Alexandre). — STATISTIQUE du canton des Riceys (Aube). Troyes, Bouquot, 1852, in-8°, avec carte in-folio du canton des Riceys.

(Cat. A. Socard, 5 fr.)

L'Académie de l'Aube a décerné deux médailles d'or aux auteurs de cet ouvrage.

416 bis. GUÉNIN (Alexandre). — TROYES et le département de l'Aube, pendant les soixante dernières années (1789 à 1848); notice historique et biographique. Troyes, Bouquot, 1856, in-8° de 336 p., 4 à 5 fr.

417 GUETTARD (Jean-Etienne), médecin, conservateur du cabinet d'histoire naturelle du duc d'Orléans, né à Etampes, le 22 septembre 1715, mort à Paris le 8 janvier 1786.

— MÉMOIRE où l'on examine en général le terrain, les pierres et les différents fossiles de la Champagne et de quelques endroits des provinces qui l'avoisinent, avec une carte minéralogique.

(Mémoire de l'Académie des sciences, 1754, page 435 et suivantes.)

Les descriptions que donne ici M. Guettard sont fondées sur ses propres observations et sur celles d'habiles physiciens du pays. Dans ces mémoires se trouve la description de la préparation du blanc de Troyes, nommé par abus blanc d'Espagne ; M. Guettard en devait le détail intéressant à M. Ludot, de Troyes. — (Bibl. phy., Nos 306 et 327.)

418 GUIGNARD. — LES ANCIENS STATUTS de l'Hôtel-Dieu, le comté de Troyes. Troyes, 1853, in-8° br. 4 fr.

419 A. GUILBERT. — LANGRES, VASSY, etc., au tome IV de l'Histoire des Villes de France. 1846, un volume grand in-8°.

420* GUILLEMART. — PRO DOMINICA. 1861, in-8°.

— REIMS et CHALONS, esquisse comparative. Paris, Guérin, 1864, in-8°.

— DE L'INFLUENCE du trois-six sur les destinées de la crême. Reims, 1866, in-8°.

(Voyez Révoil.)

GUISE (le duc de). Voyez DISCOURS AU VRAI.

GUYOT (de Saint-Michel). Voyez CORRESPONDANCE.

---

* En passant du Nº 420 au Nº 656, le lecteur pourrait craindre une lacune ; nous croyons devoir le rassurer en lui expliquant qu'il n'y a faut voir qu'une simple erreur dans la numération. Au surplus, les deux cents et quelques numéros en moins seront à peu près compensés par les additions survenues pendant l'impression.

656 HAAS (Marie). — ANNUAIRE statistique administratif de la Haute-Marne. Chaumont, 1853, 1 vol. in-8°.

Vendu à Châlons 2 fr. 50. (1089)

657 HABERT (Nicolas). — EPITOME CHRONICORUM monasterii B.-M. Mosomensis, in supplémentum eorum quæ ab antiquo ejusdem monasterii religioso, antè sexentos annos descripta fuerant, collecta ex veteribus membranis et monumentis ejusdem monasterii. Charleville, Raoült, 1628, in-8°.

Cette chronique, où il y a des anachronismes, est devenue moins nécessaire depuis que d'Achery a publié l'ouvrage en entier. (Biog. ard.)

658 HABERT (Louis), successivement vicaire général de Luçon, d'Auxerre, de Verdun et de Châlons-s-Marne, né à Blois en 1635, mort à Paris en 1718.

— THÉOLOGIE DOGMATIQUE ET MORALE à l'usage du séminaire de Châlons-sur-Marne, par M. L. Habert, docteur de la maison de Sorbonne. Paris, 1709, 7 vol. in-12.

Quoique cet ouvrage ait été condamné par mandement de l'évêque de Gap, du 4 mars 1711, et par ordonnance et lettre pastorale du grand Fénelon, archevêque de Cambrai, le 1er mai de la même année, comme infecté de l'hérésie de Jansénius, et malgré tout le mal que le père de Colonia en dit dans son Dictionnaire des Livres jansénistes, cette théologie est encore suivie au séminaire pour lequel elle était destinée. A. B.

Un extrait en a été réimprimé à deux reprises différentes, en 1856 et 1859, par T. Martin, à Châlons.

— DÉFENSE DE LA THÉOLOGIE du séminaire de Châlons, contre un libelle intitulé : Dénonciation de la Théologie de M. Habert. Paris, Esprit Belliot, 1711, 1 vol. in-12.

658 bis. HACHETTE (Jean), né à Vitry-le-François, professeur au collége de Tonnerre.

— L'ARSÉNÉIADE, poème en trois chants. Paris, 1825, br. in-8°.

Cet ouvrage est dédié à Royer-Collard, alors député de la Marne.

659 HACHETTE (Nicolas-Louis), membre de l'Institut historique de France, né à Vertus en 1794, mort en 1849.

— LES SATIRES DE JUVÉNAL, en vers français. — Epernay, Varin-Thierry, 1834, in-12.

L'ouvrage fut composé typographiquement par l'auteur.

La 2e édition fut publiée à Paris, chez Pommeret et Guénot, en 1844.

Sa notice biographique se trouve dans l'Annuaire de 1850, page 466.

659 bis. HALDAT (Abr. de). — RELATION de la Fête inaugurale célébrée à Domremy, le 10 septembre 1820, en l'honneur de Jeanne d'Arc. 1821, in-8°.

« Plus de 15,000 personnes, dit l'historien, étaient réunies à cette fête. »

659 ter. HARDOIN-FORTIN DE LA HOGUETTE. Voyez Statuts synodaux. (N° 2072.)

660 HARMAND, professeur au collége de Troyes. — LA BIBLIOTHÈQUE DE CLAIRVAUX

en 1503, notice présentée à la Société académique de l'Aube. — Troyes, 1838, br. in-8°.

— NOTICE sur la Bibliothèque de Troyes, par Harmand, bibliothécaire. — Troyes, 1844, in-8°, 2 fr.

— RELATION D'UN VOYAGE A ROME, commencé le XXIII du mois d'août 1520, et terminé le XIV du mois d'avril 1521, par R. P. en Dieu Mgr dom Edme, abbé de Clairvaux, publié et annoté par Harmand. — Troyes, 1850, in-8° broché, 100 pages.

— NOTICE sur quelques méreaux de l'église métropolitaine de Sens. — Sens, 1854, br. in-8°, fig., 2 fr. 50.

(Arch. du Bibl.)

— NOTICE sur la saincteté chrestienne de Des Guerrois.

(Congrès scientifique de France, 31e session (1864), appendice.)

— NOTICE historique sur la Léproserie de la ville de Troyes, suivie de la liste des dons faits à cette maison, depuis 1123 jusqu'à la fin du XVe siècle, avec les noms des bienfaiteurs, par M. Harmand. Troyes, 1849, in-8°, 200 pages. 3 fr.

660 bis. HAUTE-RIVE (Gérard de). — GÉNÉA-LOGIE CURIEUSE à l'honneur de quantité de noblesse de Bourgogne et du Bassigny, 1653, in-12.

661 HAVÉ (Adrien-Joseph), ancien avocat au Parlement, né à Romain, près Fismes.

— ADIEUX d'un Danois aux Français, poème satirique (anonyme). Copenhague, 1768, in-4°.

Suivant M. Barbier, cet ouvrage serait de J.-F. Marmontel. M. Havé, auteur de nombreuses poésies, fut le rédacteur des Petites-Affiches de la Champagne, l'un des premiers essais du journalisme de Reims. La collection en est assez rare.

661 bis HÉDOIN DE PONS-LUDON (Joseph-Antoine), capitaine au régiment de Champagne, né à Reims en 1739.

— ESSAI sur les Grands hommes d'une partie de la Champagne, par un habitant du pays. Paris, 1768, et Amsterdam, 1770, in-8°, 3 à 4 fr.

Cet ouvrage, assez curieux et recherché, fut violemment critiqué à son apparition, ce qui n'empêcha pas l'auteur de lui donner une suite qui est restée manuscrite; d'ailleurs, la publication en était impossible par le sans-gêne avec lequel l'auteur parle des personnes vivantes.

— LETTRE d'un Rémois à un Parisien, sur ceux qui doivent payer les corvées. Reims, 1776, in-8°.

662 HÉDOIN DE PONS-LUDON (Jean-Bapt.).

— ABRÉGÉ de l'Histoire de Reims, contenant la succession des archevêques de cette métropole, depuis saint Sixte jusqu'à Mgr de Latil. Ouvrage posthume de dom Florent Andrieux, génovéfain de l'abbaye de Saint-Denis; continué depuis

1742 par Hédoin de Pons-Ludon. — Reims, Fréman, 1824, broch. in-12 de 100 p.

Se vendait primitivement 1-25. — 2 à 3 fr.

663 HÉNON (l'abbé Jean-Ponce), né à Blombay (Ardennes), en 1636.

— LUCTUS CIVITATIS REMENSIS in obitum Ludovici XV, regis, ode. Reims, Malteau, 1774, in-4°.

L'abbé Maizières, ardennais, a traduit en français cette ode de 14 strophes. — Reims, 1774, in-4°.

— IN IMPIETATEM sacrâ Ludovici XVI unctione profligatam, ode. Reims, Multeau, 1775, in-4° de quatre pages, renfermant seize strophes.

(Biogr. ard.)

664 HENRI DE CALAIS. — HISTOIRE de la Vie et de la Mort du R. P. Honoré Bochard de Champagny, capucin. — Paris, 1649, in-8°.

Ce capucin est mort à Chaumont en odeur de sainteté.

665 HENRICI NINNIN. — QUÆSTIO MEDICA, an Vidula salubris? In Universitate Remensi habita. Remis, 1749, in-4°.

L'analyse des eaux de la Vesle, toutes les expériences faites pour constater leur qualité, et le jugement du fameux M. Geoffroy, leur ont donné la réputation que le préjugé leur ôtait, et elle se confirme tous les jours par la diminution des maladies. (N. Lelong, No 2,847; Bibl. physique de la France, No 479.)

666 HENRION (Nicolas), né à Troyes en 1663, mort en 1720.

— TRAITÉ des Poids et Mesures des anciens.

Ouvrage original et non terminé, dans lequel on trouve une espèce de table chronologique de la différence des tailles humaines depuis la création du monde jusqu'à la naissance de Jésus-Christ, dans laquelle l'auteur assigne à Adam 132 pieds 9 pouces de haut, et à Ève 118 pieds 9 pouces 3/4; d'où enfin il établit une règle de proportion entre les tailles masculines et les tailles féminines, en raison de 25 à 24.

666 bis. HENRION DE PANSEY (le baron Pierre-Paul-Nicas), ministre de la justice en 1814, né à Treveray, près Ligny, en 1742.

— DISSERTATIONS FÉODALES. — Paris, 1789, in-4°, tom. I et II.

Cet ouvrage inachevé, et dont la publication a coïncidé avec la suppression de la féodalité en France, ne saurait être maintenant d'une application usuelle; mais la partie historique est pleine d'érudition et conserve toujours un véritable intérêt; du reste, la presque totalité de l'édition ayant été détruite, les exemplaires en sont devenus rares et ont acquis une certaine valeur dans le commerce. 57 fr., du Roure, en 1848. (J.-Ch. Brunet).

667 HENRY (E.), professeur au lycée de Nancy, et CH. LORIQUET, conservateur de la bibliothèque et des archives, à Reims.

— DOCUMENTS INÉDITS tirés de la bibliothèque de Reims, publiés par MM. E. HENRY et Ch. LORIQUET :

— JOURNALIER ou Mémoires de Jean Pussot, maître charpentier à Reims (1568-1626), avec reproduction des morceaux de musique. Reims, 1865, 1 vol. in-8°, papier vergé.

Ces Mémoires, concernant Reims et relatifs aux événements du temps, commencent en août 1568 et finissent au mois de mars 1626. Pussot signale avec une bonhomie bourgeoise les abus et les faits mémorables accomplis sous ses yeux. On remarque dans ces Mémoires plusieurs pièces de vers assez bien tournés, des hymnes, des prières notées, etc. — (Henry, Préface du Journalier.)

Pussot a laissé plusieurs manuscrits conservés à la Bibliothèque de Reims.

— CORRESPONDANCE de Philibert Babou de La Bourdassière, ambassadeur de France à Rome (1560-1564), 1 volume in-8o.

— CORRESPONDANCE du duc de Mayenne (1590-1591). Reims 1865. 2 vol. in-8o, papier vergé, 16 fr.

Un Henry est mort à Nancy le 7 mars 1867.

— SIÉGE ET PRISE D'EPERNAY EN 1592. Reims, in-8o de 20 pages.

668 HENSCHÈNE (Godefroy). — VITA SANCTI GODONIS, abbatis augiensis, cum commentario prævio Godefridi Henschenii, è societate Jesu.

Dans le Recueil de Bollandus, du 26 mai, c'est un extrait de celle de saint Vandrille, son oncle, qui a été composée par un auteur contemporain.

Saint Godon est mort vers l'an 690. (Le Nouveau Lelong.)

668 bis. HERBÈS (D'), d'Ay. — OBSERVATIONS sur l'étymologie du nom latin de Châlons (Durocatalaunum).

669 HERBÉ (Auguste), artiste peintre, né à Reims au commencement de ce siècle.

— COSTUMES civils et religieux, avec les meubles, les armes, etc., etc., depuis les Gaulois jusqu'à l'année 1834. — Paris, in-folio.

Superbe publication de cet artiste distingué; parmi ses tableaux, on cite celui où Colbert est présenté à Louis XIV par Mazarin mourant.

HÉRICOURT (D'). — Voyez Coutumes du Vermandois.

670 HERLUISON (l'abbé). — DISCOURS sur le proverbe : Quatre-vingt-dix-neuf moutons et un Champenois font cent bêtes, par Herluison. 1810, in-8o.

On a encore de cet auteur :

— LES ELOGES de Grosley et de Pierre Pithou.

— DISSERTATION sur la Routine et le Charlatanisme, etc., etc.

L'éloge de Grosley a été prononcé par M. Herluison, à la séance publique du lycée du département de l'Aube, le 20 brumaire an X, et publiée en une brochure in-8o, ornée d'un portrait de Grosley, gravé sur cuivre.

HERNANDEZ. — Voyez Description de la généralité de Paris.

671 HERVET (Gentian). — RESPONSE DE GENTIAN HERVET, contre une invective d'un maître d'école d'Orléans, qui se dit de Rheims, sur le Discours que les voleurs et pilleurs d'églises n'en veulent qu'aux prestres, au peuple de Rheims, et des environs. Reims, Jean de Foigny, 1564, in-8o de 100 pages.

Opuscule très-rare. — (Cat. L. G., No 110.)

672 HILLET, chanoine de Reims, exilé (pour cause de jansénisme).

— LETTRES à son frère, chanoine de la cathédrale de Châlons-sur-Marne. 1732-35.

68 lettres autographes dans un portefeuille in-4o vélin. Correspondance curieuse et inédite sur les événements religieux et politiques du temps. L'abbé Hillet mourut en odeur de sainteté et joua un grand rôle. Voir à ce sujet la NOUVELLE ECCLÉSIASTIQUE. Il travaillait à l'Histoire de Reims, et quelques-unes des notices historiques des almanachs de Reims sont de lui.

673 HINCMARUS Rhemensis. — OPERA DIGESTA curâ et stud. Jac. Sirmondi Lut. Paris, 1645, 2 vol. in-folio, 30 à 40 fr., et plus cher en grand papier.

Il y a des personnes qui réunissent à cette édition : CONCILIUM, cum aliis. — Hincmari utriusque opusculis ex editione Lud. Celotii. — Paris, 1658, in-4o.

La 1re édition des opuscules est de Paris, 1615, in-4o. (Cat. Claudin 10 fr.)

Pour les lettres, voyez Collection des Conciles de dom Bouquet, tome VII, et l'ouvrage de M. Gées, publié à Goettingue, 1806, in-8o.

La bibliothèque d'Epernay possède un magnifique manuscrit datant des premières années du IXe siècle, ayant appartenu à l'évêque Hincmar. (Voyez à ce sujet la CHRONIQUE DE CHAMPAGNE, pages 210 et 211 du tome Ier.)

674 HIVER, procureur du roi à Epernay.

— NOTICE sur un atelier monétaire découvert à Damery (Marne), en 1829. Châlons-sur-Marne, 1831. Br. in-8o.

Voyez à ce sujet le compte-rendu de la Société d'Agriculture, Sciences et Arts du département de la Marne, de 1859, page 138.

— CONSIDÉRATIONS sur les monnaies des comtes de Champagne. Châlons, 1839. Br. in-8o.

Se trouve aussi imprimée dans la CHRONIQUE DE CHAMPAGNE, tome II, page 221 et suiv.

675 HORII (Nicolaï), Remensis., Præfecti auxiliaris, Poemata nova, in laudem nostræ sanctæ fidei Catholicæ, edita in VII Libros. Ejusdem libri XV solutâ oratione compositi. Scilicet : de gloriosâ Virginis Mariæ assumptione liber, de Christi passione, etc. Lugduni per Jacobum Saccon, mense septembris 1507. In-fol. m. bleu.

Lavallière, 8 fr.

676 HOURELLE (Pierre-François), médecin, né à Reims en 1758.

— REMARQUES topographiques, médicales et politiques, sur la ville de Reims et son territoire. Reims, 1810, in-4o.

— DISSERTATION sur les maladies qui attaquent principalement les jardiniers, les laboureurs, et les vignerons du département de la Marne. Châlons 1822.

Ouvrage couronné.

Cet auteur a laissé inachevé un Mémoire sur les Epidémies observées à Reims, particulièrement sur celle de 1668.

L'Annuaire de la Marne (1853) renferme la biographie de l'auteur.

677 HUBERT (J.-B.) — LES ARDENNES. Sedan.

Chronique de Champagne, tome 3, page 253.

— HISTOIRE DE CHARLEVILLE, depuis son origine jusqu'en 1854. Charleville, 1854, in-12.

— GÉOGRAPHIE physique, administrative,

historique et statistique des Ardennes. Charleville, Lhuillier, 1858, in-12.

— GÉOGRAPHIE historique des Ardennes. 2ᵉ édition. Charleville, Lhuillier, 1858, in-12, et 1855, Charleville, E. Jolly, in-12.

— L'ABRÉGÉ a été publié également à Charleville, chez E. Jolly, 1843-1846, in-18.

678 HUBERT (J.-B.), médecin à Somme-Suippe.

— ESSAI sur la situation et l'histoire du canton de Sainte-Menehould. Se trouve dans l'Annuaire de la Marne pour 1814-15.

— NOTICE sur la commune de Courtisols. Châlons, 1820, br. in-12.
Se trouve dans l'Annuaire de la même année.
Dans une lettre placée à la fin de cette notice, M. Caquot, alors secrétaire de la Société d'Agriculture, Sciences et Arts de la Marne, fait connaître à l'auteur que son travail sur la commune de Courtisols a été communiqué à la Société des Antiquaires de France.

— RAPPORT adressé en forme de lettre à l'éditeur de l'Annuaire de la Marne, sur les antiquités trouvées sur le territoire de La Cheppe.
Se lit aussi à la page 148 de l'Annuaire de la Marne, pour l'année 1810.

— TOPOGRAPHIE du canton de Suippes. Châlons, Boniez, 1813.
Insérée dans l'Annuaire de la Marne de cette même année.

— TOPOGRAPHIE du canton de Dommartin-sur-Yèvre. Châlons-sur-Marne, 1833. Br. in-12.
Elle se trouve imprimée dans l'Annuaire de la Marne de 1834.

— ESSAI sur la statistique et l'histoire de Sainte-Menehould.
Se trouve dans l'Annuaire de la Marne de 1820.

— STATISTIQUE du canton de Ville-sur-Tourbe.
Insérée dans l'Annuaire de la Marne pour 1819.

679 HUET DE FROBERVILLE. — DISSERTATION CRITIQUE sur deux ouvrages intitulés Chronique de Turpin (voyez ce mot). Orléans, 1792, in-12, 3 fr.

680 HUGO (Abel). — LA FRANCE PITTORESQUE, pour les départements qui faisaient autrefois partie de la province de Champagne. — Paris, 1833, 3 vol. in-4°.

681 HULOT (J.-V.-B.) VIE de M. Musart, curé des paroisses de Somme-Vesle et Poix. Traduit du français en latin. 1823. (Voyez Loriquet.)

682 HULOT (Henri-Louis), successivement curé d'Avençon et d'Attigny, puis vicaire-général, chanoine et official de Reims, né à Avenay en 1754.

— ATTIGNY avec ses dépendances, son Palais, ses Conciles et autres Monuments qui ont contribué à son illustration et à sa décadence. Reims, 1826, in-8° de 341 pages.
4 à 6 fr.; 11 fr., vente Louis-Philippe.
Composition historique, que M. le vicomte Harmand d'Abancourt, alors préfet des Ardennes, fit publier aux frais du département. C'est un livre encore recherché, malgré ses imperfections.

683 HUMBERT. — ELOGE de Marc-Antoine de Noë, évêque de Troyes. — Auxerre, 1804. Br. in-8° de 32 pages.

684 HUON, de Méry-sur-Seine. — LE TOURNOIEMENT DE L'ANTE-CHRIST (avec introduction, par Prosper Tarbé). Reims, 1851, 1 vol. in-8°, papier carré vergé, tiré à 250 exemplaires, 7 fr. 50.

685 HURAULT (l'abbé), curé de Saint-Alpin, de Châlons-sur-Marne, curé-archiprêtre de Vitry, né à Vitry-le-François en 1808.

— DESCRIPTION des Pierres tombales qui existent dans l'église Saint-Alpin, au nombre de vingt-deux.
Se trouve dans le Congrès archéologique de France, année 1855, pages 115 et suivantes.

— INSTRUCTION et Prières pour la Confrérie de Notre-Dame du Mont-Carmel, érigée en l'église Saint-Alpin de Châlons-sur-Marne, par l'abbé Hurault. Vitry, Hurault, 1856, in-18 de 5 feuilles 5 neuvièmes.

686 ISLE (François de L'). — LA MAISON du cardinal de Lorraine et de son frère de la maison de Guise, descrite en trois livres. Rheims, Jacques Martin, 1576, 1 vol. in-16.

687 ISLETTE, né à Reims, en 1671, mort à Châlons en 1747, où il était chanoine de la cathédrale.

— MÉMOIRES et Recherches sur les évêques de Châlons-sur-Marne. In-folio resté manuscrit.
(Nouveau Lelong.)

688 JACOB (Hubert). — TRAITÉ des admirables vertus des Eaux de Bourbonne-les-Bains. Br. in-8°, publiée vers 1570.

689 JACOB (Simon), Rémois, mort en 1826.

— NOTICE sur la vie et les ouvrages de feu M. Clicquot-Blervache. Paris, 1815, in-8°.

— NOTES HISTORIQUES et critiques, pour servir à l'ouvrage ayant pour titre : Description historique et statistique de la ville de Reims, par M. J.-B.-F. Gérusez, publiées d'après la nécessité, reconnue par M. Gérusez lui-même, dans sa préface, de corriger les erreurs et les fautes qu'il avoue avoir pu commettre, et dont il paraît désirer le redressement. Reims, Delaunois, 1817, in-8° de 12 pages.

— ODE sur l'avènement au trône, et le sacre de Charles X. Paris, Everat, 1825, in-4° de 16 pages.

(Quérard, France Litt.)

690 JACOB (Gérard, le chevalier), né à Reims en 1775, mort en 1830, fils du précédent.

— DESCRIPTION historique de la ville de Reims. — Reims, Brissart-Carolet, 1825, in-8° de 130 pages, avec figures.

La notice biographique sur G. Jacob est insérée dans l'Annuaire de la Marne pour 1831.

M. Jacob (Gérard) avait déjà publié :

— NOTICE sur un Monument du culte druidique situé près de Fismes. Reims, 1820.

Cet opuscule se trouve imprimé au tome 1er des Mémoires de la Société royale des Antiquaires de Reims (1820).

Deux des ouvrages de cet antiquaire ont été publiés sous le nom de Jacob K. et un autre sous le nom de Jacob-Kolb.

— DESCRIPTION d'un vase nommé Gultus chez les anciens, et connu dans le cabinet du duc de Brunswick, dont il fait partie, sous le nom de vase de Mantoue. Brochure in-8°, publiée en 1823.

Se trouve imprimée dans l'Annuaire de la Marne de la même année.

M. Jacob-Kolb, archéologue distingué, plein d'originalité et d'aimables qualités, a longtemps possédé l'un des plus curieux cabinets du département. Livres, médailles, tableaux, objets d'art, M. Jacob avait tout réuni en petit nombre, il est vrai, mais avec un goût exquis. Ce n'était pas le littérateur proprement dit, mais le collectionneur par excellence et passion. Il lui manquait la persistance. Tout ce qu'il a publié porte le cachet de son impatience, — beaucoup d'ébauches et d'achevé. Il avait réuni d'immenses matériaux pour l'histoire monumentale de la France, formant ensemble environ 300 volumes in-4°, que, dans un de ses nombreux moments de lassitude, il céda à vil prix au marquis de Fortia. A la mort de ce dernier, ces volumes furent acquis, pareillement à bas prix, par M. le marquis Lever, célèbre antiquaire et bibliophile de Normandie, à la vente duquel, il y a quelques mois, ils furent adjugés au prix de 4,200 francs, somme bien inférieure encore à ce que valait ce curieux recueil. Le seul ouvrage de M. Jacob-Kolb que recherchent encore les amateurs est son Traité de Numismatique, deux volumes, in-8°, dans lequel il a condensé les notions éparses dans un grand nombre d'ouvrages sur cette matière.

JACQUIN (1818).

691 JACQUIN, chanoine de Reims, ancien recteur de l'Université de Paris.

— SACRE DE LOUIS XVI (le), célébré en l'église métropolitaine de Reims, le dimanche 11 juin 1775. Reims, Jeunehomme, 1775, in-4° de sept pages.

Ode de douze strophes de dix vers chacune. (Bibl. de Châlons.)

692 JACQUET (l'abbé J.-A). — NOTICE historique sur Brienne. Paris, imprimerie et fonderie de Fain, 1832, in-24 de 108 pages.

A la fin se trouve la liste chronologique des comtes de Brienne, depuis Engilbert 1er, vivant en 990, jusqu'à Louis-Athanase de Loménie, ancien ministre de la guerre, 38e comte et dernier seigneur de Brienne, condamné à mort et exécuté le 10 mai 1794.

L'abbé Jacquet a encore publié un poème sur Jeanne d'Arc, en dix-huit chants.

JAILLOT (1180, 1201-2.)

693 Nul.

694 JALABERT (l'abbé), né à Toulouse, l'un des grands-vicaires du diocèse de Paris, chanoine de Notre-Dame de Paris.

— ORAISON FUNÈBRE de Mgr de Juigné. Paris, 1811, in-4°.

Antoine-Eléonore-Léon Leclerc de Juigné, évêque de Châlons-sur-Marne, né à Paris en 1728, nommé en 1781 archevêque de Paris, fut l'un des fondateurs de l'ancienne Académie de Châlons; on lui reproche d'avoir expulsé un peu légèrement de son diocèse plusieurs prêtres soupçonnés de jansénisme.

L'abbé Lambert a publié en 1821-1823 une vie de ce prélat. (Voyez Annuaires de la Marne, 1812, page 168, et 1822, page 243. L'abbé Lambert était curé de Saint-Alpin de Châlons, tandis que l'abbé Becquey était vicaire général, à cette époque.

695 JAMYN (Amadis), poète champenois, né à Chaource.

— ŒUVRES POÉTIQUES. Paris, de l'imprimerie de Robert Estienne, par Mamert Patisson ou Robert le Mangnier, 1575, in-4°.

Un exemplaire relié en veau fauve (par Padeloup), 149 fr. vente Solar. (Voyez l'article Berthelin, No 73.)

— LES MÊMES, revues, corrigées et augmentées. Paris, Mamert Patisson, 1579, ou avec un titre de 1582, petit in-12.

Le second volume des œuvres d'Amadis Jamyn, Paris, Félix le Mangnier, 1584, petit in-12.

Les deux volumes se trouvent difficilement réunis et bien conservés. Le second est terminé par des discours philosophiques et économiques en prose. 70 fr. Monmerqué, 52 fr., mar. r. Giraud (Brunet).

Jamyn est aussi l'auteur d'une traduction de l'ILIADE D'HOMÈRE, assez rare, et faisait partie de cette pléiade de beaux esprits qui, sous la protection de Richelieu, formèrent le premier noyau de l'Académie française.

M. Berthelin, ancien avocat à Troyes, a publié sur Amadis Jamyn une Notice intéressante. Br. in-8°.

696 JANVIER (Pierre), prêtre, curé de Saint-Thibault de Meaux.

— LES FASTES et Annales des Evêques de Meaux, les Conciles où ils ont assisté, fondations, compositions de quelques vies des saints de la ville et du diocèse, commençant à saint Saintin, l'an XII après notre seigneur; l'histoire spirituelle, et temporelle. Ouvrage dédié à J.-B. Bossuet, évêque de Meaux. 6 vol. in-fol. m. 1614.

On peut dire que Janvier a fait un recueil considérable, qu'il a donné des copies assez exactes des pièces qu'il a tirées des Cartulaires anciens et nouveaux; néanmoins il y a bien du temps à perdre pour les retrouver dans ses Mémoires, et en faire quelque profit. Son style est aussi mauvais que satirique. Ce grand compilateur est mort le 19 avril 1689. (N. Lelong, No 9394.)

Ce manuscrit se conservait dans l'abbaye de Saint-Faron de Meaux.

697 JARDEL. — LETTRE écrite de Braine, par M Jardel, sur quelques antiquités trouvées près de Fère-en-Tardenois, le 3 décembre 1765.

MERCURE du mois de janvier 1766, page 74 et suiv. On trouve à la fin une petite Notice sur Fère, qui est pour le spirituel de Soissons, et pour le civil de Champagne, élection de Château-Thierry. (De Fontette.)

698 JARDINIER (Nicolas). — ELOGE FUNÈBRE de dame Marie-Anne des Salles de Rareté, religieuse professe de l'abbaye royale de Poulangy, prononcé à ladite abbaye par le P. Nicolas Jardinier. Chaumont, 1714, in-12.

(Carnandet, Géog. hist. de la Haute-Marne.)

699 JAVERNAULT (Oda), avocat à Langres. HISTOIRE DE LANGRES, restée manuscrite.

(Carnandet, Géograph. hist. de la Haute-Marne. — Dom Lelong, Bibl. hist. de la France).

700 JEANTIN. — LES CHRONIQUES de l'Ardenne et des Woepvres, ou Revue et examen des traditions locales antérieures au XIᵉ siècle, pour servir à l'histoire de l'ancien comté de Chiny. Nancy, 1851-52. 2 vol. in-8°.

— HISTOIRE du comté de Chiny et des pays Haut-Wallons, Nancy et Paris, Tardieu, 1858-62, 3 vol. in-8°.

— MARCHES de l'Ardenne et des Woepvres (les). Nancy, 1853-54, 2 vol. in-8°.

— RUINES ET CHRONIQUES de l'abbaye d'Orval (les), esquisse morale, religieuse et chevaleresque de l'histoire de l'ancien comté de Chiny. 2ᵉ édition. Paris, J. Tardieu, 1857, in-8°, avec un plan lithographié.

701 JOANNÈS (l'abbé), vicaire général du diocèse de Châlons-sur-Marne.

ELOGE FUNÈBRE de Mgr de Prilly, évêque de Châlons-sur-Marne. T. Martin, 1860. Broch. in-8°.

JOIN DE ROCHEFORT (1232).

702 JOLIBOIS (Em.). LES CHRONIQUES de l'évêché de Langres, traduites du latin, du P. J. Vignier, continuées jusqu'en 1792, et annotées par Emile Jolibois : 1 vol. in-8°, 1843.

Dumoulin, 4 fr. 50 c.

— DIABLERIE de Chaumont (la) ou Recherches historiques sur le grand pardon de cette ville, et sur les bizarres cérémonies et représentations à personnages, auxquelles cette solennité a donné lieu depuis le XVᵉ siècle, contenant les mystères de la Nativité, de la Vie et de la Mort de Saint-Jean-Baptiste, par E. Jolibois. Paris, 1838, in-8°, avec plan.

La Diablerie de Chaumont se trouve aussi dans la CHRONIQUE DE CHAMPAGNE, 2ᵉ et 3ᵉ volumes.

— HISTOIRE de Rethel, depuis son origine jusqu'à la Révolution. Paris, Dumoulin, 1847, in-8°.

— HAUTE-MARNE (la) ancienne et moderne, Dictionnaire géographique, statistique, historique et biographique de ce département. Chaumont, veuve Miot-Dadant, 1861, in-4° de LXXVI et 574

pag. à 2 col., avec gravures sur bois et cartes.

La première livraison a paru en 1858.

— HISTOIRE de la ville de Chaumont. — Chaumont et Paris, Dumoulin, 1856, in-8°, avec plans et 3 planches.

— MÉMOIRES sur quelques monnaies champenoises du moyen-âge et une charte du XIIᵉ siècle, par Em. Jolibois. (Broch. in-8°, fig.)

— NOTICE historique sur Laurent Guyard. Rethel, 1841, in-8°.

— NOTICE sur le baron Dufour, Metz, 1843, in-8°.

— NOTICE sur P. A. Laloy. Colmar, 1844, in-8°.

703 JOLIMONT et CHAPUY. VUES pittoresques et description de la cathédrale de Reims, in-folio, orné de 15 planches. Paris, 1826.

Dumoulin, 9 francs.

704 JOLLAIS (Jean-Baptiste-Prosper), ingénieur en chef des ponts et chaussées du département de la Seine, président de la Société des Antiquaires de France.

— HISTOIRE abrégée de la vie et des exploits de Jeanne d'Arc, surnommée la Pucelle d'Orléans, suivie d'une notice descriptive des monuments érigés à sa mémoire à Domremy ; de la chaumière où l'héroïne est née ; des objets antiques que cette chaumière renferme, et de la fête d'inauguration célébrée le 10 septembre 1820. — Paris, Didot, 1821. 2 vol. format atlantique, avec 12 planches lithographiées, papier vélin des Vosges.

Prix de publication 161 francs, mais comme les planches sont d'une exécution médiocre, il se donne pour le quart du prix. (B. N. L.)

705 JOLY (Jules). LA GRANDE JEANNETTE. Paris, 1840, in-8°

Ce roman historique, publié par Guillemart (Charles-Dominique), de Reims, sous le pseudonyme de Jules Joly, a pour but principal de tenter la réhabilitation des assassins de Cuissat, qui furent roués ou pendus à Reims en 1787. (H. Menu).

Voyez la Notice Biographique de Guillemart, qui se trouve dans l'Annuaire de la Marne, pour 1842.

706 JOLY (V.-V.) LES ARDENNES, 2 vol. in-folio, ornés de 20 planches à l'eau forte, gravures sur bois, etc., par Kuytenbrower, publiés en 1854, à 100 feuilles, titre en or et en couleur.

45 francs Dumoulin.

707 JOLLY (Paul), né à La Chaussée, près Vitry-le-François, vers 1795, membre de l'Académie de médecine.

— ESSAI sur la Statistique et la Topographie médicale de Châlons-sur-Marne. Châlons, 1820, in-8°.

Ouvrage couronné par la Société d'Agriculture, Sciences et Arts de Châlons-sur-Marne, dont M. Jolly était membre.
— Se trouve imprimé dans l'Annuaire de la Marne de 1820.

Cet écrivain remarquable a fourni de nombreux articles à la nouvelle Bibliothèque médicale, et au Dictionnaire de médecine et de chirurgie pratiques, dont il a dirigé l'exécution.

JORDAN (Cl.) (1285).

708. JOSNET, médecin de la Faculté de Reims.

— DISSERTATION sur la qualité des eaux de la fontaine des monts de Béru, près Reims.

Cet ouvrage manuscrit a été adressé à l'Académie des Sciences. (N. Lelong, N° 2980.)

— QUAESTIO MEDICA, an Remensis aer salubris? in Universitate Remensi habita. Remi, 1756, in-4°.

708 bis. JOSSIER (l'abbé), professeur de rhétorique au Petit-Séminaire, à Troyes.

— ETUDE sur les hauts personnages de la Champagne méridionale qui ont pris une part active aux différentes croisades.

Se trouve dans le Congrès scientifique de France, 31e session (1864), page 635 et suiv.

— ETUDE sur saint Loup, évêque de Troyes, au v° siècle.

Se trouve dans le Congrès scientifique de France (1864), page 171 et suiv.

709 JOUAN (Abel). RECUEIL et Discours du voyage de Charles IX, accompagné de choses dignes de mémoire, faictes en chacun endroit, ès provinces de Champaigne, Bourgoigne, Daulphiné, Provence, Languedoc, Gascoigne et aultres lieux, l'an 1564 et 65 ; par Abel Jouan, l'un des secrétaires de S. M. — Paris, Bonfous, 1566, in-8°.

Pixérécourt, 20 fr.

Ce curieux journal est d'une excessive rareté. De Thou, l'historien contemporain, ne l'aurait pas connu, suivant le marquis d'Aubais, qui le regarde comme *un imprimé équivalent à un manuscrit*, ce sont ses propres termes. (Cat. de Buvignier, de Verdun, N° 1180).

709 bis. JOURDHEUILLE (Camille) et RAY (Jules).

— LISTE des mécrolépidoptères recueillis dans le département de l'Aube.

Cette Liste, précédée d'une Notice, se trouve dans le Congrès scientifique de France (1864), page 354 et suivantes.

JUBRIEN (1206-7).

710 JUSTEL (Christophe). DISCOURS sur le duché de Bouillon, et du rang des ducs de Bouillon en France, avec les déclarations des rois Charles IX, Henri IV et Louis XIII, touchant le rang des ducs de Bouillon en France. Paris, 1633, in-4° de 63 pages.

Justel a été secrétaire, puis bibliothécaire de Henry de la Tour, duc de Bouillon.

JUÉNIN (1989).

HISTOIRE de la Maison de Turenne, justifiée par chartes, etc., et divisée en neuf livres. Paris, Du Puis, 1645, in-folio de 241 pages.

Cet ouvrage se trouve ordinairement joint à l'histoire généalogique de la Maison d'Auvergne, du même auteur, divisée en sept livres. Paris, Du Puis 1645, in-folio de 584 pages. (Biog. ard.).

711 JUSTINUS (J.). LA VILLE DE REIMS, par J. Justinus. Paris, 1854, in-12.

712 JUVÉNAL DES URSINS. HISTOIRE de Charles VI, roi de France, et des choses mémorables advenues depuis l'an 1390, jusqu'en 1422, par Jean Juvénal des Ursins, archevêque de Rheims, augmentée de plusieurs mémoires, journaux, observations et annotations, avec les preuves, par Denys-Godefroy. Paris, imp. royale, 1653, in-folio.

713 JUVET (Hugues-Alexis), médecin de l'hôpital militaire de Bourbonne-les-Bains, né à Chaumont en Bassigny, en 1714, mort à Bourbonne-les-Bains, le 8 janvier 1789.

— DISSERTATION contenant les nouvelles observations sur les eaux thermales de Bourbonne-les-Bains. Chaumont, Briden, 1750, in-12.

— DISSERTATION sur les fièvres quartes, 1750, in-12.

— MÉMOIRE sur les eaux minérales.

— RÉFLEXIONS sur les causes de l'intempérie de l'air régnant sur le climat de France, 1757, in-12. (Quérard, Fr. Lit.).

— LETTRE sur la vertu des eaux de Bourbonne-les-Bains, pour la guérison des fièvres intermittentes.

(Journal de Verdun du mois de décembre 1752, et N. Lelong, N° 3014.

JUVET, fils du précédent, médecin de Chaumont, en Bassigny, a publié :

— ESSAI sur la gangrène interne. Paris, 1763, in-12.

714 JUY (Nicolas), médecin à Bourbonne-les-Bains.

— TRAITÉ des propriétés et vertus des eaux minérales, boues et bains de Bourbonne-les-Bains, proche Langres ; par N. Juy. Chaumont, 1716, in-12, et Troyes, 1728, in-12.

— AVIS sur la vertu des eaux de Bourbonne-les-Bains, en Champagne, 1728, in-12.

Pour le compte-rendu de ces traités, voir le JOURNAL DE VERDUN du mois de juillet 1728, p. 70, et N. Lelong, N° 3010 et 3011.

KALTENHOFORI (Stephani) (1183).

715 L'abbé (P). TABLEAUX GÉNÉALOGIQUES

de la Maison royale de France. Bourgogne, Normandie, Guyenne, Tolose,
Flandre, Champagne. Paris, 1642.

— LE BLASON royal des Armoiries des
roys, reines, etc., de France, par P.
Labbé, en un volume in-12.

Ouvrage dont la deuxième partie manque souvent.

716 LACATTE-JOLTROIS (Nicolas-Noël), né
à Reims, mort en 1859.

— DISSERTATION sur un Aqueduc construit par les Romains, découvert depuis
quelques années sur les territoires de
Prunay, Wuez et Prosnes (Marne).

Se trouve imprimée dans l'Annuaire de la Marne, année
1834.

Cette dissertation est suivie de :

— NOUVELLE DÉCOUVERTE de Médailles
romaines, faite à Reims sur la fin de
1832.

— ESSAI HISTORIQUE sur l'église de Saint-
Remy de Reims. Reims, 1843, 1 vol.
in-12.

— ESSAIS HISTORIQUES et statistiques sur
Rilly-la-Montagne. Reims, 1830, in-8° de
39 pages.

— ESSAIS STATISTIQUES sur Reims, avec
les plans de Reims ancien et moderne,
1 fr. 50.

— NOTICE BIOGRAPHIQUE sur Germain,
peintre d'histoire à Reims. Reims, 1842,
Br. in-8.

— NOTICE BIOGRAPHIQUE sur M. Povillon-
Pierrard. Châlons, 1846, broch. in-12.

Se trouve dans l'Annuaire de la Marne pour 1847, p. 435
et suivantes. On reproche à M. Lacatte d'avoir été un
peu trop sévère pour Povillon-Pierrard, dont les nombreux travaux lui portaient ombrage.

— NOTICE BIOGRAPHIQUE sur M. Cadart
(François-Joachim), chanoine de la cathédrale de Châlons, né à Reims en
1759, mort à Châlons en 1838.

Se trouve dans l'Annuaire de 1838, p. 267.

— NOTICE BIOGRAPHIQUE sur M. Legros,
prêtre du diocèse de Reims.

Annuaire de 1845, pag. 269.

— NOTICES BIOGRAPHIQUES. Les trois Antiquaires rémois.

(Se trouve dans l'Annuaire de 1841.)

Ces trois antiquaires étaient : M. Jean-Louis Grassière, mort
le 13 août 1839 ; M. Pierre Guillaume Lucas-Dessain,
décédé le 19 mai 1840 ; et M. Firmin-Louis Clicquot, mort
le 7 juin de la même année. — Leurs collections con-
sistaient principalement en monnaies, médailles et
objets antiques, trouvés sur le territoire de Reims et des
environs.

— RECHERCHES HISTORIQUES sur la sainte
Ampoule, accompagnées d'une litho-
graphie représentant cette relique telle
qu'elle était avant sa destruction. Reims,
1825, br. in-8°. 1 fr. 50.

On sait que cette précieuse relique fut brisée par Philippe

Ruhl, député de la Convention, en mission dans le département de la Marne.

— STATISTIQUE du canton de Verzy.

(Se trouve dans l'Annuaire de la Marne de 1830 et 1831.)

Cet ouvrage a été couronné par la Société d'Agriculture, Commerce, Sciences et Arts du département de la
Marne, en 1829.

M. Lacatte a publié plusieurs notices biographiques sur
les hommes remarquables de Reims. Il collabora au supplément de la BIOGRAPHIE MICHAUT.

Ses manuscrits sont conservés à la bibliothèque de Reims.

Voyez le COURRIER DE LA CHAMPAGNE, du 24 février 1859.

Dans l'Annuaire de la Marne (1829 à 1857), on trouve à
peu près tout ce que M. Lacatte a publié.

717 LACHÈZE (René de), né à Reims.

— POMPE FUNÈBRE et Cérémonies observées aux obsèques et funérailles de Loys
de Lorraine, cardinal de Guize, avec un
discours véritable de sa belle fin, et un
recueil des propos derniers de ce prince.
Reims, 1621, in-8°.

— ROY TRIOMPHANT (le), avec la statue
équestre de Louis XIII, posée sur le
fronton de l'hôtel de ville de Reims,
ensemble d'autres pièces sur le même
sujet. Reims, 1637, in-4°, vendu 10 fr.

— L'OLYMPE RÉMOIS, ou les assemblées des
Dieux faites à Reims, durant trois divers
temps de carnaval, en l'honneur de l'in-
vincible monarque Louis-le-Juste, XIII°
du nom, roi de France et de Navarre.
Reims, 1637, in-4°.

718 LACOURT, né à Reims en 1668.

— ILLUSTRISSIMI ECCLESIÆ principis Francisci de Mailly, Archiepiscopi, ducis Remensis, sancta sedis apostolica, 1711.

— DU CULTE des saints martyrs de Reims
et de la procession de la Pompelle.
Reims, 1713.

— DISSERTATION sur la médaille Remo.

Elle a été publiée par Jacob-Gérard, dans son traité de
numismatique.

Lacourt a laissé de nombreux manuscrits conservés à la
bibliothèque de Reims, parmi lesquels on remarque :

— MÉMOIRE sur les auteurs qui ont écrit
sur l'histoire de Reims ; envoyé à Dom
Lelong pour sa bibliothèque historique.

— HISTOIRE de la ville de Reims par
M. Bergier, précédée d'une notice sur
Bergier, in-folio.

— EXTRAITS des Mémoires manuscrits d'Oudart Cocquault, in-f° de 45 pag.

— CATALOGUE des archevêques de Reims,
de saint Sixte à Hincmar.

— PLAN de l'histoire de Reims.

— MÉMOIRES sur les archevêques de
Reims, etc., etc.

(Géruzez, hist. de Reims, L. Paris. Préface de Durocort.
Danton. Biogr. Rémoise.) Voyez L. Paris.

718 bis. LAFONS DE MÉLICOCQ. RECHERCHES
HISTORIQUES sur Noyon et le Noyonnais ;

statistique botanique ou Prodrome de la Flore des arrondissements de Laon, Vervins, Rocroy, et des environs de Noyon. Noyon, 1839, in-8°.

LAFFITEAU (1521).

LAFONS (1344).

719 LAINÉ Réfutation d'un Mémoire publié par MM. de Marconnay, pour établir leur prétendue communauté d'origine avec la Maison de Châtillon-sur-Marne. Paris, 1830, grand-in-8° (rare), 5 fr.

Catal. Dumoulin (1863), N° 7165.

720 LAIRE (Fr.-Xav.). INDEX LIBRORUM ab inventâ typographiâ, ad annum 1800. Senonis, 1791, 2 vol. in-8°, papier de Hollande, cart. non rognés, 8 fr.

Les livres décrits dans cet ouvrage bibliographique faisaient tous partie de la bibliothèque de Loménie de Brienne. (Arch. du Bibl.)

721 LAISTRE (Hugues de). DEUX DISCOURS prononcés en la chambre de justice de Châlons. 1591, in-8°.

Son père, François de Laistre, était avocat, lieutenant-général à Langres, en 1610. (Carnandet, géogr. hist.).

722 LA LUZERNE (le card. César-Guillaume de) évêque de Langres, pair de France. ministre d'Etat, né à Paris, le 7 juillet 1738, mort le 21 juin 1821.

— CÉRÉMONIAL du diocèse de Langres, par Mgr Guillaume de la Luzerne, évêque-duc de Langres, pair de France, etc. Neufchâteau, 1775, in-12. Mar. r. Vente Chassin (1863), N° 800. 15′ fr.

Ex. aux armes de l'auteur.

— L'ENSEIGNEMENT public dans le diocèse de Langres au XVIIIe siècle, par M. de la Luzerne, évêque et duc de Langres. Broch. in-8°.

— INSTRUCTIONS sur l'administration des sacrements, ou le rituel de Langres, 3e édition, revue et augmentée par Mgr Affre. Paris, 1835, 3 vol. in-12.

Mgr Auguste-Denis Affre, archevêque de Paris, est mort victime de son dévouement en 1848.

— INSTRUCTION sur le rituel de Langres.

—Besançon, Fr. Courbé (s. d.) (1786), in-4°. Nouv. édit. Paris. Méquignon fils aîné, 1817, in-4°. 12 fr.

— LETTRE à M. Becquey, procureur-syndic du département, par M. de la Luzerne, évêque de Langres, du 19 janvier 1791 et Réponse. deux broch. in-8°.

— LETTRE aux administrateurs du département de la Haute-Marne (sur l'Enseignement), du 20 décembre 1791. Broch. in-8° (1169) 1564.

723 LAMBERT (l'abbé), ancien curé de Saint-Alpin de Châlons-sur-Marne.

— VIE de messire Antoine-Eléonore-Léon Leclerc de Juigné, évêque de Châ-

lons-sur-Marne. Paris, Adrien Leclerc, 1821. Broch. in-8° de 111 pages.

Cette brochure, qui se payait primitivement 1 franc, était vendue au profit des Petits-Séminaires de Paris et Châlons-sur-Marne.

LAMBERT (1687).

LAMBERT (le P.) (1594).

724 LAMBERTYE (Léonce de, le comte).

— CATALOGUE raisonné des plantes vasculaires qui croissent dans le département de la Marne, avec une carte botanique indiquant les principales formations géologiques de toutes les localités citées dans l'ouvrage. Paris, Chamerot, 1846, in-8°.

— COUP-D'ŒIL botanique et géologique sur l'arrondissement de Sainte-Menehould.

Dans le compte-rendu de la Société d'Agriculture (de la Marne (1842).

La science horticole doit à M. de Lambertye plusieurs autres ouvrages estimés, parmi lesquels nous citerons ceux qui concernent la culture du fraisier, ainsi que celle des fleurs et des plantes légumineuses.

725 LAMBINET (Pierre), ancien jésuite et bibliographe distingué, né à Tournes, près de Mézières (Ardennes), mort à Charleville, en 1813, âgé de 61 ans.

— DE L'ORIGINE de l'imprimerie d'après les titres authentiques, l'opinion de Daunou et celle de Van Praet; suivie des établissements de cet art dans la Belgique, et de l'histoire de la stéréotypie. Paris, 1810, 2 vol. in-8° avec calques, portraits et écussons.

Nous ne plaçons cet ouvrage ici, que parce qu'il est d'un bibliographe champenois, et qu'il peut intéresser les bibliophiles.

726 LAMY (le père). LA VIE de saint Bernard, premier abbé de Clairvaux. Paris, 1648, in-4°.

Cat. Bossuet, 874. 10 livres (2132).

727 LANDOUZY (H.), docteur en médecine, né à Epernay.

— LETTRE sur le Strabisme et le Bégaiement, par le docteur H. Landouzy. Reims, Luton. Br. in-8°.

— MÉMOIRE sur l'épidémie du typhus cancéral qui a régné à Reims en 1839 et 1840. — Reims, 1842, br. in-8°.

M. Landouzy est encore l'auteur de plusieurs brochures scientifiques, publiées à Reims, et d'articles insérés dans le Bulletin des travaux de l'académie de Reims.

LANGUET (J.) (1566).

728 LANNOY, mort à Sedan en 1754.

— MÉMOIRE très-curieux concernant la ville de Sedan, avec l'explication de tout ce qui s'est passé depuis son établissement. — 1745, 1 vol. in-4°.

Volume devenu peu commun, cité par M. Quérard, dans sa Fr. litt.

729 LAPAUME (J.). ANTIQUITÉS TROYENNES jusqu'ici négligées ou méconnues. — Inscriptions latines faisant suite à nos

inscriptions grecques, insérées dans les Mémoires de l'académie de l'Aube, par J. Lapaume. Troyes, 1851, in-8°. Br.

Envoi d'auteur, Aubry, 3 fr.

A la dernière page de cet ouvrage excentrique, on lit : « Fin de la première partie » ; mais la seconde ne vit jamais le jour.

729 bis. LA PLANCHE. EXAMEN analytique d'une eau hépato-ferrugineuse d'une côte voisine de Boursault (Marne).

Journal de Médecine, novembre 1779, page 436, et Nat. consis., février 1780, p. 166.

730 LARCHER, intendant de Champagne.

— MÉMOIRES concernant la Champagne, dressés par M. Larcher, intendant de la province, par ordre de Mgr le duc de Bourgogne. Manuscrit in 4° de 255 feuillets et 9 feuillets pour la table.

Ce manuscrit se conserve à la Bibliothèque publique de Châlons-sur-Marne. Un autre exemplaire se trouve également aux archives du département de la Marne.

— NOBILIAIRE de la généralité de Champagne, produit par-devant M. Larcher, intendant de cette province. — 1697 et 1698, in-folio ms.

Un exemplaire annoncé au catalogue Morel-Vindé, N° 12 des addit., relié en veau. br., vendu 23 fr.

Ce volume renfermait plusieurs autres pièces manuscrites.

LA ROCHE-AYMON (1458-1893).

LARRIVEZ. Voyez Almanach.

731 LAS CASAS (Fontaine, l'abbé). LE CARDINAL DE BÉRULLE, devant la Champagne, son pays. Troyes et Paris, 1847, in-8°.

L'histoire de P. de Bérulle, ministre d'État sous Louis XIII, a été publiée par M. Tabaraud. Paris, 1817, 2 vol. in-8°.

732 LASSUS (J.-B.-A.). ALBUM de Villart de Honnecourt, architecte du XIII° siècle, manuscrit publié en fac-simile, annoté et suivi d'un glossaire, par J.-B.-A Lassus. Paris, Imprimerie Impériale, 1 vol. in-4°, orné de nombreuses gravures sur bois, 1858, B. B. 45 fr.

On trouve dans cet ouvrage des études sur les cathédrales de Reims et de Laon.

733 LA TOUCHE-LOISY (Jacques-Ignace, le chevalier de), né à Châlons-sur-Marne, poète et dessinateur distingué, mort en 1781.

— JEUX PASTORAUX, etc., etc., ouvrage mêlé de vers et de prose, pour le passage de la reine à Chaalons en Champagne. Chaalons, Seneuze, 1725, in-4°.

Biblioth. de Châlons. Recueil de pièces.

— NOTICES BIOGRAPHIQUES sur Claude Gillot, graveur, et Paul-Ponce-Antoine Robert, peintre, par feu le chevalier de la Touche ; à Dôle, J.-F.-X. Joly, 1810, in-8°.

La Notice biographique du chevalier de la Touche a été publiée par M. Charles Perrier, de Châlons, attaché à la légation de France à Rome, dans le compte-rendu de la société d'Agriculture, Commerce, Sciences et Arts de la Marne, de l'année 1857.

— RELATION de ce qui s'est passé à l'entrée de M. de Choiseul-Beaupré, évêque de Chaalons, 1735, in-folio de 4 pages.

Cette pièce se trouve à la Bibliothèque de la ville de Châlons. (Recueil de pièces.)

Cette relation a été réimprimée dans l'Annuaire de la Marne, avec des notes de M. de Barthélemy et rééditée dans le Trésor des pièces rares et curieuses de la Champagne, recueillies et publiées par M. J. Carnandet.

Le chevalier de la Touche a encore publié les ouvrages suivants :

— AVIS SALUTAIRES d'un philosophe chrétien. Trad. du latin de Rosœus. Paris, Prault, 1740, in-12 ; 1741, petit in-12.

— CONSOLATIONS chrétiennes sur les huit béatitudes et la paraphrase des trois cantiques du Dante. Paris, Jacques Vincent, 1744, in-12. (Anonyme.)

— ETRENNES du temps ou le saint usage que des chrétiens en doivent faire. 1741, in-12.

— EXPLICATION des figures symboliques d'un canon d'autel (canon qui se trouve à l'église de Notre-Dame de Châlons).

— LES MEILLEURES ÉTRENNES qu'on puisse donner et recevoir. Paris, 1728, in-12.

— LE MILITAIRE en solitude ou le Philosophe chrétien. Paris, 1735, 2 vol. in-12.

Cet ouvrage est aussi attribué à de Crédon, officier irlandais. Quérard. Fr. Lit.

LAUNOY (1739).

734 LAUNOII (Joa de), célèbre docteur de Sorbonne, né à Valdéric, près de Constance, le 21 décembre 1603, mort à Paris le 10 mars 1678.

— CONSTANTIENSIS (de Constance), de Scholis celebrioribus, seu a Carolo Magno, seu post eumdem per Occidentem instauratis. Lutetiæ, 1672, in-8°.

Cat. Claudin. Veau brun. 5 fr.

Notices sur les écoles les plus célèbres fondées par Charlemagne et ses successeurs en Europe, à Tours, à Metz, à Saint-Germain-d'Auxerre, à Saint-Gall, à Reims, à Saint-Pierre de Sens, à Châlons, à Saint-Remi de Reims, au Mans, etc.

Ce savant profond et judicieux, l'un des hommes qui ont fait le plus d'honneur à la société de Sorbonne, est auteur d'un grand nombre d'ouvrages latins sur des matières de théologie et d'histoire ecclésiastique, tous remplis d'érudition et publiés dans le courant du XVII° siècle ; on en trouvera la liste dans l'excellent article que M. Laboudérie lui a consacré dans la BIOGRAPHIE UNIVERSELLE.

Nous nous bornerons à indiquer la collection qui en a été publiée par l'abbé Granet, à Genève, 1731-32 et 1733, en 10 vol. in-fol. Quérard, FRANCE LITTÉRAIRE.

735 LAURENCEAU (Petri). QUÆSTIO MEDICA, an vinum Rhemense omnium saluberrimum, propugnata, an. 1679, in Universitate Parisiensi. Parisiis, 1679, in-4°.

— QUÆSTIO MEDICA, an vinum Rhemense omnium saluberrimum, in Universitate Rhemensi habita. Remis, 1689, in-4°.

736 LAVALLÉE (Théophile). LA FAMILLE D'AUBIGNÉ et l'enfance de Mme de Maintenon, suivies des Mémoires inédits de Languet de Gersy, archevêque de Sens, sur Mme de Maintenon et la cour de Louis XIV. Paris, Plon, 1863, in-8°.

— VOYAGE dans le département de la Marne. Br. in-8° et cartes. (1793).

737 LEBEL fils. STATISTIQUE de Vitry-le-Brûlé, par M. Lebel fils. (1822). Br. grand in-12.

738 LEBER. CÉRÉMONIES DU SACRE, ou Recherches historiques et critiques sur les mœurs, les coutumes, les institutions et le droit public des Français, 1 vol. in-8°, orné de 48 planches. Paris, Didot, et Reims, 1825, 8 à 10 fr.

M. Didot en a publié une édition in-12.

739 LEBERTHAIS et Louis PARIS. TOILES PEINTES et Tapisseries de la ville de Reims. Reims, 1843, 2 vol. in-4°.

740 LEBLANC et POUSSIN. MONOGRAPHIE de l'abbaye de St-Remi de Reims. Reims, 1857, in-8°, fig.

Catalogue Claudin, 5 fr.

LEBLANC-DUPLESSIS (1408).

741 LEBLANC. RECHERCHES HISTORIQUES et statistiques sur Auxerre, ses monuments et ses environs. Auxerre, 1830, 2 vol. in-12. Br. 2 fr. 50 c.

Pour la faible portion du département de l'Yonne qui faisait autrefois partie de la Champagne. (1220).

742 LEBŒUF. LETTRE de M. l'abbé Fénel, chanoine de Sens, touchant l'origine du proverbe: « Li Chantéor de Sens ».

Mercure du mois de juin 1734.

— LETTRE sur d'anciens livres de Sens, d'Auxerre, et du pays Boulonnais, écrite par M. L., chanoine d'Auxerre, à M. Fédel.

Mercure du mois de juin 1735.

— LETTRE sur une inscription nouvellement découverte à Sens.

Mercure de décembre 1735 et du mois de février 1736. (De Fontette, Biblioth. hist.).

— MÉMOIRES concernant l'histoire civile et ecclésiastique d'Auxerre et de son ancien diocèse, avec addition de nouvelles preuves et annotations, par Challe. Auxerre-Paris, 1848, 4 vol. grand in-8°, pl. Br. 28 fr.

LEBŒUF (1429 1595).

743 LEBON (Jean), hétéropolitain, médecin du roy (Charles IX).

— LES BAINS de Bourbonne-les-Bains. A Lyon par Benoît Rigaud, MDLXXXX, in-8°.

La première édition a été donné par le même imprimeur, en 1573. L'auteur était à cette époque médecin du cardinal de Guise. L'exemplaire porté au N° 1715 du catalogue de Coste a été vendu 9 fr.

— LE TUMULTE de Bassigni apaisé et esteinct par l'autorité, conseil et vigilance de Mgr le cardinal de Lorraine, ensemble la reprise du chasteau de Choiseul par l'armée du roy, en ce mois de mai 1573, par J. Lebon.

744 LE BRUN-DALBANNE. NOTICE sur la châsse de Nesle-la-Reposte. Troyes, Bouquot, 1859, in-8°, planche sur chine, 3 fr. 50 c.

— RECHERCHES sur l'histoire et le symbolisme de quelques émaux du trésor de la cathédrale de Troyes. Troyes, 1862, in-4°, avec 7 planches, 10 fr. 50 c.

(Cat. A. Socard 157.)

LECLERC DE JUIGNÉ (1891).

745 LE COINTE (Denis). HISTOIRE du Val-des-Ecoliers (abbaye du diocèse de Langres), par Denis Le Cointe, premier abbé de Landève Reims, de Foigny, 1626. in-12, fol. 33.

Lecomte est mort à Landève (canton de Vouziers, le 30 novembre 1640).

745 bis LECOMTE (l'abbé). HISTOIRE descriptive et symbolique des vitraux de La Ferté-Milon 1852

Bull. de la Soc. arch. de Soissons, VI, 152, 203 ; VII, 265. (Périn, Rech. bibl. sur le département de l'Aisne.)

746 L'ECUY (Jean-Baptiste), 57° abbé général de Prémontré, né à Ivois-Carignan (Ardennes), le 3 juillet 1740.

— ANNALES CIVILES et religieuses d'Ivois-Carignan et de Mauzère, par Delahaut (Nicolas-Joseph), professeur de théologie à l'abaye de Belleval, publiées avec des augmentations et des corrections, par J.-B. de l'Ecuy, général de Prémontré. Paris, Desaer et Delaunay, 1822, in-8° de 491 pages.

L'éditeur, après avoir rendu compte de la part qu'il a eue dans la publication de ces annales, donné sur son auteur une notice. Il a de plus enrichi l'ouvrage d'une biographie d'Ivois et de Mouzon, dont la plus grande partie a été tirée de la Biographie ardennaise.

(B. B., Ard. t. 1er, p. 331.)

— FLORA Præmonstratensis, curâ et somptibus RR. DD. Joannis-Baptistæ l'Ecuy, dirigente verò Domino Claudio-Antonio le Mercant de Cambronne, botanophilo Laudunensis, annis 1787 et 1788 collecta, et ad naturæ fidem depicta. Paris, 1827, 3 gros vol. in-folio, grand papier.

Exemplaire unique, et ouvrage que la Révolution empêcha d'achever. L'auteur l'a donné à la bibliothèque de Laon. (Biogr. ard., art. l'Ecuy.)

On a encore de ce digne ecclésiastique : 1° Un grand nombre d'articles de littérature dans le JOURNAL DE PARIS, depuis le 30 floréal an IX (40 mai 1801), jusques et y compris le mois de septembre 1814 ; 2° beaucoup d'articles dans la BIOGRAPHIE UNIVERSELLE, parmi lesquels on en distingue deux sur Fleury, le cardinal et l'abbé, celui de Gerdil, etc. ; 3° d'autres dans le supplément du DICTIONNAIRE HISTORIQUE de Feller 1840 ; 4° enfin, quelques articles dans les premiers volumes de l'AMI DE LA RELIGION. Il est aussi l'auteur du Mandement latin fort remarquable, formant 7 pages, imprimé en tête du bréviaire de son ordre, publié à Nancy en 1783. (Quérard, Fn. littr.).

747 LECUYER (Victor). JEANNE D'ARC à Reims.

Pièce de poésie couronnée par l'Académie de Reims, en 18..

748 LEDIEU (François), chancelier de l'Eglise de Meaux, et secrétaire de Bossuet.

— MÉMOIRES sur l'Histoire et les Antiquités du diocèse de Meaux.

Ce ne sont que des brouillons, sans ordre et sans liaison, qui étaient conservés dans la bibliothèque de Saint-Faron. L'auteur, qui était né à Péronne, mourut à Paris le 7 octobre 1713, et fut enterré le 9 à Meaux. (N. L.).

749 LE FÈVRE (André), avocat, né à Troyes, mort le 25 février 1768.

— DIALOGUE entre un curé et son filleul La Haye, Néaulme, 1767, in-12 de 23 pages. (Anonyme.)

C'est une satire amère contre Grosley, attribuée par les uns à Le Fèvre et par d'autres à Montroger, ami du Le Fèvre.

— LES FINANCES de Champagne aux XIIIe et XIVe siècles. Paris, imp. de Firmin Didot frères, 1849, in-8°.

La couverture imprimée sert de titre. (Cat. Bibliothèque Impériale.)

— LETTRE sur les Mémoires de l'Académie de Troyes. Amsterdam (Paris), 1755-1765, in-12.

Cette lettre est très-rare. L'abbé Gouget assure qu'il n'en a été tiré que douze exemplaires. Grosley a publié à Troyes, en 1768, une réponse à cette lettre.

— MÉMOIRES de l'Académie des Sciences, nouvellement établie à Troyes en Champagne. Liége, 1744, in-8°. Troyes, 1756, deux parties in-12 ; Paris, 1768, in-12.

C'est un badinage fait en commun avec Grosley et autres.

Quelques personnes attribuent à André Le Fèvre le POT-POURRI, ouvrage nouveau de ces Dames et de ces Messieurs (Amsterdam 1748, in-12), que d'autres attribuent au comte de Caylus; ce morceau n'a pourtant point été réimprimé dans les œuvres complètes et badines du dernier. (Quérard.)

750 LEFÈVRE et Louis DELMAS. LA REVUE de Reims en 1853 ou Reims, la Vesle et Compagnie, folie-vaudeville en six tableaux. Reims, Brissart-Binet, 1855, 1 vol. in-8°, 1 fr. 50 c.

751 LEGENDRE. DESCRIPTION de la place de Louis XV, que l'on construit à Reims, par le sieur Legendre. Paris, Prault, 1765, fig. mar. rouge.

La Vallière, 9 fr.

Legendre a publié un magnifique Plan de Reims, orné des principaux monuments de cette ville. Voyez le No 1926 bis.

752 LE GIVRE (Pierre). ANATOMIE des eaux minérales de Provins. Paris, Loyson, 1654, in-8°.

— La même, sous ce titre : TRAITÉ des eaux minérales de Provins, contenant leur anatomie, la différence des fontaines, leurs propriétés, vertus et effets

admirables Paris, Dumesnil, 1659, in-8°. Cat. Filheul, 1 fr.

Les eaux minérales de Provins avaient été découvertes en 1648 par Michel Prévôt, médecin, et Pierre Le Givre n'oublia rien pour en vanter les mérites et les vertus. (Voyez N. Lelong, No 2877.)

— DISSERTATION historique sur les eaux minérales de Provins, par N. B. C. R. (Billate, chanoine régulier de l'hôpital deProvins). Provins, Michelin, 1738, in-12 de 72 pages.

La première édition de Le Givre est de 1654, la troisième, de 1667, et la quatrième, de 1677, toutes également rares. La cinquième, qui est la plus ample et la meilleure, est en latin. Voici le titre : ARCANUM ACIDULARUM NOVISSIME PRODITUM PRINCIPIORUM CHYMICORUM DESQUISITIONIS AUXILIO. Amsterdam, Jansson Waesberge. 1682, in-12.

Ce n'est qu'un abrégé du traité de Le Givre, qui n'est pas commun.

— LETTRE de MM. Le Givre et Guérin, touchant les minéraux qui entrent dans les eaux de Sainte-Reine et de Farges. in-12.

Catal. de M. de Jussieu, No 446.

LEGRAND (Louis) (1342).

LEGRAS (Simon) (2023).

753 LEGRIS (l'abbé), ancien chanoine de l'église métropolitaine de Sens.

— ORAISON FUNÈBRE de Paul d'Albert de Luynes, archevêque-vicomte de Sens, abbé-comte de Corbie, prononcée dans l'église primatiale de Sens, par l'abbé Legris, chanoine de la même église. Sens et Paris, 1788, in-4° de 43 pages non rel.

Cat. Claudin, 5 fr.

754 LEGROS (l'abbé Nicolas), docteur en théologie et chanoine de l'église de Reims, sa patrie, né en 1695, mort à Rhynwick, près d'Utrecht, le 4 décembre 1751.

— DÉNONCIATION des Erreurs enseignées dans le séminaire des jésuites de Reims. 1718, in-8.

— LETTRE sur les Cas de Conscience décidés par cinq docteurs de la nouvelle faculté de théologie de Reims. 1743, in-12.

— SIX MÉMOIRES pour servir de Défense aux curés, chanoines et docteurs de Reims, contre M. de Mailly, archevêque. 1717, in-4°.

Nicolas Cabrisseau a été l'éditeur de plusieurs ouvrages de Legros. Voyez ce nom. (Voir Chaudon, art. Legros.)

755 LE MAIRE, chanoine de Soissons.

— LE SACRE du roy (Louis XIV), avec la version des prières en français. Reims, 1654. 1 vol. in-12, avec portrait.

756 LE MAIRE DE TERNANTES. INSTRUCTION pour les élèves en l'art des accouchements, à l'usage de l'école que le Gouvernement a établie dans cette partie de la ville de Troyes, par M. Le Maire de Ternantes, démonstrateur de cette école et maître en chirurgie de la même ville. Troyes, Garnier jeune, 1775. In-8°.

757 LEMAITRE (J.-M.). COMBAT de Nogent-sur-Seine, épisode historique de la guerre de 1814. 1840. In-8°.

LEMAITRE (A.) (2132-1231).

758 LEMOINE (Le chev.). MÉMOIRE adressé à Son Excellence le ministre de la guerre, sur la défense de la place et citadelle de Mézières, suivi de la correspondance des généraux prussiens et autres pièces justificatives. Paris, 1815, 1 vol. in-8°, dem. rel. mar. du levant (Petit), Aubry, 5 fr.

759 LEMOINE (C.). NOTICE historique sur Jean, sire de Joinville, sénéchal de Champagne, et généalogie de sa famille. Joinville, imprimerie de Lebrun, place du Marché, 1861. Br. in-8° de 15 pages.

760 LEMOIT (F.). NOTION sur Bourbonne et ses eaux thermales. 1830, 1 vol. in-8°.

LEMONTEY (Pierre-Edouard). Voyez Thibault.

LEMPEREUR (Charles). Voyez Déclaration. (1354).

761 LENFANT (Jean). MÉMOIRES historiques pour la ville de Meaux, par Jean Lenfant, procureur à Meaux. Ms. in-4°.

Il se conservait dans l'abbaye de Saint-Faron de Meaux ; l'auteur les écrivit en 1613. L'on prétend qu'ils sont remplis de fautes. (N. L., N° 9390.)

761 bis LENGLET DU FRESNOY. HISTOIRE de Jeanne d'Arc dite la Pucelle d'Orléans Amsterdam. 1759, trois parties en un vol in-8° ; veau 6 fr. 50.

On trouve dans cet ouvrage la nomenclature des pièces concernant l'héroïne de Domremy.

762 LE NOBLE (Eustache), né à Troyes en 1643, mort à Paris en 1701. L'ALLÉE de la Seringue ou les Noyers. Poème héroïsatirique en quatre chants. Par M. D***. A Francheville, chez Eugène Aléthophile, MDCXC. In-12°.

Cette satire, dont la scène se passe à Thénelières, près de Troyes, a pour auteur Eustache Le Noble, seigneur de ce domaine. Elle s'adresse au baron de Vauldy, et à M. Rebel, conseiller au présidial, voisins de Lenoble, qui avaient eu le malheur d'allumer sa verve impitoyable. (Vallet de Viriville).

Dans le même ouvrage se trouvent LA FRADINE, poème héroïsatirique en trois chants; LA RENCONTRE AMOUREUSE ; une ÉPITRE morale à Damis, et quatre sonnets.

La collection des œuvres de Le Noble, imprimée à Paris, chez Ribou, en 1718, forme 19 vol. in-12.

Les Nouvelles de Le Noble ont été réunies sous le titre d'AMUSEMENTS DE LA CAMPAGNE. Paris, 1743, 8 vol. in-12 ; mais il y a longtemps qu'on ne les lit plus. (B. M. L.).

762 bis LE NOBLE (Pierre).

— REMONTRANCE faite en l'assemblée des maires, échevins, etc., de la ville de Troyes, tenue pour l'élection de quatre échevins; par M. Pierre Le Noble, président et lieutenant-général au bailliage de Troyes. le 21 avril 1615. Troyes, Chevillot, 1615. In-8°.

762 ter LE NOBLE (Alexandre), avocat à la cour royale de Paris, vérificateur des titres diplomatiques au sceau de France, né à Mâcon, le 24 octobre 1800.

— HISTOIRE du sacre et couronnement des rois et des reines de France; précédée d'une introduction dans laquelle l'auteur, après avoir considéré le sacre sous ses rapports politiques et religieux, fait un tableau général du mode d'inauguration du souverain, adopté chez les nations tant anciennes que modernes. Paris, rue Sainte-Avoye, N° 50, 1825. in-f°, fig. 7 fr.

Vente Louis-Philippe, 10 fr. 50 c.

On regarderait à tort l'HISTOIRE DU SACRE DES ROIS DE FRANCE comme un ouvrage de circonstance. C'est un livre consciencieux qui fourmille de recherches intéressantes. L'auteur, animé des sentiments les plus recommandables, n'a point exploité dans des vues étroites d'intérêt personnel de misérables préjugés surannés. M. Alexandre Le Noble a traité la théorie politique et religieuse du sacre avec une indépendance d'esprit qui lui fait honneur, et qui lui valut depuis la défaveur de la camarilla jésuitique, au joug de laquelle il avait refusé de se soumettre. Le publiciste et l'érudit sont également irréprochables dans cette volumineuse composition. (Quérard.)

M. A. Le Noble est en outre l'un des rédacteurs de la Revue encyclopédique, et a été l'un de ceux du Bulletin universel de M. de Pérussac (7e section).

SENONCOURT (de) (1159 bis).

763 LE PELLETIER (Robert-Martin), chanoine régulier de la Congrégation de France, né à Rouen, le 31 décembre 1682, mort au prieuré de Graville, diocèse de Rouen, le 14 février 1748.

— HISTOIRE des comtes de Champagne et de Brie (publiée avec une préface, par Lévêque de la Ravallière. Paris, 1753, 2 vol. in-12 (1528).

Ouvrage devenu rare. 15 à 20 fr.

764 LÉPINE (J.-B). HISTOIRE de la ville de Rocroi, depuis son origine jusqu'à 1850, avec une Notice historique et statistique sur chaque commune de son canton, et une galerie biographique des hommes célèbres ou dignes de souvenir qui l'ont habitée. Mézières, 1860, 1 vol. in-8° de 468 pages, portraits. 7 fr.

— MONOGRAPHIE de l'ancien marquisat de Montcornet, en Ardennes, et des communes du canton de Renvez. Charleville, Le Tellier fils, octobre 1862, in-12.

765 LEPINOIS (le chevalier). HISTOIRE de la ville et des sires de Coucy. Saint-Germain-en-Laye et Paris, Dumoulin, 1858, in-8° avec planches.

— SOUVENIRS DE COUCY, dessins lithographiques, par M. de Lépinois père et

Mme de Lépinois, accompagnés d'un texte historique et descriptif par le chevalier de Lépinois. Coucy, 1834, in-folio.

765 bis LE RICHE, lieutenant particulier au bailliage de Bar-sur-Seine.

— AVIS AUX SPÉCULATEURS patriotes, ou Mémoires pour l'établissement d'une nouvelle navigation sur la rivière de Seine. Paris, 1787, in-8°.

Cat. A. Socard (1866), 3 fr.

Intéressant et rare.

LEROUGE (1186).

766 LEROY (Félix), ancien chef de division à la Préfecture du département de la Marne.

— LE NOUVEAU BONARDIN, ou Retour d'un Voyage dans la Lune. Pièce-féerie en deux actes et en six tableaux avec prologue, représentée pour la première fois à Châlons-sur-Marne, le 16 avril 1842, à l'occasion de l'ouverture de la salle de spectacle. Châlons-sur-Marne, Boniez-Lambert, 1842, brochure in-8° de 80 pages.

Cette pièce eut un grand succès, et fut imprimée aux frais de M. Bourlon de Sarty, alors préfet de la Marne. Elle a été depuis représentée à Paris, au théâtre des Délassements-Comiques.

M. Alexandre Dumas, dans son CHEMIN DE VARENNES, parle de M. Leroy, auquel il a rendu visite lors de son passage à Châlons.

Nous avons encore du même auteur de nombreuses pièces de poésies de circonstance insérées dans le JOURNAL DE LA MARNE, dont une tirée à part, sur une feuille in-folio, intitulée : l'EMPIRE, C'EST LA PAIX. En 1852, M. Leroy fit représenter, sur le théâtre de Châlons, une pièce comique de circonstance, intitulée : FAGNIÈRES, ou les INCONVÉNIENTS DES FÊTES DE CAMPAGNE; vaudeville en trois actes, qui eut un succès tel, que le théâtre de Châlons a rarement réalisé depuis, une aussi forte recette que le jour de la représentation Cette pièce n'a jamais été imprimée.

766 bis LEROY. RELATION DES MIRACLES opérés par les reliques conservées à Brie-Comte-Robert au XVe siècle. Melun, 1862, brochure in-8° avec blason, 3 fr.

Tiré à 40 exemplaires.

767 LESAGE (G), professeur.

— GÉOGRAPHIE historique et statistique du département de la Marne, dédiée au préfet du département. Vouziers, Flamant-Ansiaux, 1840, 1 vol. in-12 de 6 0 pages, avec une carte du département, divisé en deux tomes, 3 à 4 fr.

Ouvrage assez bien fait, qui renferme des documents curieux, souvent copiés par ceux qui ont depuis traité le même sujet.

768 LESPAGNOL (Nicolas-Louis), médecin à Vouziers (Ardennes).

— PROJET sur l'importance d'établir trois médecins par district et un chirurgien par canton, pour le soulagement des gens de la campagne. Charleville, 1790, in-8°.

769 L'ESPAGNOL (Jean-Remi), prieur d'Attigny, né à Reims vers 1550.

— HISTOIRE de la Vie et des Miracles de sainte Vaubourg, abbesse d'Heidelsheim, au diocèse d'Aichstadt, honorée à Reims. Reims, 1612, in-8°; Douai, 1614, in-8°; it. Reims, de Foigny, 1672, in-8°.

Cette vie, dont le style a vieilli, est savante. On y trouve des détails sur Attigny. Elle est revêtue de l'approbation des docteurs Lebesgue, Giffart et Kélisson.
(Biog. ard.).

Le même auteur avait déjà publié :

— TRAITÉ des Reliques de saint Marcoul, qui se conservent à Corbény, diocèse de Laon. Ouvrage édité vers 1620.

770 LE TELLIER (Maurice), archevêque de Reims.

— CATÉCHISME à l'usage de Reims, par Ch.-M. Le Tellier, archevêque de Reims. Paris, 1692, in-12.

1452, 1502, 1588, 1939.

— MÉMOIRE présenté au Roi, au mois de janvier 1695, par messire Ch. Maurice Le Tellier, archevêque de Reims, contre l'érection de l'église de Cambrai en archevêché. Paris, Imp royale, 1695, in-4°.

L'affaire fut accommodée, et M. Le Tellier consentit à l'érection de l'archevêché de Cambrai, à condition que l'abbaye de Saint-Thierry de Reims serait unie à perpétuité à l'archevêché de Reims. (Note de dom Lelong.)

— RECUEIL de pièces pour l'établissement d'un Séminaire dans le diocèse de Reims, par M. Le Tellier, archevêque de Reims. Paris, Muguet, 1700, in-4°.

On joint à ce recueil :

— PIÈCES concernant l'établissement des chanoines réguliers de l'ordre de Saint-Augustin de la Congrégation de France, dans ce séminaire, l'an 1702, in-4°.

— REMONTRANCES de l'assemblée du clergé de 1670, au roi, par l'archevêque-coadjuteur de Reims, Ch.-M. Le Tellier. Paris, Vitré, 1670, in-folio.

(Bibl. de Reims.)

771 LETILLOIS. BIOGRAPHIE des Champenois célèbres. Paris, 1836, au bureau du JOURNAL DES PEINTRES. 1 vol. in-8°, 5 fr.

Ouvrage recherché, mais incomplet, et qui, cependant, est le seul qu'on puisse consulter sur les hommes célèbres de notre ancienne province, Pons-Ludon ayant à peine effleuré le sujet.

772 LEUCHSENZING. RAPPORTS à l'Académie impériale de Reims, sur l'introduction et la culture du pin noir d'Autriche, dans les plaines stériles de la Champagne. Br. in-8°.

773 LÉVÊQUE DE BURIGNY (Jean), né à Reims, en septembre 1692, mort le 8 octobre 1785.

— VIE DE BOSSUET, évêque de Meaux. Paris, De Bure, 1762, in-12 et in-8°.

— VIE du cardinal du Perron, archevêque

de Sens, et grand-aumônier de France. Paris, De Bure, 1768. in-12.

774 LEVESQUE DE LA RAVALIÈRE (Pierre-Alexandre), membre de l'Académie des Inscriptions et Belles-Lettres, né à Troyes le 6 javier 1697, mort le 4 février 1762.

— VIE DU SIRE DE JOINVILLE, auteur d'une histoire de saint Louis (Recueil des Inscriptions et Belles-Lettres, tome XX.)

— RECHERCHES sur MM. Pithou (id., tome XXI, partie historique).

Lévêque de la Ravalière a été l'éditeur : des POÉSIES DU ROI DE NAVARRE, auxquelles il a ajouté des notes et un glossaire français, et une histoire des Révolutions de la langue française, depuis Charlemagne jusqu'à saint Louis. 1742, 2 vol. in-8º (Psaume, 15 à 18 fr.) ; l'HISTOIRE DES COMTES DE CHAMPAGNE ET DE BRIE, par Robert Martin Le Pelletier, 1753. 2 vol. in-12 (France litt.)

775 LEVESQUE DE POUILLY (Jean-Simon), fils du précédent, lieutenant-général du présidial de Reims, avant la Révolution, conseiller d'État, membre de l'Académie des Inscriptions, né à Reims en 1734, mort le 24 mars 1820.

— MÉMOIRES pour les officiers du bailliage de Reims. Reims, 1768.

La Notice nécrologique de M. de Pouilly se trouve dans l'Annuaire de la Marne pour 1821. — Il est dit, dans la Biographie Michaud, que Lévesque de Pouilly a volé sa dissertation sur l'incertitude des quatre premiers siècles de Rome, à Lacourt, dont le manuscrit existe dans la Bibliothèque de Reims. (Biog. Michaud, art. Lacourt).

775 bis LÉVESQUE DE POUILLY (Louis-Jean), né à Reims en 1692, mort en 1750.

— DESCRIPTION d'un Monument découvert dans la ville de Reims en 1738, par M. Lévesque de Pouilly. Reims, Gabriel Dessaint, 1749, in-12.

Ainsi que ses frères, M. Lévesque de Pouilly a collaboré aussi à l'EUROPE SAVANTE.

— DISCOURS prononcé au sujet du projet d'établir des fontaines dans la ville de Reims, par (feu) M. Lévesque de Pouilly, alors lieutenant des habitants de la ville de Reims, et frère de M. de Burigny, de l'Académie des Inscriptions et Belles-Lettres. Paris, 1748, in-4º

— ELOGE de M. Rogier de Montclin, premier président du présidial de Reims. Reims, Jeunehomme, 1765, in-4º.

— RÉFLEXIONS sur les Sentiments agréables. Montbrillant, 1743, in-8º, mar. cit. du Levant, tranche d'or.

Pixérécourt, 7 fr. 25 (tiré à petit nombre pour cadeaux). C'est un des produits de l'imprimerie particulière du philosophe de Gauffecourt, ami de Diderot, de Rousseau et de Saint-Lambert, et dont il est parlé avec beaucoup de détails dans les mémoires de Mme d'Epinay. Les livres sortis de sa presse, et qui sont d'une extrême rareté, ont cela de particulier qu'il les a ordinairement reliés lui-même. (Note du cat. cité.)

Voyez MÉLANGES tirés d'une petite bibliothèque, page 103 et suivantes.

Dans l'édition donnée par l'abbé De Saulx, Paris, Deburc, 1774, in-12, se trouve l'Éloge historique de l'auteur, avec les deux Discours qu'il a prononcés à Reims, à la rénovation des officiers municipaux en 1747, et publiés à Reims, chez Multeau, s. d..... — La préface de cette cinquième édition est de M. Vernet.

776 LEYMERIE. MÉMOIRES sur le terrain crétacé du département de l'Aube.

Dans les Mémoires de la Société géologique de France, tomes IV et V, 1841-1842.

— STATISTIQUE géologique et minéralogique du département de l'Aube. Troyes et Paris, Baillière, 1846, in-8º, avec atlas, in-4º oblong.

Louis-Philippe, 8 fr.

LHOSTE (l'abbé) (1726).

776 bis LHUILLIER. ESSAI de Bibliographie de Seine-et-Marne, ou Catalogue des ouvrages imprimés ou manuscrits, cartes et plans, etc. Meaux, 1857, in-12, 2 gr.

777 LIÈGE (Claude de). NOTICE sur Sainte-Menehould

Dans ses nouvelles Recherches sur la France, tome II, pages 135 et suivantes. Édition de 1766. (Dom Lelong.)

778 LIÉNARD (Jean-Baptiste). ANTIQUITÉS trouvées dans le département de la Marne, Annuaire de la Marne, années 1839 et 1843.

M. Liénard, né à Reims en 1782, était professeur de dessin à l'Ecole et au collège de Châlons-sur-Marne. Elève de David et de Gros, il était peintre distingué ; il a exposé au Louvre un tableau représentant Jeanne Gray à ses derniers moments. Ce tableau est au musée de Châlons-sur-Marne. Voyez Biographie des Champenois célèbres, par Le Tillois, de Mézières.

779 LIETAU (Jean), né à Somme-Arne (1) (Ardennes), vers 1600, grand prieur de la Maison de Chaumont (Ardennes).

— VIE du glorieux saint Bertaud, premier abbé (réputé), de Chaumont-en-Porcien. Reims, Constant, 1634, in-12.

Cet ouvrage est devenu rare.

Saint Bertaud était contemporain de saint Remi.

L'auteur s'est surtout attaché, dans son ouvrage, à faire connaître le caractère, l'esprit et les actions de saint Bertaud. On regrette que quelques faits n'aient pas été soumis à une critique plus sévère. (L'abbé Bouillot. Biog. ard.).

780 LIGNY (César de). LES AMBASSADES et Négociations du cardinal du Perron, archevêque de Sens, avec les plus belles et éloquentes lettres qu'il a écrites sur toutes sortes de sujets, et celles qui lui ont été adressées, etc., etc. ; le tout recueilli par César de Ligny. Paris, Ant.-Estienne, s. d., in-folio, ex. veau marb., 27 fr.

780 bis. LODIN-LALAIRE. LE SACRE, ode, par M. Théophile Lodin-Lalaire, professeur au collège royal de Reims. Reims, imp. de Delaunois, rue Royale, Nº 1 (1825). « Quand du Dieu créateur » la parole féconde. » — In-4º de 5 p.

781 LOMBART (de Langres). LÉGENDES ET

(1) Somme-Arne, situé près de Saint-Etienne-à-Arne, fut détruit en 1650, lors de la bataille de Somme-Py.

CHANSONS du pays de Langres. Paris, 1 vol. in-24.

Ouvrage curieux et rare.

On a du même auteur : une Légende aussi curieuse et intitulée : BERTHE, OU LE PET MÉMORABLE.

782 LONGPERIER-GRIMOARD (Alfred de). LES ÉVÊQUES DE MEAUX, Notice héraldique, généalogique et numismatique. 1854, in-8°.

LONGUERUE (1376).

783 LORIQUET (le P. J.-N.), jésuite, supérieur du Petit-Séminaire de Saint-Acheul-les-Amiens et de la Maison-d'Aix, né à Epernay en 1767., était l'oncle de M. l'abbé Musart, doyen actuel du chapitre de la cathédrale de Châlons.

— VIE DE M. MUSART, curé des paroisses de Somme-Vesle et Poix, diocèse de Châlons-sur-Marne, guillotiné à Reims, en haine de la religion catholique, traduit du français en latin, par J.-B.-V. Hulot, avec le texte en regard. Reims, Delaunois, 1823. in-8°.

Traduction faite sur une première édition qui n'est pas aussi ample que la seconde, publiée sous ce titre : Le MODÈLE DES PASTEURS, OU VIE DE M. MUSART, etc. Lyon, Rusand, 1817, in-18 de VI et 115 p.

Pour les autres ouvrages du Père Loriquet, voyez la FRANCE LITTÉRAIRE de M. Quérard, auquel nous avons emprunté cet article.

La troisième édition, augmentée, a paru en 1845, chez Périsse, à Lyon, et chez Rusand, à Paris, sous le titre de : VIE DE M. MUSART, mort à Reims pour la foi, le 11 mars 1796. Elle est suivie d'une notice sur les prêtres des deux diocèses de Reims et de Châlons, persécutés et mis à mort pendant la Révolution.

784 LORIQUET (Charles). EXAMEN d'un ouvrage de M. Savy. agent-voyer en chef du département de la Marne, intitulé : MÉMOIRE TOPOGRAPHIQUE, jusqu'au cinquième-siècle, de la partie des Gaules, occupée aujourd'hui par le département de la Marne. Reims, 1860, in-8° de 47 p.

La réponse de M. Savy a été publiée par les soins de la Société d'Agriculture, Sciences et Arts du département de la Marne.

— LA MOSAIQUE des promenades, et autres trouvées à Reims. (Etudes sur les Mosaïques et sur les Jeux de l'Amphithéâtre). 1 vol. gr. in-8°, avec 17 pl. et une photographie, 20 fr.

Ouvrage curieux et bien exécuté sous tous les rapports.

— REIMS pendant la Domination romaine, d'après les inscriptions, avec une dissertation sur le tombeau de Jovin. Reims, Dubois, 1860, 1 vol. in-8°, orné de pl., 12 fr.

785 LOUIS-PERRIER. MÉMOIRE sur l'histoire des vins de Champagne.

Le rapport sur ce Mémoire, envoyé à la Société de la Marne en 1838, se trouve dans le compte-rendu de cette Société de la même année.

786 LUCAS (Louis). NOTICE sur quelques découvertes d'objets d'antiquité et médailles, faites à Reims et dans le pays

Rémois, de 1820 à 1840. Reims, 1843, in-8° de 28 pages.

Catalogue Dumoulin, ex. en grand papier, 4 fr.

— RAPPORT de la Commission chargée d'examiner le projet d'ériger, à Reims, une statue à Colbert. Reims, 1853, br. in-8°, 1 fr.

787 LUQUET (J.-F.-O.). ANTIQUITÉS de Langres. Langres, 1838, 1 vol. in-8°, avec planches.

Vendu 4 fr.

788 LUSTUCRU (pseudonyme). UN MYSTÈRE A REIMS en 1844, par Lustucru, de Heiltz-le-Maurupt. Reims, 1844, 1 vol. in-12.

788 bis LUYT (Robert). DESCRIPTION de l'ancienne et de la nouvelle ville de Tonnerre (imprimée dans la Vie de saint Nicomède). 1657, in-8° (1374).

LYSLE (de) (1185).

789 MACHERET (Etienne), jésuite, né à Langres,

— DISCOURS en latin, en l'honneur de la ville de Reims. Reims, 1653, in-12.

Carnandet, Géogr. hist.

— PANEGYRICUS REMORUM, prætori et senatui urbano, ob administratam in nupero regni motu summâ cum politiæ laude civitatem, dictus Colleg. rem. soc. Jesu, à Stephano Macheret, ejusd. soc. soc., ann. 1653. — Remis typis. Vid. Fr. Bernard (1654), in-32.

Ce panégyrique, assez fastidieux et rebutant à lire, fut composé en l'honneur de Jean Audry, avocat et lieutenant des habitants de la ville de Reims, au moment où éclata l'émeute qui chassa de la cité le marquis de la Vieuville, préposé au gouvernement de Champagne. L'auteur félicite le magistrat rémois de la prudence qu'il déploya au sein de la confusion, et des excellentes mesures administratives qu'il sut prendre pour maintenir l'ordre, lorsque la ville reçut dans ses murs et hébergea l'armée du maréchal Plessis-Praslin (forte d'environ 7,000 hommes). Malgré l'excellence des mesures vantées par le panégyriste, les cavaliers allemands, à la solde de l'armée royale, infectèrent la ville d'une si grande puanteur, et corrompirent si fort l'atmosphère, qu'une peste éclata, laquelle, suivant Dallier, enleva plus de 1,500 personnes à Reims.

(Note du cat. de la Bibl. de Reims.)

MACQUART (J.-M) (1218 (1221).

MACHERET (Clement), né à Langres, mort en 1660.

— CATALOGUE historique des Doyens de l'église cathédrale de Langres. — Journal de ce qui s'est passé de mémorable à Langres et aux environs, depuis 1610 jusqu'en 1655.

Manuscrit.

(Carnandet, Géographie historique)

MAGENDRE (1224).

790 MAGISTER, censeur des études au lycée de Chaumont.

— VIE DU PAPE URBAIN V. Troyes, Bouquot, 1864. in-8°, 2 fr.

791 MAHIEU (J.-B.), ancien médecin en chef du Lazaret de la Gironde, et ancien conservateur du musée de la Marne.

— ÉLÉMENTS DE PHYTOLOGIE expliqués au collége de Châlons-sur-Marne, et au cours public de cette ville. Châlons-s-Marne, Boniez-Lambert, 1834, 1 vol. in-8° de 248 pages, orné de deux planches. 2 fr.

792 MAHON DE MONAGHAN UNE PROME-NADE à St-Martin-d'Ablois. Paris, 1854, 1 vol. in-8°.

Cat. Brissart-Binet, 3 fr. 50.

793 MAHUDEL (Nicolas), savant antiquaire et numismate associé de l'Académie des Inscriptions. né à Langres le 21 no-vembre 1673, mort à Paris le 7 mars 1747.

— EXPLICATION de quelques Inscriptions singulières trouvées à Langres, pendant les deux derniers siècles.

Histoire de l'Académie des Inscriptions et Belles-Lettres. tome IX, p. 137 et suiv.

— HISTOIRE des Médaillons.

L'auteur composa cet ouvrage à la Bastille, et il disait qu'on n'en avait tiré que quatre exemplaires.

Cet auteur a laissé en manuscrit une Bibliothèque des illustres Langrois.

794 MAILLEFER (François-Elie), né à Reims en 1684.

— VIE DE JEAN-BAPTISTE DE LA SALLE, extraite de Maillefer. Rouen, 1733, in -12.

En 1714, les Frères de la Doctrine Chrétienne sollicitèrent de Maillefer le prêt de son manuscrit de la Vie de la Salle. Il le prêta à la condition qu'il ne serait pas publié et qu'on n'y ferait aucun changement. Mais en 1733, ils publièrent un extrait tronqué, defiguré et rédigé sans soin. Maillefer, mécontent d'un pareil procédé, remania son travail et le déposa à la Bibliothèque de l'abbaye de Saint-Remi.

Ce manuscrit fut vendu à la Révolution, et racheté plus tard par la Bibliothèque de Reims, où il est encore.

— NÉCROLOGE de l'archimonastère de Saint-Remi.

— NOTES et Documents sur l'instruction primaire.

Voyez Marlot.

795 MAILLY (Nicolas de). TRAITÉ des Eaux minérales de Chenay, près Reims, en Champagne, avec la manière d'en user, par M. de Mailly, docteur et professeur en médecine. Reims, Multeau, 1697, in-12.

L'auteur parle très-avantageusement de ces eaux ; mais les épreuves n'ont pas répondu à ses promesses; et à peine sait-on, même à Reims, qu'il y a des eaux miné-rales à Chenay et un livre qui en fait l'éloge.

(Bg. phys. de France, No 669.)

Nicolas de Mailly, reçu au Grand-Ordinaire de Reims le 12 janvier 1668, mort le 26 mai 1724, fut un des bien-faiteurs de la faculté. Il créa en mourant une chaire de botanique dont la nomination appartenait à l'archevêque de Reims, et dont le titulaire prenait le titre de profes-seur Maillien.

Il rend compte, dans la préface de son Traité des eaux minérales, des motifs qui l'ont porté à l'entreprendre. (Bibl. de Reims). —Note du catalogue.

795 bis. MAIRE DE BELGES (J. Le). LES ILLUSTRATIONS de Gaule, et Singularités de Troyes mises en lumière par Ant. Du Moulin. Lyon, 1549, in-folio, 9 à 12 fr.

Des différentes éditions de cet ouvrage, celle-ci est plus complète ; mais celle de Paris, 1531, est jolie et plus recherchée des curieux. — Vendue 24 fr., maroquin r. Méon.

La première édition est de Paris, 1512, in-folio.

796. MAIZIÈRES (l'abbé Jean-Robert-Félix). professeur d'humanités en l'Université de Reims, ensuite chanoine de la cathé-drale de Soissons, avant la révolution, et depuis précepteur des enfants du comte de Chabannes, dans le Nivernais. né à La Neuville (Ardennes), le 13 janvier 1743, mort en 1803.

— LA NYMPHE de la Vesle, cantate. Reims, 1779, in-8° de 4 pages.

Publiée à l'occasion du passage à Reims de Marie-Antoi-nette d'Autriche, se rendant à Paris pour épouser le dauphin.

— IMITATION de l'ode latine de M. Hénon, « Proh ! quantus horror ! » pour la mort de Louis XV. Jeunehomme, imp. du roi, 1774, in-4° de 4 p.

— REGINÆ partu gemino fecundæ pæan anacreonticus. Reims, 1781, in-8° de 8 p.

796 bis. MAIZIÈRES (J.-N.-F.), professeur à Reims.

— SUR LA MORT DE LOUIS XV. Imitation de l'ode latine, Proh ! quantus horror !... Reims, Jeunehomme, imp. du roi, 1774, in-4° de 4 p.

Quel trouble, quelle horreur, ô Dieu ! quelles ténèbres !

797 MAIZIÈRES (Ant. de). NOTICE sur le département de la Marne.

Revue encyclopédique, mai 1827, p. 330.

— ORIGINE et Développement du commerce du vin de Champagne. Reims, 1846, br. in-8°, 1 fr.

— COLLOQUE sur le Vin mousseux.

— Quatre brochures in- 18, sur le PARA-CASSE de M. de Maizières. Reims, imp. de Luton, 1 f 25.

798 MALLEVILLE. HISTOIRE de la ville de Laon et de ses institutions civiles, judi-ciaires, féodales, etc., Paris, Dumoulin, 1844, 1 vol. grand in-8°.

799 MALTE-BRUN. LA CHAMPAGNE, dans la FRANCE ILLUSTRÉE, par Malte-Brun, 1 v. petit in-4°, 1 f 70. Paris, Gustave Barba. 1 f 50.

800 MANGIN (l'abbé). né dans la Haute-Marne, mort vers 1780.

— HISTOIRE ECCLÉSIASTIQUE, civile, poli-tique et littéraire du diocèse de Langres et de celui de Dijon. Paris, Bauché, 1765, 3 vol. in-12

L'abbé Mangin, docteur en théologie, doyen et grand-vicaire du diocèse de Langres, est encore l'auteur de plusieurs autres ouvrages, entre autres :

— HISTOIRE générale et particulière de l'électricité. 1752. 3 vol. in-12.

801 MARCIAL–D'AUVERGNE (de). CHRO-NIQUE de Jeanne d'Arc, pucelle d'Orléans, née à Domremy, escripte en vers métriques, par le sieur de Marcial d'Auvergne, notaire apostolique au Châtelet, an M.CCCGLXXXIII, in-8° goth. 90 fr.

Manuscrit sur parchemin, d'une belle écriture, encadrements et lettres en couleur.

Cat. Alvarès (mars, avril 1864, N° 2,708.)

802 MARET DE LA FAYOLE (Pierre). HIS-TOIRE GÉNÉALOGIQUE de la Maison de Roucy et de Roye. Paris, 1675, in-12.

La chronologie historique des comtes de Roucy se trouve dans l'ART DE VÉRIFIER LES DATES, tome II, et dans l'HISTOIRE de la Maison de Chatillon, liv. II. JOURNAL DE VERDUN, du mois de mai 1731, p. 328.

803 MAILLEFER (Simon), né à Reims.

— ABRÉGÉ DE L'HISTOIRE DE REIMS, par Marlot.

Quoique les chartes soient retranchées, Maillefer a enrichi son ouvrage de nombreuses annotations. Son manuscrit est conservé à la bibliothèque de Reims.

(Géographie historique de Reims.)

803 bis. MARIER, seigneur d'Odival.

— LETTRE SUR LES EAUX DE BOURBONNE. JOURNAL DE VERDUN, mai, 1731, p. 328.

804 MARLOT (dom Guillaume), né à Reims, en 1596, mort en 1667.

— BREVIS et ingenua discussio an Tornacensis civitas vel Belvacum in Pannonia caput sit ac primaria sedes épiscopalis. Reims, 1662, in-4°.

— METROPOLIS REMENSIS historia a Flodoardo primum auctius digesta, nunc domum alias de accersitis plurimum aucta et ad nostrum seculum deducta... Studio Dom. Guil. Marlot.

Manuel du libraire, 24 à 36 fr.

Ce travail immense avait été composé en français, mais les confrères de Marlot le déterminèrent à le traduire et à le publier en latin. Heureusement, la version française avait été conservée et l'Académie de Reims l'a publiée en 1842, sous ce titre : HISTOIRE DE LA VILLE, CITÉ ET UNIVERSITÉ DE REIMS, publiée par l'Académie de cette ville. Reims, 1842-43, 4 vol. in-4°, 25 à 30 fr. (Cat. Naudin, 35 fr.).

Il y a des personnes qui trouvent la traduction latine supérieure à la version française ; quoi qu'il en soit, c'est une œuvre précieuse, et un travail inouï d'érudition.

(Moréri, Dictionnaire Historique. — Lelong, Bibliothèque Historique. — Géruzez, Histoire de Reims. — Dorigny, Vie de saint Remi, etc., etc.)

— MONASTERII SANCTI-NICASII Remensis, initia et ortus ; auctore Guillelmo Marlot. Benedictino, majore hujus cœnobii priore.

Cette histoire se trouve imprimée, page 636 de l'appendice des œuvres de Guibert de Nogent. Paris, 1651, infolio. (Nouveau Lelong.)

— ORAISON FUNÈBRE de Gabriel de Sainte-Marie (Guillaume Giffart), archevêque de Reims. Reims, 1629, in-4°.

— RÉPONSE à la Censure de Jacques Le Tenneur, touchant la dignité de l'onction et l'origine de quelques prérogatives des rois de France. Reims, 1654 in-4°.

Cet ouvrage est fort rare. A l'époque du sacre de Charles X, il fut demandé en province, parce qu'il n'existait pas à la bibliothèque royale.

— LE THÉÂTRE D'HONNEUR et de magnificence, préparé au sacre des rois. — De la Vérité de la sainte Ampoule Reims, 1643, in-4°.

La deuxième édition est de 1654.

Exemplaire sur vélin, 45 fr. 50.

Les diverses publications de dom Marlot, sur ce sujet, firent oublier ses devanciers, et les historiens modernes ont toujours copié son Théâtre d'Honneur, toutes les fois qu'ils ont traité de l'histoire du sacre. (Géruzez, Histoire de Reims.)

— LE TOMBEAU du grand saint Remi, apôtre tutélaire des Français. — Ses translations miraculeuses et les respects que nos rois lui ont rendus en divers temps, avec la cinquième translation désignée pour la présente année 1647. Reims, chez François Bernard, imp. de Mgr l'archevêque, rue Saint-Etienne, au Griffon-d'Or, M.DCLVII, petit in-8° de 229 pages.

Cet ouvrage est dédié à la reine régente.

— APOLOGIE de l'archevêque Hincmar, contre les calomnies d'un janséniste.

Ouvrage imprimé en Flandre.

MAROISE (de) (1482).

804 bis. MARSEILLAN. NOTICE TOPOGRAPHIQUE sur la ville et les établissements militaires de Sedan.

Recueil de médecine militaire, tome IV, in-8°.

804 ter. MARSALLIER, chanoine d'Uzès.

— HISTOIRE de Henri de la Tour d'Auvergne, duc de Bouillon. Paris, 1719, 3 vol. in-12, 5 à 6 fr.

805 MARTIN (Alex.). PROMENADE à Reims, ou JOURNAL des Fêtes et cérémonies du Sacre. 1 vol. in-8°, 1825.

805 bis. MARTIN (G.-A.). ESSAI HISTORIQUE sur Rosoy-sur-Serre et ses environs, comprenant une grande partie de la Thierache et du Porcien et quelques communes du Laonnais. Laon, 1863, 2 vol. in-8°.

806 MASSON (F.-X.). ANNALES ARDENNAISES, ou Histoire des lieux qui forment le département des Ardennes, et des contrées voisines. Mézières, 1861. in-8° de 600 pages, 6 fr.

807 MATHERET (Pierre), né à Langres, chanoine de la cathédrale de cette ville.

— VIE DE SAINT DIDIER, évêque de Langres. Lyon, 1691. in-12.

MATHIAS (1447).

MARCILLY (1331 bis).

808 MATHIEU (l'abbé) (J.-B.-J.). Abrégé chronologique de l'histoire des évêques de Langres, avec un appendice concer-- nant les contrées du diocèse de Langres qui ne faisaient pas partie de l'ancien. Langres, 1808 et 1844, 1 vol. in-8°.

Cet écrivain laborieux, né à Montigny-le-Roi, a laissé un grand nombre d'ouvrages manuscrits. Il est mort en 1829, âgé de 65 ans.
(Carnandet, Géographie Historique). — Voyez Biographie, N° 1149.

MATHIEU (1087).

809 NATHAN (Hugues), bénédictin de la congrégation de Sᵗ-Maur, mort en 1705.
— De vera Senonensium origine christiana. Parisiis, Langronne, 1668, in-4°.

L'auteur n'a pas toujours gardé assez d'ordre dans son ouvrage, où il lui est échappé quelques fautes grossières. Il se sert quelquefois de la critique, mais il n'en fait pas tout l'usage qu'il eût pu en faire; son style est obscur et affecté; enfin son livre ne peut donner qu'une légère teinture de l'histoire des archevêques de Sens.
(Nouveau Lelong, N° 40022.)
Voir le Journal des Savants, du mois de juillet 1688.

MATOT-BRAINE (1075).

810 J. MAUMENÉ. Indication théorique et pratique sur le travail des Vins mous- seux. Paris, 1858, in-8°, fig.

Cet ouvrage résume tout ce qui a été écrit sur ce sujet.

811 MAUPARTY (Hubert), procureur du roi au bailliage et siège présidial de Lan- gres.
— Histoire du Guillotisme ou de ce qui s'est passé à Dijon au sujet du Quiétisme. Zell, 1703, in-12.

Ce livre, malgré la rubrique de Zell, sort des presses de Multeau, imprimeur à Reims. A la fin de l'exemplaire qui se trouve à la bibliothèque de Reims, on a placé l'ordonnance de l'évêque de Langres qui condamne ce livre comme libelle diffamatoire, rempli de calomnies atroces.   (L. P.)
Cette ordonnance a été imprimée à Langres chez C. Personne, en 1703.

812 MAUPASSANT (Marc-Antoine de), an- cien principal du collège de Châlons, né à Vertus (Marne).
— Notice sur l'abbaye de Notre-Dame de Vertus. Brochure in-12.

Publiée dans l'Annuaire de la Marne de 1839 et 1840.

— Notice sur l'abbaye de Saint-Sauveur de Vertus.

Cette notice se trouve imprimée dans le compte-rendu de la Société d'agriculture de la Marne de 1839. Dans une note, page 233, M. Maupassant dit devoir à M. J. Garinet la communication d'un manuscrit intitulé : « Sommaire de l'histoire de l'abbaye de Saint-Sauveur-lez-Vertus et ses divers événements jusqu'en l'année présente 1684, » et qu'un manuscrit tout-à-fait semblable et de la même écriture se trouve aussi dans le cartulaire de Saint-Sauveur, aux archives du département de la Marne.
La notice biographique de M. Maupassant est insérée dans l'Annuaire de la Marne pour 1864.

MAUROY (Nicolas). Voyez Assier, etc.

813 MAUTAIS (Moreau de). Remarques sur une Inscription découverte en Cham- pagne, à deux lieues de Joinville. Paris, Rondet, 1720, in-12.

814 MAXIMIN (le P.), carme déchaussé de la maison de Langres.
— De la religion des Romains, et en par- ticulier de celle des anciens Langrois. Ms.

(Nouveau Lelong.)

815 MAX SUTAINE. Essai sur l'histoire des Vins de Champagne. 1845; 1 vol. in-8°.

816 MAYET. Mémoire sur les moyens de mettre en culture la plus avantageuse les terrains incultes. secs et arides de la France, et principalement de la Cham- pagne. Berlin, 1798, petit in-8° de 52 pages.

Vente Huzard, 2 fr.

817 MAYDIEU (l'abbé). Vie de Grosley, écrite en partie par lui-même, et publiée par l'abbé Maydieu. Londres, 1787, et Paris, Barrois, 1 vol. in-8°

Catal. Aubry, 7 fr. Deuxième vente Ch. Nodier, 27 fr. 95 c. Exempl. relié en mar. r., tranches dorées.

817 bis MAZIÈRE DE MONVILLE (l'abbé). La vie de Pierre Mignard, premier peintre du roy, avec le poëme de Mo- lière, sur les peintures du Val-de-Grâce, et deux Dialogues de M. de Fénelon, ar- chevêque de Cambrai, sur la peinture. Paris, Jean Baudot et Jacques Guérin, 1730, in-12.

Catal. Gaignet, 1 fr. 25 c.

818 MELLEVILLE. Notice historique et généalogique sur les seigneurs de Pier- repont et les comtes de Roucy. Laon, 1859, in-8°.

818 bis. MENNESSON (Jean-Baptiste-Augus- tin-Prosper), avocat, né à Château- Porcien (Ardennes), le 1ᵉʳ avril 1761. député pour le département des Arden- nes, mort à Hautvillers en 1807.
— Coup-d'œil sur les premiers temps de la Convention nationale, pour servir d'in- troduction à l'histoire du régime révo- lutionnaire. Reims, Pierrard, 1793, in-8°.

Il y donne à ses commettants les motifs de sa démission et prédit une partie des malheurs qu'enfanta la journée du 31 mai 1793.

— Déclaration d'un député des Ardennes à l'Assemblée conventionnelle. Paris, Baudoin, 1792, in-8°.

Il y demande la poursuite juridique des auteurs des mas- sacres des 2 et 3 septembre.

— Observateur rural de la Marne, ou Ta- bleau historique et topographique des vignobles. Châlons, 1806, in-12.

Cet ouvrage renferme des recherches assez satisfaisantes sur les différentes villes du département. L'article Reims est un des plus étendus; on y signale quelques erreurs et beaucoup d'omissions; l'auteur annonce trop positive- ment la décadence du commerce : il n'a vu son sujet que de profil, car si le commerce perdait d'un côté, il gagnait de l'autre. (Géruzez. Description de Reims, page 14.)
Cet auteur, député à la Convention nationale, puis admi- nistrateur du département de la Marne, a publié encore d'autres ouvrages dont on trouve la nomenclature dans la France Littéraire de M. Quérard.

818 ter. MENIN, littérateur, conseiller honoraire au parlement de Metz, né à Paris vers la fin du xvıᵉ siècle, mort au mois de février 1770.
— Traité historique et chronologique du sacre et couronnement des roys et des reines de France depuis Clovis jusqu'à présent et de tous les princes souve-

rains de l'Europe. Paris, Bauche, 1722, in-12. Seconde édition, augmentée de la relation du sacre de Louis XV. Paris, le même, 1723, in-12. Troisième édition, Amsterdam, Van Septeren, 1724, in-12.

On y trouve beaucoup de recherches et d'érudition. La troisième édition est plus correcte que les précédentes, dont la censure avait retranché plusieurs passages. (France litt.)

819 MENISSIER (Constant), auteur dramatique, régisseur du théâtre de Comte.
— LE BOURGEOIS de Reims, opéra-comique en un acte. Paris, Bouquin de la Souche. in-8°, 2 feuil., papier velin, tiré à 100 exemplaires, 4 fr.

En collab. avec de Saint-Georges. (France litt.).

820 MERGEY (Jean de), gentilhomme champenois qui a laissé des mémoires de sa vie, curieux à consulter pour l'histoire du XVIe siècle, naquit à Sauvage-Mesnil, près Bar-sur-Aube, vers l'an 1537 et mourut à Saint-Amand, dans l'Angoumois, vers le commencement du XVIIe siècle. (Letillois, biographie des Champenois célèbres).

Ces mémoires militaires se trouvent annoncés dans le cahier 200 du Bulletin du Bouquiniste, no 1903.

MERIAN (1195).

MERLE (Dom) 1543.

821 MERLIN (Le Père), jésuite. OBSERVATIONS historiques sur la maison de Clairvaux.

Mém. de Trévoux, août 1739.

822 MESLIER (Jean), curé d'Etrépigny (Ardennes), né à Mazerny, mort en 1733, âgé de 55 ans.
— MÉMOIRE des Pensées et des Sentiments de J... M... Prê... c... d'Estré... g... et de Bul... manuscrit pet. in-4° m. r. tr. dor., Vente Renouard, 82 fr.

466 pages chiffrées, 3 feuillets de table et 6 de préliminaires, 45 lignes à chaque page. Ces nombreuses pages, d'une belle écriture fine et serrée, ne peuvent être d'une autre main que de celle de l'auteur. On sait qu'il avait fait de son système d'incrédulité trois copies, dont une de 366 feuillets in-8o, qu'il déposa au greffe de la justice de Sainte-Menehould ; deux, trouvées chez lui après sa mort, ne furent pas détruites : une fut envoyée au chancelier. Un grand-vicaire de Reims (Lebègue), emporta l'autre. Une de ces deux copies est nécessairement celle-ci, ainsi que le démontre avec la plus incontestable évidence une longue note manuscrite placée à la fin du volume. (Catal. Renouard, No 207.)

— EXTRAIT des Pensées et des Sentiments de M. Meslier, prêtre, curé d'Etrépigny, en Champagne, adressé à ses paroissiens, avec un abrégé de sa vie, in-8°.

Vente Renouard, 2 fr Cinquante-trois feuillets manuscrits. C'est un extrait de l'ouvrage précédent.
A la même vente se trouvait : Le testament de Jean Meslier, par Voltaire, avec le Catéchisme de l'honnête homme, et le Sermon des cinquante.
Ce testament se trouve aussi dans l'Evangile de la Raison, et dans le Recueil nécessaire, 1765, in-8o.
Le baron d'Holbach a publié : LE BON PUISÉ DANS LA NATURE, suivi du Testament de Meslier. Paris, 1793, 2 vol. in-18. Alvarès, 4 fr.

823 MEURIER (J.-F.), né à Châlons-sur-Marne, le 15 novembre 1726, mort à Paris, avocat au Parlement.

— ODE sur l'établissement de la Société littéraire de Châlons.

— ELOGE historique de M. Hocart, docteur en Sorbonne, chanoine et doyen de la cathédrale de Châlons-sur-Marne, vicaire général et official de ce diocèse.

Journal de Verdun, juillet 1756.
Meurier est aussi l'auteur du PARNASSE FRANÇAIS, dédié à Titon du Tillet.

824 MEURIER (Hubert), théologal de Reims.
— TRAITÉ de l'Institution du vray usage des processions, tant ordinaires qu'extraordinaires, qui se font en l'Eglise catholique ; contenant un long discours de ce qui s'est passé pour ce regard en la province de Champagne, depuis le 22 juillet jusqu'au 25 octobre 1583. Divisé en trois sermons. Reims, Jean de Foigny, 1584, petit in-8°.

Cet ouvrage est devenu rare.

825 MEURIER (Michel). LE PREMIER CONCILE provincial, tenu à Reims par M. le cardinal de Guise, traduit en français, par Meurier. Reims, 1586, in-18.

826 MICHEL-CHAMPENOIS, de Rilly-la-Montagne, et JEAN SINICE. LETTRES champenoises.

Ces lettres curieuses répandues dans la Chronique de Champagne, formeraient, si elles étaient réunies, un joli petit volume dont la place serait marquée à l'avance dans le cabinet de l'amateur champenois. L. T. (1610).

827 MICHEL (Francisque), né à Lyon le 18 février 1809.
— CHANSONS du châtelain de Coucy, revues sur tous les manuscrits, suivies de l'ancienne musique mise en notation moderne par Perne, correspondant de l'Institut de France. Paris, Crapelet, 1830, 1 vol. gr. in-8°.

Arch. du Bibl. 30 fr.

827 bis MICHELIN (Louis). ESSAIS historiques, statistiques, chronologiques, littéraires, administratifs, etc., du département de Seine-et-Marne, 1834-41, 6 volumes in-8°.

— LISTE générale, par ordre alphabétique, de toutes les villes, communes et dépendances du département de Seine-et-Marne, 1841, in-8°.

Ouvrage utile à consulter, pour l'histoire des communes de la Brie qui faisaient autrefois partie de la Champagne.
M. Michelin a publié un tableau scénographique faisant suite aux Essais historiques sur le département de Seine-et-Marne, 2 vol. in-8o.

828 MIEL l'aîné (F.-M.), ancien chef de division à la préfecture de la Seine.
— HISTOIRE du sacre de Charles X, dans ses rapports avec les beaux-arts et les libertés publiques de la France. Paris, Panckoucke-Pélicier, 1825, 1 vol. in-8°, avec 6 planches gravées. Prix de publication 7 fr. Vente Louis-Philippe, 9 fr.

829 MIGNARD. STATISTIQUE de la Milice du Temple (grand prieuré de Champagne). Paris, 1853, grand in-8°, 1 fr. 50

830 MIGNERET. Précis de l'histoire de Langres. Langres, 1835, in-8° avec planches.

Catal. Dumoulin, exempl. broch. 5 fr.; sur grand vélin. (Bulletin du bouquiniste, 6 fr.)

— Histoire d'Aigremont. Langres, 1838, in-8°,

831 MIMIN (Francisci). Quæstio medica, an vinum Remense Burgundo suavius et salubrius? in universitate habita. Remis, 1700, in-4°.

— Question agitée le 5 mai 1700, aux écoles de médecine de Reims, si le vin de Reims est plus agréable et plus sain que le vin de Bourgogne. Reims, Pottier, in-4° de 12 pages.

— Défense du vin de Bourgogne contre le vin de Champagne, qui sert de réponse à l'auteur de la thèse soutenue aux écoles de médecine de Reims, le 5 mai 1700 par Jean-Baptiste de Salins, docteur en médecine, avec une lettre de M. Le Bellin, conseiller au parlement de Bourgogne. Dijon, Ressayre, 1701, in-4°.

— La même, avec quelques changements, par Hugues de Salins. Luxembourg (Dijon), 1704. in-8°.

Biblioth. phys. de France. Voyez Journal des Savants, 1706, pages 425 et suiv.

MILONY (1467).

832 MIROY. Chronique de la ville et du comté de Grandpré, selon l'ordre chronologique. Grandpré, 1839, in-8°.

833 MACQUART. Lettres sur les Fontaines minérales de Reims. (Nat. consid., t. v.. p. 34.)

834 Notice sur les sépulcres de l'église Saint-Remi de Reims. Reims, 1844, br. in-8°, 2 fr. 50 c.

835 MOET DE LA FORTE-MAISON. Chalons-sur-Marne, coup d'œil sur son histoire ancienne, sur ses églises et sur celles des alentours. Châlons-sur-Marne, 1850, br. in-12.

Ce Mémoire, adressé par l'auteur à la Société d'Agriculture, Sciences et Arts de la Marne, a été publié dans les Annuaires de la Marne de 1848-49 et 1850 (1266).
Quelques exemplaires, tirés à part, ont été donnés par l'auteur; il n'y a en a pas dans le commerce.

836 MOILLERON Fondation d'une école, de plusieurs messes et prières (à Ajeurres en Champagne), par Moilleron et sa femme. Paris, 1666, in-12.

MOISSANT (Cl.), 1171.

837 MOHEN. Statistique du département de la Marne.

Se trouve dans l'Annuaire pour 1863.

838 MOITHEY (Maurille-Antoine), ingénieur géographe du roi, professeur de mathématiques des pages du prince de Conti, né à Paris, le 24 mars 1732. On le fait mourir dans la même ville en 1777, mais il n'est décédé que dans les dix-sept premières années de ce siècle.

— Recherches historiques sur la ville de Reims, avec le plan assujetti à ses nouveaux établissements, accroissements et projets, dédié et présenté au roi. Paris, Mérigot l'aîné, 1775, br. in-4°.

Il paraît que Sylvain Maréchal a eu part à cet ouvrage. (Quérard, France litt.)

839 MOLINET (François du), seigneur de Rosoy, lieutenant-général au bailliage de Langres.

— Traité historique des Droits féodaux dus aux évêques de Langres sur le comté de Tonnerre et ses dépendances.

— Traité des saints du diocèse de Langres.

— Lettres historiques contenant plusieurs questions qui regardent la souveraineté du roi sur les châtellenies du Barrois et autres, usurpées sur la Champagne et dépendances du présidial de Langres.

— Lettre touchant la mouvance, l'hommage lige, l'entière dépendance du Barrois, du parlement de Paris et des bailliages de Sens et de Chaumont, tant pour le chef que pour les membres.

— Traité de la situation du pays de Langres, de ses grands chemins, des fontaines qui y naissent, des fiefs, seigneuries, et anciennes familles nobles du présidial de Langres.

(De Fontette, Bibl. hist. Carnandet, Géogr. hist.)
Ces divers ouvrages sont restés manuscrits.

840 MONGIN ET POCHINET. Annuaire ecclésiastique et historique du diocèse de Langres. Langres, 1838, 2 vol. in-8°.

Louis-Philippe, 5 fr. 50 c. (1088).

840 bis MONGIN DE MONTROL. Mémoire sur les eaux de Bourbonne-les-Bains.

Gazette salut., Nos xiv et xv.

MONCHAL (le docteur). 1864.

841 MONNAZ (Ponce-Louis), notaire à Rethel, où il est né, mort vers 1806.

— Auteur d'un pamphlet anonyme intitulé : Conte très-vrai, ou Récit historique de l'installation du présidial de Rethel, le 16 août 1788. (Sine loco et anno), in-8°.

Plaquette d'une grande rareté et peu connue. (Biog. ard.)

842 MONSAINET (Thomas). Le Jardin sénanois. ou les plantes qui croissent aux environs de Sens, par Thomas Monsainet, chirurgien. Sens, Niverd, 1604, in-8°.

MONTENAULT (C.-Ph.). 1285.

843 MONTROGER, ingénieur à Troyes.

— Dialogue entre un curé et son filleul. La Haye, Néaulme, 1767, in-12 de 23 p.

C'est une satire amère contre Grosley, attribuée par les uns à Le Fèvre, parent de Grosley, et par d'autres à Montroger, ami de Le Fèvre.

— Lettre critique de M. Hugot, maître

savetier, à l'auteur des Ephémérides
Troyennes (Grosley). Troyes, le 15 mars
1762, in-12 de 72 pages.

Cette lettre, pleine de sel et de solidité, est revêtue, à la
fin, de la signature d'Hugot, chevalier de la longue
Alène, commandeur de l'ordre du Tire pied. On l'a crue
longtemps de Montroger mais, elle paraît être certaine-
ment de J.-B. Ludot, avocat et littérateur. (Quérard,
France litt.)

— OBSERVATIONS sur la critique des Ephémérides de Troyes, par M. N. Troyes, 28
'avril 1762, in-12 de 7 pages.
C'est une apologie de la lettre précédente.

—LES RAMPONIDES, ou critique des Ephémérides Troyennes, 1761, in-8°. (1583-1911).

MONTSAINT (Thomas). 1618.

844 MONTROL (F. de), membre de la Société des Antiquaires de Reims.
— RÉSUMÉ de l'Histoire de Champagne
depuis les premiers temps de la Gaule
jusqu'à nos jours. Paris, Lecointe et
Durcy, 1826, in-13. 2 à 3 fr.

C'est dans cet ouvrage qu'on trouve quelques éclaircissements sur la violation des tombeaux de Voltaire et J.-J.
Rousseau au Panthéon, et la dispersion ou la destruc-
t on de leurs cendres.   A. D

845 MONVILLE (L'abbé de). LA VIE de
Pierre Mignard, premier peintre du roi.
Paris, 1730, in-12, 3 à 4 fr.

Peintre célèbre, né à Troyes, dont Molière a célébré en si
beaux vers le grand ouvrage à fresque qu'on voit encore aujourd'hui au Val-de-Grâce. Mignard est mort à
Paris, le 13 mars 1695, le même jour que La Fontaine. On
y trouve le poëme de Molière sur les peintures du Val-
de-Grâce, et deux dialogues de Fénelon, archevêque de
Cambrai, qui y ont été publiés pour la première fois.

846 MORAND. RECUEIL pour servir d'éclair-
cissement détaillé sur la maladie d'un
tireur de pierres du village de Saint-
Geômes, près de Langres, lequel depuis
plusieurs années, jetait des pierres tantôt par la bouche, tantôt par la voie des
urines, et à qui on en a tiré de la vessie,
à douze reprises différentes. Paris, 1754,
in-12, br. r., 1 fr.
Ex. mouillé. Bull. du Biblioph. (1861, n° 15689).

MOREL. Voyez Projet d'un ouvrage.

847 MOREAU (Edme), graveur, né à Châ-
lons-sur-Marne.
— LE TOMBEAU des délices du monde.
Reims, 1631, 1 vol. gravé.
(Voyez Soret).

847 bis MOREL (Jean), prêtre, bachelier
en théologie, poète latin. Il fut pendant
quarante ans principal du collége de
Reims, de l'université de Paris.
— COMMENT Jean Morel a ménagé le collége de Reims, fondé en l'université de
Paris (en 1412), tant et autant de temps
qu'il y a été principal. Paris, 1630, in-
4° de 16 pages.
Morel rend compte de son administration, son collége
ayant servi de caserne à 200 lansquenets pendant les
troubles de la Ligue. (Biog. ard.)

847 ter MOREL (Jean). JUSTITIA gergoviana
lyricis versibus descripta ab Joanne Morel
Rhemensi classico præceptore. Parisiis,
ap. Petrum Le Voirrier, 1583.

848 MOREL (François). PROJET d'un ouvrage concernant la ville de Troyes,
factum in-4°, S. D., rubrique, ni nom
d'imprimeur.
Du XVIIe siècle, vraisemblablement.

MOREL (1897).

848 bis MORELLI. PRO FELICI inauguratione
Ludovici XIII, Remis celebrata, Fred. Mo-
relli, prof. Reg. senarii iambici votivi.
Parisiis, F. Morel, 1640, in-8°, 5 à 6 fr.

849 MORIN (Guillaume). HISTOIRE du Se-
nonais, par Guillaume Morin. Elle se
trouve avec celle du Gatinais, du même
auteur. Paris, 1630, in-4° de la page
598 à 682.

850 MORLAIX (Joseph de), capucin. LETTRE
de Cressentian du Mont-Ouvert. Reims,
1641, in-8° de 300 pages.
Cette lettre est une réponse à un livre
intitulé: Trois sermons faits en présence des PP. Capucins, qui les ont
honorés de leur présence. Genève,
Chouet, 1641, in-8° (du ministre Dumoulin).

Ce dernier répondit à la lettre de Cressentian par : LE CA-
PUCIN. Traité auquel est décrite l'origine des Capucins,
et où leurs vœux, règles et discipline sont examinés.
Sedan, Pierre Jeannon, 1641, in-8o.
Ce Pierre est le fils de Jean Jannon, célèbre imprimeur sé-
dannais Voyez ce nom. A cette même époque le célèbre
Du Moulin fit paraître : Examen du livre intitulé : Lettre
du sieur Cressentian du Mont-Ouvert. Sedan, Pierre
Jannon, 1641, in-8o.
Joseph de Morlaix, qui fit à l'époque tant de bruit, est de-
meuré plus de vingt ans à Sedan comme prédicateur de
son ordre ; le père Joseph de Dreux, son confrère, fut
son panégyriste, et célébra ses vertus dans : Oraison
funèbre et panégyrique du R.P. Joseph de Morlaix, préd.
capucin, etc., etc., prononcée dans l'église des Filles du
Calvaire, le 7 octobre 1661. Paris, Denis Thierry, 1661, in-
8o. Volume qui se trouve difficilement. (Biog. ard.).

MORLAIS (de). 1398.

851 MORO (H). DE SACRIS unctionibus libri
tres, in quibus de sancta Ampulla et
Francorum Regum consecratione diffuse
tractatur, auctore H. Moro. Parisiis, apud
G. Bichonium, 1593, in-8°.
Catal. de Coste. 2266.

851 bis MOUTONNET (Jér.). VOYAGE d'Epernay à Chouilly, par les bords de la Marne,
1 vol. 1844, in-32 de 2 feuilles avec 4
lithographies.

MULSON. Voyez vocabulaire (2151).

852 MUSARD (l'abbé), chanoine de l'église
cathédrale de Châlons.

NOTICE historique sur l'église et l'abbaye
d'Orbais. Châlons-sur-Marne, Boniez-
Lambert, 1843 Br. in-8°.

Cette notice se trouve dans le compte-rendu de la Société
d'Agriculture de la Marne (année 1843).
M. l'abbé Musard, entre autres travaux, a collaboré, avec
M. Ed. de Barthélemy, à la publication des Pierres tombales du moyen-âge de la ville de Châlons, ouvrage
édité par MM. Didron (de Paris) et L Barbat (de Châlons), et dont il n'a paru qu'une seule livraison. Châlons,
1860, in folio raisin, imp T. Martin.

852 bis NANQUETTE (l'abbé), curé de Saint-
Maurice de Reims.

DISCOURS prononcé à la cathédrale de

. Reims, le 28 janvier 1844, pour la bénédiction du second bourdon. Reims.
L. Jacquet, 1844, brochure in-8° de 19
pages. Vendue au profit des pauvres de
la ville de Reims.

M. l'abbé Nanquette est décédé évêque du Mans en 1863
ou 1864.

852 ter NANTÉUIL (Robert), né à Reims en
1630, dessinateur et graveur du cabinet
du roi Louis XIV.
— ŒUVRE de Robert Nanteuil, graveur du
roi, contenant les portraits des rois,
reines, princes et princesses, etc., qui
ont vécu le siècle précédent (XVII° siècle).
2 vol. in-folio, comprenant 215 pièces.

Lavallière, 113 fr. 95 c. A la vente Louis-Philippe se trou-
vaient 2 vol. in-folio comprenant ensemble 232 pièces,
vendus 2,500 fr.
Cet œuvre contenait dans le premier volume 122 portraits, dont deux d'après Nanteuil, par Edelinck et Van
Schuppen; dans le deuxième volume 130 portraits, dont
quatre d'après Nanteuil, par Reguesson, Chauveau, Edelinck, Etienne Picart.
Parmi les plus remarquables nous citerons les portraits de
Pomponne, d'Anne d'Autriche, de Turenne, de Richelieu,
de Mazarin, de Fouquet, avec le mot missire pour messire. Parmi les pièces rares, le Petit-Milord, la Sainte
Famille, têtes de Christ et Sauveur.

852 q\ter NAUDET. NOTICE sur les eaux minérales ferrugineuses, acidules froides
de Provins, 1841, in-12.

853 NAUDOT. OBSERVATIONS sur les sels
principes des eaux minérales de Provins.
Journal de médecine, septembre 1779, p. 5.

853 bis NAVARRE (P). ESSAI historique sur
la ville de Meaux, ancienne capitale de
la Brie, 1819, in-8°.

NAVARRE (1461).

853 ter NAVIER (Pierre-Toussaint), docteur
en médecine, conseiller médecin du roi
pour les maladies épidémiques en Champagne, correspondant de l'académie des
Sciences, membre de la Société littéraire de Châlons-sur-Marne; né dans
cette ville le 20 décembre 1712, mort le
16 juillet 1779.
— DISSERTATION en forme de lettres, sur
plusieurs maladies populaires qui ont
régné à Châlons-sur-Marne et dans une
partie du royaume. Paris, 1753, in-12.
— DISSERTATION sur la peste vétérinaire
de 1744 et 1745. 1746.
— DISSERTATION sur les scorbutiques.
— MÉMOIRE contenant des recherches économiques sur la manière d'augmenter
la production et la végétation des grains
dans les terres arides de la Champagne.

Ce mémoire a été lu dans une assemblée de la Société
littéraire de Châlons, en juin 1756, dont M. Navier était
directeur. On en trouve un extrait dans le MERCURE du
mois de décembre 1756.

— MÉMOIRE contenant l'examen des Eaux
du lieu de Rosnay, diocèse de Reims,
par M. Louis-T. Navier, docteur en médecine à Châlons-sur-Marne, lu dans la
séance publique de la Société littéraire
de cette ville, le 7 mars 1757.

Il est conservé dans les registres de cette société. (Bq.
phys. de France, No 817).

— NOTICE sur l'eau minérale de Boursault
(Nat. consid. t. 1er, p. 120.)
— NOTICE sur les eaux minérales de
Reims.
(Nat. consid. t. 1er, année 1772.)
— EAUX MINÉRALES de Sermaize.
(Nat. consid. t. 1er, page 120, année 1772.)
— QUESTION agitée dans les écoles de la
faculté de médecine de Reims, le 24 mai
1777, par Jean Claude Navier, docteur
régent de la faculté de médecine en
l'université de Reims, de l'académie des
Sciences, Arts et Belles-lettres de Châ-
lons-sur-Marne, sur l'usage du vin de
Champagne mousseux contre les fièvres
putrides et autres maladies de même
nature. A Paris, chez Mequignon l'aîné,
Didot le Jeune, et Reims, Cazin, libraire,
place Royale. A Chaalons-sur-Marne,
Paindavoine, libraire, Grande-Rue, près
la place de Ville. M.DCCXXVIII. Plaquette
de 64 pages in-8°.
(Cazin, sa Vie et ses éditions, pages 72 et 73.)

— NOTICE sur les eaux minérales d'Atten-
court.
Nature considérée, tome 1er, page 120. Edition de 1772.
On trouve dans le même volume une notice sur les Eaux
de Sermaize.

— QUESTION sur l'usage du vin de Cham-
pagne mousseux contre les fièvres pu-
trides, etc. Paris, 1778, in-8°.
— RÉPLIQUE à la critique ou libelle de
M.... Paris, 1752, in-12.
Cette critique est une réponse amère à une lettre que
M. Navier publia en 1751 sur le péritoine.

— MÉMOIRE sur l'examen et l'analyse de
l'eau minérale de Rosnay, située à trois
lieues de Reims, lu à la Société littéraire
de Châlons-sur-Marne en 1757.

NAVIÈRES (Charles de), musicien et capitaine de la jeunesse de Sedan, né dans
cette ville en 1544, poète peu connu,
fut tué à Paris lors du massacre de la
Saint-Barthélemi.

— LA RENOMMÉE, poème historial divisé
en 59 chants, sur les réceptions à Sedan,
mariage à Mézières, couronnement à
Saint-Denis et entrée à Paris du roi
Charles IX et de la reine Elisabeth d'Autriche. Paris, Prévost, 1571, in-8°.

Ce poète était doué de beaucoup d'imagination, mais sa
poésie est dure, raboteuse et pleine de figures violentes
et bizarres. On peut lui appliquer ce qu'Horace dit du
poète Lucille, dans sa quatrième satire :
« Duros componere versus. »
C'est le jugement qu'en porte Guill. Colletet dans l'article
très-détaillé qu'il a consacré à notre poète. (Vies des
poètes français, m. in-4°. (Biog. ardennaise, art. Navières.)

On a du même auteur :

POUR LE TOMBEAU de très-illustre et pieuse
dame Charlotte de la Marck, duchesse
de Bouillon, princesse souveraine de
Sedan, Jamets, Raucourt, etc., par Ch.
de Navières, capitaine de la jeunesse de
Sedan. Sedan, Rivery, 1594, in-4°.

NEVERS (le duc de). 1589.

855 NICAISE (Auguste), CHALONS-SUR-MARNE et ses environs. Châlons, T. Martin, 1 vol. pet. in-8°. avec cartes. 1861, 1 fr. 50 c.

Dans cette courte histoire de Châlons, faite à vol d'oiseau, sorte de guide à travers le présent et le passé, il semble que l'auteur ait voulu résumer l'histoire de cette ville et la rendre accessible à tous et la populariser.

Mais ce qui mérite de fixer l'attention dans ce travail c'est le chapitre intitulé : CAMP D'ATTILA et BATAILLE DE CHALONS.

Nous y avons retrouvé le véritable écrivain, l'auteur de l'histoire des Templiers. (E. Menault, Bulletin du Bouquiniste, année 1861, page 394.)

— ETUDES historiques. Paris, Aubry, 1858, in 8°. 3 fr.

Sous le modeste titre d'Etudes historiques, M. Aug. Nicaise a retracé trois épisodes historiques du moyen-âge, sur lesquels on ne saurait trop s'appesantir : la régence de Blanche de Castille, qui préparait par sa vertu et ses talents le glorieux règne du saint roi Louis IX ; les papes et l'église aux croisades, sujet d'autant plus intéressant qu'il n'a pas encore été convenablement traité ; enfin les Templiers, qui exciteront toujours l'intérêt universel, soit qu'on les admire comme les plus illustres défenseurs de la foi, soit qu'on les plaigne comme les martyrs du despotisme royal. (Bulletin du Bouquiniste, 1858, 2e vol., page 403.)

— JOURNAL DES ETATS tenus à Vitry-le-François en 1744, rédigé par Bertin du Rocheret, président et grand voyer de l'élection d'Epernay, lieutenant criminel au bailliage et gouvernement de ladite ville, publié par Auguste Nicaise, avec une étude sur la vie et les œuvres de Bertin du Rocheret. Châlons-sur Marne, T. Martin, 1864, 1 vol. pet. in-8°, papier vergé, 5 fr.

— ŒUVRES CHOISIES de Bertin du Rocheret, Mémoires et Correspondance, Documents curieux et inédits sur le XVIII° siècle. Deuxième volume des œuvres de Bertin du Rocheret. Châlons-sur-Marne, T. Martin, 1865, 1 vol. in-8°, papier vélin fort, 10 fr. Le même, pet. in-8°, papier vergé, 5 fr.

Jolis volumes avec titre rouge et noir, qui ont été recherchés par les bibliophiles.

— EPERNAY et l'abbaye Saint-Martin de ladite ville. Histoire et Documents inédits. Châlons-sur-Marne, 1869, Le Roy, imprimeur et éditeur. 2 vol. in-8°, papier vélin fort.

Le premier volume, précédé d'une Etude sur Epernay, son histoire et ses historiens, renferme, outre les Mémoires de Stapart, des Documents intéressants sur la ville d'Epernay.

Le second volume est consacré à l'abbaye Saint-Martin d'Epernay, et comprend, outre une Etude sur cette abbaye, l'histoire de ses abbés et son cartulaire.

Ces derniers documents d'autant plus d'intérêt que les archives de l'abbaye ont complètement disparu au moment de la révolution. Le riche dépôt des archives de la Marne ne renferme, à cet égard, que quelques pièces dénuées de tout intérêt historique.

NICOLE (Pierre). Voyez Relation de l'Ouragan, N° 1973.

855 bis NICOLET (H.-C.). HISTOIRE de la ville de Melun depuisson origine jusqu'à nos jours, 1843, in-8°, avec planches.

856 NINNIN (Henri), médecin, né à Poix (canton d'Omont) en 1722.

— QUÆSTIO medica. an Vidula salubris? in universitate Remensi habita. Reims, 1749, in-4°.

Cette thèse fit admettre son auteur au doctorat.

NOAILLES (Louis de), 1631, 1929, 2054.

857 CH. NODIER, J. TAYLOR. etc. LA HUITIÈME SÉRIE des voyages pittoresques et romantiques de l'ancienne France, par MM. Ch. Nodier, J. Taylor et Alph. de Cailleux, ayant pour collaborateurs Amédée de Césena, de Gaulle, et Adrien de Courcelles. Paris, Gide, de l'impr. de Didot l'aîné, 1820 et années suivantes.

La huitième série, qui comprend la Champagne, contient 4 vol.; 87 livraisons avaient déjà paru en 1856 pour cette série. Chaque livraison, composée de 4 à 5 planches et d'une ou deux feuilles de texte, a coûté 12 fr. 50 c. Un exemplaire relié en 16 volumes avec 77 livraisons de la Champagne, mais sans la Bourgogne, a été payé 1,970 francs à la vente Busche en 1857. (Extrait du manuel de M. Brunet); les 77 livraisons concernant la Champagne seulement, 225 fr., Louis-Philippe.

858 NOEL (le docteur Nic.). OBSERVATIONS et réflexions sur la réunion de la médecine à la chirurgie, par Noël, de Reims, docteur en chirurgie, ancien chirurgien en chef de l'Hôtel-Dieu, de l'hôpital militaire de ladite ville et des armées, etc., etc. Reims, imprimerie de Guélon-Moreau, 1828.

Cat. bibl. de Reims. Ces observations ont pour épigraphe: « Qui veut se bien porter, qui veut vivre longtemps « Doit fuir les médecins et les médicaments. » Noël s'élève avec fureur contre la saignée et contre les idées de Broussais. L'ouvrage est terminé par une réimpression de l'épître en vers que le chanoine Lattaignant avait autrefois adressée à son ami Josnet père, médecin de notre faculté. (Note du catalogue cité.)

Noël a encore publié (anonyme) :

— RÉFUTATION d'un mémoire sur l'hygiène publique de la ville de Reims. Reims, Guélon, 1826.

— TRAITÉ historique et pratique de l'inoculation. Reims, Jeunehomme, 1789.

— Noël à ses concitoyens. Reims, Regnier, 1826, 51 pages in-8°.

La notice biographique de M. Noël se trouve dans l'Annuaire de la Marne de 1834, page 320.

NOLIN (J.-B). 1181.

859 NORMAND père, ancien chirurgien des armées françaises sous la République et l'Empire, médecin à Courtisols.

— TABLEAU statistique du canton de Marson, 3e canton de l'arrondissement de Châlons-sur-Marne, chef-lieu du département.

Se trouve dans l'Annuaire de la Marne pour 1812.

— NOTICE historique sur les villages de Courtisols et de Lépine, faisant suite à la statistique du canton de Marson.

Se trouve dans l'Annuaire de la Marne de 1813.

— MÉMOIRE ou Instruction concernant l'épizootie qui règne sur les bestiaux, dans plusieurs cantons du département de la Marne, par Cl. Normand père, ancien chirurgien-major des armées, etc. Imprimerie de T.-J. Martin, à Chaalons, 1814, in-8° de 3 feuilles.

— RECHERCHES sur le patois de Courtisols, br. in-12.

On a remarqué que ce patois avait beaucoup de rapport avec celui de la Suisse.

— STATISTIQUE du canton d'Heiltz-le-Maurupt, 2e canton de l'arrondissement de Vitry-le-François.

Se trouve dans l'Annuaire de 1818.

NOUE (de La). Voyez Déclaration.

860 ODON (Fr.). HISTOIRE de la ville de Melun, contenant plusieurs raretés notables et non découvertes en l'histoire générale de France ; plus la vie de Bouchard, comte de Melun, sous le règne de Hugues-Capet, traduite du latin d'un auteur du temps, ensemble la vie de Jacques Amyot, évêque d'Auxerre, grand aumônier de France, avec le catalogue des seigneurs et dames de la maison de Melun, recueilli de diverses chroniques et chartes manuscrites, 1628, in-4°.

Cette histoire a été traduite par Sébastien Rouillard. (Voyez Nicolet.)

860 bis OFFRAY (J.-B.-V.). HISTOIRE de la ville de Dammartin, 1841, in-12, fig.

On trouve dans cette histoire la description de la magnifique église collégiale de Notre-Dame, fondée par Antoine de Chabannes vers 1480, et qui renferme le tombeau de son fondateur. Vendu 4 à 5 fr.

861 OPOIX (Christophe), ancien pharmacien, député de Seine-et-Marne à la Convention nationale, garde des eaux et forêts, inspecteur des eaux minérales de Provins, né dans cette ville le 28 février 1745.

— ANALYSE des Eaux minérales de Provins, suivie d'une dissertation sur l'état de la sélénite dans les eaux. Provins et Paris, Caillot, 1770, in-12.

Il résulte des expériences de M. Opoix que les eaux minérales de Provins contiennent un air surabondant et combiné, qu'elles contiennent de plus un sel et même un acide, qui est l'acide vitriolique uni à une terre métallique ferrugineuse, et à une terre calcaire, et à l'alcali minéral ; il termine son ouvrage par une courte description du terrain, et l'analyse de la pyrite. (Bibliothèque physique de la France, n° 97 du suppl.) ;

— L'ANCIEN PROVINS, antiquité et origine de la haute ville de Provins ; l'époque de sa fondation ; le nom de ses fondateurs ; les motifs, les intentions qu'ils se sont proposés en bâtissant cette ville, évidemment prouvés par les ruines et les restes considérables qui subsistent aujourd'hui. Provins, Lebeau, 1818, in-12, 2 fr.

L'auteur a publié deux suppléments à ce volume ; le dernier, imprimé en 1819 est suivi d'une Dissertation sur ANATILORUM, nom présumé être celui de la ville basse de Provins. (Quérard, France litt.)

— LES EAUX minérales de Provins. comédie en un acte, avec un Divertissement, par M. O. (anonyme). Provins, Lebeau, 1824, in-8°.

(Barbier, Dict. des Anonymes, N° 22367.)

— HISTOIRE et Description de Provins. Provins, Lebeau, et Paris, Raynal, 1823, in-8°, orné du portrait de l'auteur et d'une carte.

Vente de la comtesse de Neuilly, 8 fr. 50 c.

L'auteur a publié deux additions à cet ouvrage ; la première sous le titre de :

— SUPPLÉMENT A L'HISTOIRE DE PROVINS. Provins, de l'imprimerie de Lebeau, 1823, in-8° de douze pages ; la seconde, sous celui de : SUITE DE L'HISTOIRE ET DESCRIPTION DE PROVINS. Provins, Lebeau, 1829, in-8° de 48 pages.

On y joint ordinairement :

— SIÉGE DE PROVINS, par Henri IV, pièce de théâtre en un acte par M. O..., pour faire suite à l'Histoire et Description de Provins. Provins, Lebeau, 1824, in-8°.

La 2e édition est de 1846, in-8o.

— OBSERVATION sur l'analyse des Eaux minérales de Provins, faite par M. Raulin.

— SUPPLÉMENT à l'Histoire de Christophe Opoix, par A.-G. Opoix. Paris, 1847, in-8°.

— MINÉRALOGIE de Provins et de ses environs, avec l'analyse de ses eaux minérales ; leurs propriétés médicinales, la manière de les prendre. le régime que l'on doit suivre, et autres observations sur ces eaux. Paris, Barbou ; Provins, Lebeau, 1803, 2 vol. in-12, 4 fr., ou 1808, 2 vol. in-8°.

M. Opoix, en donnant à son ouvrage le titre modeste de MINÉRALOGIE DE PROVINS et de ses environs, a beaucoup plus fait pour la science de la nature que ce titre ne semble l'annoncer. L'auteur est entré dans des détails qui commandent la reconnaissance de ses concitoyens, justifient la réputation de savant qu'il s'est acquise, etc., etc. Telles sont les expressions des commissaires de la Société de médecine de Paris, nommés pour faire l'examen de cet ouvrage, lu dans la séance du 16 messidor an II. (Quérard, France litt.).

On doit encore à cet auteur des almanachs historiques et littéraires de Provins.

862 ORIGNY (le P. Jean d'), né à Reims vers la fin du XVIIe siècle.

— HISTOIRE de la vie de saint Remi, archevêque de Reims, apôtre des Français, et des différentes translations de son corps. Chaalons, Claude Bouchard, 1714, in-12.

L'auteur avertit, dans la préface, qu'il écrit pour ceux qu'une sage et pieuse crédulité met en disposition de profiter de son travail ; ainsi, l'on ne doit pas s'attendre à y trouver de la critique. (France litt.).

862 bis ORIGNY (Pierre-Adam d'), capitaine au régiment de Champagne, né à Reims le 24 novembre 1697, mort le 24 septembre 1774.

— MÉMOIRE sur la famille d'Origny établie à Reims au commencement du XVIe siècle. Châlons et Paris, 1757, in-12 de 28 pages.

Cet ouvrage a été publié par Anquetil. (France littéraire, 1769. Chaudon et Deloudine, Dict. hist.).

863 OUDIN (Casimir), savant religieux de l'ordre de Prémontré. né à Mézières-sur-Meuse en 1638, mort à Leyde en septembre 1717.

— HISTORIA Abbatiæ Calvi-Montis, et

monumenta ipsius loci ; insérée dans les acta Sanctorum des Bollandistes, en 1701, tome III, pages 102 à 108, 16 juin.

(L'abbaye de Chaumont, ordre de Prémontré, était à deux lieues de Château-Porcien.)
Le père Oudin se fit calviniste à l'âge de 54 ans, et mourut à 79 ans. (Biog. Ard.)

— VETERUM aliquot Galliæ et Belgii scriptorum opuscula sacra nunquam edita. Lugduni-Batavorum, 1692, in-8°.

Ce recueil contient un poème d'Hincmar, abbé de Saint-Remi, avec une lettre d'Audiace à ce prélat, et des opuscules d'Herman, abbé de Saint-Martin, d'Arnold, abbé de Bonneval ; de Guillaume, abbé de Saint-Thierry, et de Gauthier, prévot de Tournai. (France litt.)

864 OUDINET (Marc-Antoine), né à Reims, mort en 1712, âgé de 69 ans.

— SATYRE rémoise, ouvrage publié clandestinement en 1670 et réimprimé dans la Chronique de Champagne. (Voyez Fleury).

— MÉMOIRE sur la vie de Bergier, communiqué à Bayle.

Ce numismate distingué a publié beaucoup de dissertations curieuses sur les médailles et les pierres gravées. Voyez Siècles littéraires de la France. — Géruzez, Hist. de Reims — Dict. hist., Letillois, Champenois célèbres. — Michaud, biog.

OUTHIER (1203-1229)

865 OZERAY (Michel-Jean-François), né à Chartres en 1764.

— HISTOIRE de l'ancien duché de Bouillon. Luxembourg, Lamort, et Paris, Brunot-Labbé, 1827, in-8°, 4 fr.

866 PALE (C.) CHRONOLOGIE des vicomtes et seigneurs de la terre de Vouziers (Ardennes). Vouziers, 1843, 1 vol. in-8°, 2 francs.

867 PARIS, curé de Coolus.

— LE MARIAGE du roi avec la princesse royale de Pologne, poëme par le sieur Paris, curé de Coolus. Châlons, Seneuze, 1725, in-4°.

(Bibliot. hist. de France).

868 PARIS (François), curé de Troussy-le-Petit (Aube).

— RELATION d'un orage épouvantable qui éclata à Troussy-le-Petit, diocèse de Troyes, élection de Sézanne, le 15 juin 1725.

Se trouve dans le JOURNAL DE VERDUN du mois de septembre de la même année.

869 PARIS (Henri). ETUDES sur Charles, cardinal de Lorraine, archevêque de Reims. Reims, 1844. Br. in-8°.

870 PARIS (Antoine-Louis), archiviste français, né à Epernay, le 14 août 1802.

— CABINET (le) historique, revue mensuelle contenant, avec un texte et des pièces inédites intéressantes ou peu connues, le Catalogue général des manuscrits que renferment les bibliothèques publiques de Paris et des départements, touchant l'histoire de l'ancienne France et de ses diverses localités, avec des indications de sources et des notices sur les bibliothèques et les archives départementales.

Les deux premières années de cette excellente revue contiennent sur les quatre départements formés du démembrement de la province de Champagne. 1403 textes manuscrits, la plupart de la plus grande importance pour ceux qui se livrent à des recherches historiques sur cette ancienne province. (Manuel du libraire).

— LA CHRONIQUE DE RAINS (sic), publiée sur le manuscrit unique de la bibliothèque du roi. Paris, 1837, petit in-8°, 6 à 8 fr.

Chronique non-seulement intéressante pour la localité, mais encore pour l'histoire générale de France.

DUROCORT, ou les Rémois sous les Romains, par J. Lacourt, publié par Louis Paris. Reims, 1844, petit in-18.

— LIVRET du Musée de Reims, suivi de notes historiques sur le musée, la bibliothèque et les archives. Reims, 1845, 1 vol. in-12.

— MAUCROIX, sa Vie et ses Ouvrages, publié par Louis Paris, sur le manuscrit de la bibliothèque de Reims. Paris, 1854, petit in-8°.

François de Maucroix, chanoine de l'église de Reims, mort dans cette ville en 1708, âgé de 90 ans. On donna en 1726 les nouvelles œuvres de Maucroix ; on y trouve des poésies qui manquent d'imagination et de coloris, mais qui ont du naturel et de la naïveté (Dessessart Siècles litt. de la France).

— MESSE DES SANS-CULOTTES, chantée en la belle tour de Reims. Précis historique, par Louis Paris. Reims, 1854, in-18. La messe, imprimée en rouge, 3 à 4 francs.

Tiré à petit nombre.

— MONOGRAPHIE du château de Montmort.

LA CHRONIQUE de Champagne, tome III, page 143 et suivantes.
Le château de Montmort, situé à 18 kil d'Epernay, fut bâti en 1577 par Jeanne de Hangest, mère du maréchal de Créqui, dont le grand Sully épousa la fille ; il devint, par ce mariage, seigneur de Montmort.

— MONOGRAPHIE de l'abbaye d'Hautvillers.

CHRONIQUE DE CHAMPAGNE, tome IV, page 137.

— RAPPORT fait à M. le Ministre de l'Instruction publique, sur les archives d'une partie de l'ancienne province de Champagne, dont le dépôt se trouve au chef-lieu du département de la Marne. Reims, Regnier, 1835. Br. in-8° de 30 pages, signée de M. L. Paris, bibliothécaire de la ville de Reims.

— RAPPORT sur l'état actuel du cartulaire de la ville de Reims (première partie). Reims, imprimerie de L. Jacquet, 1837, grand in-8° de 29 pages.

Ce rapport, tiré à part, se trouve intercalé dans le premier volume de la CHRONIQUE DE CHAMPAGNE, après la page 216.

— EVANGELIAIRE slave, dit texte du sacre. De la bibliothèque de Reims. Note. Signé à la fin : Louis Paris. Imprimerie de Assy et C°, à Reims, grand in-8° de 9 pages.

— REIMS PITTORESQUE, ancien et moderne. Reims, Cordier, 1836, in-8°, orné de lithographies.

Il en a paru seulement cinq livraisons.

-- REMENSIANA, légendes et traditions du pays de Reims, par M. Louis Paris. Reims, 1844, 1 vol. in-18, format dit Cazin, prix 3 fr. 50 c.

Joli volume aussi amusant que curieux, aussi intéressant qu'utile. On y trouve des notices sur le libraire Cazin, sur Maucroix, Flodoart, Anquetil, Colbert, etc.; une foule d'anecdotes piquantes et d'historiettes. (Note de M. Techener).

— SAINT-TRÉSAIN d'Avenay, histoire de son église par M. Louis Paris. Reims, 1845. Br. in-8°.

— LES SEIGNEURS de Louvois ; histoire et biographie.

(CHRONIQUE DE CHAMPAGNE, tome 1er, page 293).

Le plus ancien seigneur connu à Louvois est Gaucher de Châtillon, en 1218 ; la terre fut érigée en marquisat en 1606 (Louvois est un village situé à six lieues de Châlons-sur-Marne).

— TOILES PÉINTES et tapisseries de la ville de Reims, ou la mise en scène du théâtre des Confrères de la passion. Paris, 1843, 2 vol. in-4° de texte et atlas in-folio de 32 planches, dessinées et gravées par Le Berthais Prix, 45 fr.

Vente Louis-Philippe, 48 fr. Ed. sur chêne, pl. coloriées, 180 fr. à 300 fr. — Vendu 29 fr. Busche, et un exemplaire avec les planches coloriées, 145 fr., Borbunt.

— UNE ÉMEUTE en 1649. mazarinade; 1 vol petit in-8°. Reims, 1842.

PARIZOT (1235).

870 bis PASCAL (Félix). HISTOIRE topographique. politique, physique et statistique du département de Seine-et-Marne 1838, 2 vol. in-8°.

871 PASQUES, bibliothécaire de Provins et secrétaire perpétuel de la Société libre d'agriculture, sciences et arts de la même ville.

— NOTICE et Dissertation sur Provins : Est-il l'Agendicum des commentaires de César? Question de point de fait. historique, proposée pour prix de la Société, à sa séance publique du 26 juin 1820. Provins, Lebeau ; et Paris, Mme Husart, 1820, in-8°.

872 PASQUIER-QUESNEL. ENTRETIEN sur le décret de Rome contre le Nouveau Testament de Chaalons, accompagné de réflexions morales. Paris, 1709, 1 vol. in-12.

Nous connaissons deux éditions de ce Nouveau Testament en 8. volumes. La première, de Paris, André Pralard, 1705. La seconde, d'Amsterdam, aux dépens de Joseph Nicolaï, 1736.
La première édition a paru à Lyon chez Baritel, 1686, 1 vol. in-12. C'est cette première édition, imprimée également à Paris et à Châlons-sur-Marne, que M. de Vialart a approuvée, et c'est à tort que cette approbation a été conservée sur les autres éditions, considérablement augmentées, que cet évêque n'a jamais connues.
Voyez à ce sujet le Dictionnaire des Livres jansénistes, tome 1er, page 5.

873 PASSERAT (Jean). CHANT d'allégresse pour l'entrée du très-chrétien, très-haut, très-puissant, très-excellent très-magnanime et très-vertueux prince Charles IX° de ce nom, roi de France, en

sa ville de Troyes, par Jean Passerat, Troyen, à Messieurs de ladite ville. Paris, Gabriel Buon, 1564, in-4° de 8 feuilles.

— LE PREMIER LIVRE DES POÈMES de J. Passerat. Paris, veuve Mamert-Patisson, 1602, in-8°. Ex. non relié.

Cat. Claudin, 15 fr.
Volume orné du portrait de Passerat, gravé par Thomas de. Leu. — Ce poète naquit à Troyes en 1534 ; et mourut à Paris en 1602. Voyez Siége de Troyes, N° 2042.

874 PATAS. SACRE et Couronnement de Louis XVI, à Reims, le 11 juin 1775, précédé de Recherches sur le Sacre des rois de France, depuis Clovis jusqu'à Louis XI. Paris, 1775, 1 vol grand in-4°, fig.

Un exemp. rel. mar. r. Vendu. 34 fr.
Un autre relié en veau, 18 fr. Vente Louis-Philippe, 40 fr. (Voyez Pichon).

PATHAUX (1498).

875 PATRIS DU BREUIL (L.-M.), juge de paix à Troyes.

— EPHÉMÉRIDES, ouvrage historique mis dans un nouvel ordre, corrigé sur les manuscrits de l'auteur, et augmenté de plusieurs morceaux inédits, avec un précis de sa vie et des notes. Paris, Durand, et Troyes, Lefebvre, 1811, 2 vol. in -12.

(Voyez Ramponide et Lettres à M. Haye).

— ŒUVRES inédites de Pierre-Jean Grosley, collationnées sur le manuscrit de l'auteur, augmentées d'articles biographiques, de remarques, et d'un discours préliminaire, par Patris du Breuil. Paris, 1812, 3 vol. in-12, portrait. 12 fr.

(Bull. du Bouq.)

— VOYAGE de P.-J. Grosley en Hollande, suivi d'un extrait de sa correspondance pendant ses voyages en Italie. Paris, 1813, in-8°, portrait, cart.

Bul. du Bouq, 3 fr. (Voyez Grosley).

876 PAUFFIN (Chéri), littérateur et ancien magistrat, né à Mézières (Ardennes). en 1801.

— ETUDES sur Rethel (1845), et Dubois Crancé (1854).

On annonce de lui un ouvrage plus important sur l'Histoire et les mœurs des Ardennais. (Vapereau, D. des C.)

PAULIN DE BEAUVAIS (2135).

PAVÉE, baron de Vendeuvre (1416).

PECHINET (1088).

877 PEIGNÉ - DELACOURT. MONASTICON GALLICANUM, publié par M. Peigné-Delacourt.

Planches gravées des monastères de l'ordre de Saint-Benoît, congrégation de Saint-Maur, province ecclésiastique de Reims. Petit in-folio oblong dans un carton, 25 fr.

25 planches gravées sur cuivre, offrant les vues à vol d'oiseau des abbayes et prieurés.

— RECHERCHES sur le lieu de la bataille d'Attila en 451. Paris, imprimerie de Claye, 1860, in-4°.

Orné d'une carte géographique et de planches en chromolithographie, représentant : 1° Les armes et ornements attribués à Théodoric, et qui font partie du cabinet d'antiquités de S. M. l'Empereur ; 2° les armes et ornements du roi Childéric, qui sont conservés au musée des souverains ; 3° des couronnes du roi Reccesventhus, conservées au musée de Cluny. (B.-D.-B, 25 francs.)

878 PELÉE DE CHENOUTEAU (Blaise-Louis), écuyer, conseiller au bailliage et présidial de Sens ; né dans cette ville en 1704, où il est mort le 11 juillet 1791.

— CONFÉRENCE sur la Coutume de Sens avec le droit romain, les ordonnances, etc., etc., suivie de détails historiques sur le bailliage de Sens, par M. T. D. S. (Tarbé des Sablons). Sens, veuve Tarbé, 1787, in-4°.

Catal. Naudin, 5 fr.
Les détails historiques ont été rédigés par M. Séb.-André Tarbé des Sablons ; ils sont fort curieux ; l'abbé de Fontenay en fit l'éloge dans son Journal général de France, lorsqu'ils parurent. (France Litt.)

879 PELETIER. PROJET d'établissement d'un corps de pompiers et d'ouvriers pour porter secours dans les incendies de la ville de Chaalons-sur-Marne Chaalons, Seneuze, imprimeur du roi et de l'intendance de Champagne, petit in-4° de 20 pages, avec une gravure représentant l'incendie du couvent Saint-Joseph de cette ville, arrivé pendant la nuit du 18 septembre 1776.

Curieuse gravure représentant l'incendie.

879 bis PÉRARD (Étienne). RECUEIL de plusieurs pièces servant à l'histoire de Bourgogne. Paris, 1664, in-folio.

Utile à consulter pour le département de la Haute-Marne.

PÉRARD (B.). 2124.

880 PÉRARD (l'abbé), curé de Saint-Loup, à Châlons-sur-Marne, mort en 1866.
— NOTICE sur l'église Saint-Loup de Châlons.

Se trouve dans le Congrès archéol. de France, année 1855, p. 155 et suiv.

880 bis PERGANT (P.-V.), de Livry-sur-Vesle (Marne).

— CONSEILS aux agriculteurs, ou vues pratiques sur les moyens d'améliorer leurs terres, extrait d'un mémoire du même auteur, couronné par la Société d'Agriculture, Sciences et Arts de la Marne. Vitry-le-François, 1847, 1 vol. in-12, 1 f.

— SIÈGE (le) de Reims, par les Anglais, 1359-1360.

Tiré à petit nombre.
Mémoire présenté à l'Académie de Reims. — Reims, Brissart-Binet, 1848. Br. in-8° de 87 pages, avec deux plans de Reims ancien et moderne.

881 PERNOT (F.-A). NOTICE sur le château de Joinville et sur les tombeaux de ses princes. Paris, 1842. Broch. in-8° de 17 pages.

Vendue avec six dessins par Pernot, et diverses pièces manuscrites et imprimées, relatives aux tombeaux des seigneurs de Joinville. A la vente Louis-Lhilippe, 26 fr.

881 bis PÉRIGNON (dom Pierre), né à Sainte-Menehould (Marne), vers 1640, moine d'Hautvillers, abbaye près d'Epernay, où il est mort le 14 septembre 1715.

On a de lui :

— MÉMOIRES sur la manière de choisir les plants de vigne convenables au sol, sur la façon de les proviguer, de les tailler, de mélanger les raisins, d'en faire la cueillette et de gouverner les vins.

C'est à ce religieux instruit que la Champagne est redevable de la fabrication du champagne mousseux, connu du monde entier, et qui a pris tant d'extension depuis 50 ans.
En sa qualité de procureur de l'abbaye d'Hautvillers, il était chargé du soin des vignes ; doué d'un goût, d'une finesse extrême, il savait distinguer, sans s'y tromper jamais, entre les raisins provenant des différents crus de la Champagne, et c'est en combinant les différentes espèces ainsi choisies, qu'il est devenu par anticipation un des plus illustres bienfaiteurs d'une partie de notre province.
Histoire de la congrégation de saint Vannes. Biogr. univ. des Champenois célèbres, et Journal de Verdun, octobre et novembre 1745.

PERRAULT (1812).

882 PERRON, né à Coiffy-le-Bas (Haute-Marne), mort en 1696.

— ANTIQUITÉS de Marcoussy, de Montherget et du chapitre de Sens. Paris, 1694, in-12.

883 PERRIER (Charles). NOTICE sur la Vie et les œuvres du chevalier de la Touche, mort à Châlons le 5 avril 1781.

Compte-rendu de l'Acad. de la Marne (année 1857).

883 bis. PESTRE, sculpteur à Vitry-le-François.

— NOTICE sur le camp des Louvières, et quelques antiquités du Perthois.

Dans le congrès archéologique de France (1855), pages 233 et suiv.

884 PETIT DE LA FONTAINE. PLAN D'ÉCONOMIE pour l'amélioration des terres de la montagne dépendante de l'élection de Langres. 1788, in-8° de 16 pages.

Vente Huzard, 2 fr.

885 PEUCHET ET CHANLAIRE. STATISTIQUE du département de la Haute-Marne, 1818, in-4°.

— STATISTIQUE de la Marne, de l'Aube et des Ardennes.

La plupart de ces statistiques ayant été refaites depuis dans chaque département par des hommes spéciaux, celles de MM. Peuchet et Chanlaire ont nécessairement perdu de leur intérêt. (B. d. B.)

885 PEYRAN. HISTOIRE de l'ancienne principauté de Sedan, jusqu'à la fin du XVIIIe
siècle. Paris, 1826, 2 vol. in-8°.

Vente Louis-Philippe, 10 fr. 50 c.
M. l'abbé Boulliat dit que c'est à tort que M. Peyran
avance (tome 1er, page 331) que c'est le prince Henri de
la Tour qui a introduit l'imprimerie à Sedan, tandis que
Mathieu-Hilaire y imprimait déjà en 1589 (Biographie
ardennaise, tome II, page 36).

— RÉCIT de la découverte en l'église paroissiale de Sedan, et de la translation
dans le temple protestant de cette ville
du cercueil de la famille de la Tour-
d'Auvergne, suivi du discours prononcé.
Sedan, 1842, 1 vol. in-8°.

886 PHILIPEAUX (Jean), prêtre du diocèse
d'Angers, trésorier et chanoine de
Meaux, mort le 3 juillet 1708.

— CHRONIQUE ou histoire des évêques de
Meaux, jusqu'à la mort de M. de Ligny
(1681), in-folio manuscrit.

Ce manuscrit, qui se conservait dans la bibliothèque de
l'abbaye de Saint-Faron, a été fort utile à dom Duplessis. Philipeaux avait lui-même fait usage des mémoires
de Janvier et Lenfant. (N. L.)

PHILIPPE, de Vitry. (Voyez Prosper Tarbé,
N° 986.

887 PHILIPPE (le docteur). CONSIDÉRA-
TIONS géologiques sur les ossements fossiles trouvés dans la cendrière de Cormicy (Marne), et sur les animaux anté-
diluviens, suivies d'une interprétation
du premier verset de la Genèse, par le
docteur Philippe, chirurgien en chef de
l'Hôtel-Dieu, membre de l'Académie, du
conseil municipal et du conseil de salubrité de la ville de Rheims ; membre
correspondant de l'Académie royale de
médecine, de la Société d'Agriculture,
Sciences et Arts de la Marne, etc., etc.
Reims, impr. de E. Luton, place Royale,
1, in-8° de 36 pages.

— ESSAI historique sur Caqué, ancien chirurgien en chef de l'Hôtel-Dieu de
Reims, par le docteur Philippe, chirurgien en chef du même hôpital. Reims.
L. Jacquet, 1842, in-8°.

Excellent article plein de faits intéressants et nouveaux, et
qui doit assurer désormais à notre compatriote Caqué
un rang distingué dans l'histoire de la chirurgie, et une
place dans les grands recueils biographiques. La Gazette de France, N° 44, année 1788, contient aussi un
éloge historique de Caqué, qui est du célèbre Louis, et
bon à consulter quoique beaucoup moins complet que
l'essai du docteur Philippe. (Bibliothèque de Reims, note
du Catalogue).

— ESSAI sur les fièvres intermittentes
qui ont régné à Reims et dans la ban-
lieue pendant l'année 1846. Envoyé à la
Société académique de la Marne en
1851.

— NOTICE sur Noël, ancien chirurgien de
l'Hôtel-Dieu de Reims. Reims, 1854. Br.
in-8°.

— OBSERVATION d'un cas de morve aiguë
chez l'homme, recueillie par A. Philippe,
chirurgien en chef de l'Hôtel-Dieu de

Reims. Reims, imprimerie de Assy et
C°, lithographes, 1844.

— PRÉCIS historique sur l'ancienne communauté des maîtres en chirurgie de la
ville de Reims. Reims, 1853, 70 pages,
in-8°.

— ROYER-COLLARD, sa vie publique, sa
vie privée, sa famille Paris, 1857, 1 vol.
grand in-8°, 5 fr.

888 PHILPIN DE PIEPAPE (Nicolas-Joseph),
lieutenant-général des bailliage et présidial de Langres, ensuite conseiller
d'Etat, né à Langres en 1731, mort en
1793.

— EXTRAITS des Edits, Ordonnances. Ar-
rêts et Règlements du bailliage de Langres sur différentes matières. Langres,
1782, in-4°.

— OBSERVATIONS sur les lois criminelles
de France. Paris, Belin. 1789-90, 2 vol.
in-4°.

Cet ouvrage est écrit d'un style pur et conforme à la gra-
vité de la matière. Il méritait d'être plus répandu qu'il
ne l'a été.
Philpin a laissé plusieurs ouvrages inédits ; tels que des
Observations sur l'Histoire, des Traductions, entre autres celles de Florus, qu'il affectionnait particulièrement,
et des poésies fugitives. (France Litt. Carnandet, Géogr.
hist. de la Haute-Marne).

PHULPIN (A.), curé de Fontaines (Haute-
Marne).

— NOTES archéologiques sur les découvertes faites sur la montagne du Chatelet,
près Fontaine (Haute-Marne). Neufchâteau. 1842, 1 vol. in-8°, 3 fr.

Cet ouvrage a été édité par M. Mongin, sur les notes prises
par M. Phulpin. (Carnandet, Géogr. hist. de la Haute-
Marne).

890 PICHON (l'abbé). LE SACRE et Couronnement de Louis XVI dans l'église de
Reims, le 11 juin 1775, par l'abbé Pichon, précédé de recherches, par Go-
bet, sur le sacre des rois de France.
Paris, 1775, grand in-8°, fig. Vendu 12
à 15 fr. Les exemplaires in-4° de 18
à 24 fr.

Un exemplaire encadré, de format in-folio, relié en cuir de
Russie, avec une grande estampe ajoutée. Vendu 92
francs.
Les 54 gravures de costumes, cérémonies, etc., dont cet
ouvrage est enrichi, ont été gravées par Patas.

890 bis. PIERQUIN (l'abbé Jean). prêtre
charitable et savant, curé de Châtel et
d'Exermont, diocèse de Reims, né à
Charleville le 15 février 1672, mort à
Châtel le 10 mars 1742.

— ŒUVRES physiques et géographiques de
M. Pierquin, curé de Chastel en Champagne. Paris, 1744, in-12, fig., 5 fr.

Cet auteur écrivit dans le Journal de Verdun, de 1712 à
1735, et la majeure partie de ses articles ont été réim-
primés dans ses œuvres physiques et géographiques
Paris, Simon et Giffart, 1744, in-12 de 340 pages.
Le Journal de Verdun renferme. de Pierquin, deux autres
morceaux. qui n'ont pas été insérés dans ses œuvres
physiques et géographiques ; ce sont : 1° Une réponse à
deux questions proposées dans le Journal de Verdun

(novembre 1711, page 365), touchant les causes qui ont pu produire les marques que deux enfants ont apportées en naissant, savoir : 1° l'enfant de Thomasse Prioux, femme de Robert, du village de Warcq, près de Mézières, qui portait sur la poitrine le signe d'un soleil et d'un Christ; 2° un jeune Flamand, né juif, qui avait le nom de Dieu gravé en hébreu et en grec sur les yeux (février 1712, pages 151 à 155). II° une conjecture physique sur la vue meurtrière de l'œil humain, et la façon extraordinaire de tuer les pigeons. Novembre 1735, pages 346 à 352. (Quérard, France Litt.)

— VIE de saint Juvin, ermite et confesseur. Nancy, Charlot, 1732, in-8° de 110 pages.

L'auteur s'y montre crédule à bien des égards. Du reste, l'ouvrage de Pierquin contient des détails intéressants sur l'histoire du pays où saint Juvin est en grande vénération. (France Litt.)

891 PIERRON (A.), architecte.

— NOTICE historique sur le collège de Langres. M. Oudot. Langres, 1855, in-12.

L. PIGEOTTE. Voyez Arbois de Jubainville.

892 et 893, nuls.

894 PIGANIOL DE LA FORCE. Le tome III de la nouvelle Description de la France, 3° volume de l'édition de 1752, imprimée à Paris.

— DESCRIPTION de la Champagne au tome III° de la nouvelle Description de la France. Paris, Legros, 1752, 15 volumes in-12.

L'auteur s'est servi du manuscrit de M. Larcher, intendant de la province, rédigé pour l'instruction du duc de Bourgogne. Une grande partie de ces descriptions se trouve dans les mémoires historiques de Baugier. (Voyez ce nom.)

895 PIGNARD (l'abbé), curé de Marson.

— VIE de sainte Savine, vierge troyenne. Plancy, 1849. 1 vol. in-32. La même, Châlons-sur-Marne, 1853.

896 PINARD (Jean). VÉRITABLE discours du Mariage de Charles IX, roi de France et de Navarre, et d'Elisabeth. fille de Maximilien II, célébré en la ville de Mézières-sur-Meuse, 1570.

— PRÉCIS de l'Histoire de la ville de Wassy et de son arrondissement. Wassy, 1849, in-8°.

Cet ouvrage avait été précédé de:

— NOTICE sur la ville de Wassy. Wassy, 1844, in-8°

NOTRE-DAME de Blécourt. Paris, sans date. in-12.

— BIENVILLE (Haute-Marne). Wassy, sans date, in-8°.

— NOTRE-DAME de Sommevoire. Paris, sans date in-8°.

— NOTICE sur la Haute-Borne. Paris, sans date, in-8°.

897 Nul.

898 PINET (Antoine). L'AFFECTION de la ville de Meaux au service du roi, sur le sujet de la lecture, faite au siége de Meaux, des lettres de charge de M. de Vitry, lieutenant pour le roi au gouvernement de Brie, par Antoine Pinet, avocat au bailliage et siège présidial de Meaux. Paris, Pierrot, 1614, in-8°.

N. Lelong, 34,366.

899 PINGRET ET BRAYER. MONUMENTS, établissements et sites les plus remarquables du département de l'Aisne, lithographiés par Ed. Pingret, avec des notices explicatives par Brayer. Paris, Engelmann, 1821, in-folio, oblong.

Pour la partie qui était autrefois de la province de Champagne. — Vente Louis-Philippe, 18 fr.

900 PISTOLLET DE SAINT-FARJEUX. NOTICE sur les voies romaines, les camps romains et les mardelles de la Haute-Marne. Paris, 1860. Br. grand in-4°, avec carte. Tirée à 50 exemplaires.

Catalogue Dumoulin, 6 fr.

— RECHERCHES historiques et statistiques sur les principales communes de l'arrondissement de Langres. Langres, 1836, 2 vol. in-8°, 6 fr.

— RECHERCHES sur l'Histoire de Langres. Origine des guerres des différents peuples qui ont habité cet arrondissement, avec l'historique des communes.

901 PITHOU (Pierre). LES COUTUMES du bailliage de Troyes en Champagne, avec un bref recueil des évêques de Troyes. Le premier livre des comtes héréditaires de Champagne et de Brie, la généalogie desdits comtes, par M. Pierre Pithou. Sont adjoutez li droits ès les coutumes anciennes de Champaigne et de Brie que li roys Thiebaulx establi. Troyes, Du Ruan, 1628, in-4°.

(Bul. de Bibl., 7 fr.)

Quoique ce qui porte pour titre : Li Droict et lis coustumes de Champaigne et Brie, que li Roys Thiebaulx establi, ne soit jamais entré dans aucune édition des Coutumiers généraux, rien ne peut nous empêcher de le donner comme l'ancienne coutume de Troyes.

C'est une espèce de compilation d'usages et de jugements sur certaines matières coutumières, distribuée en 66 articles ou chapitres, dont la plupart ont leur date particulière ; les plus anciennes de ces dates sont de l'an 1224, et les plus récentes de 1299. (Bourdat, de Richebourg, coutumier général, tome III, page 209.) — Edition de Paris, 1724, 4 volumes in-folio.

— BREF RECUEIL des évêques de Troyes, par Pierre Pithou, dans ses œuvres mêlées. Parisiis, 1605, in-4°, et dans son commentaire de la coutume de Troyes. Troyes, 1628, in-4°.

Pithou (Pierre), célèbre jurisconsulte et littérateur, né à Troyes le 1er novembre 1539, mort à Nogent-sur-Seine le 1er novembre 1596. (France Litt.)

Anciennes ordonnances des ducs de Bouillon, pour le réglement de la justice des terres et seigneuries souveraines de Sedan, Jamets, etc., avec les coutumes desdites terres (nouvelle édition). Sedan, 1717, in-4°.

Ces ordonnances ont été rédigées par Pierre Pithou ; la première édition est de Paris. Robert Estienne, 1568, in-folio.

On a encore de cet auteur :

— PREUVES DE L'ÉGLISE GALLICANE.

La première édition, publiée en 1639, fut supprimée. La deuxième, 2 vol. in folio, accompagnée du recueil des preuves, parut en 1651.

— DE TRICASSIBUS, Tricassinis et Campania, chap. 2 du livre II de ses Adversaria Basilia. 1574, in-8°.

— PETRI Pithœi opera scara, juridica, historica miscellanea. Parisiis, 1609, in-4° bas.

Un exemplaire en médiocre état. Catal. Claudin, 5 fr.
Ce volume contient des mémoires en français de Pierre Pithou, sur les comtes héréditaires de Champagne et de Brie. Cet exemplaire possédait de plus le grand tableau chronologique de la succession des évêques de Troyes.

— PETRI PITHŒI, vitæ Elogia, operum catalogus, bibliotheca; accesserunt excerpta, notæ, aliæque appendices, accurante Joan. Boivin. Parisiis, apud Franc. Jouënne, 1716. Portrait par Van Schuppen. — Cl. Peleterii vita Petri Pithœi, ejus proavi; vitæ accesserunt elogia, opuscula, notæ, etc., accurante eodem. Ibid. id., 1716. Portrait par Drevet. Voyez les N°s 1340, 1488, 1709, 1866.

— LE PREMIER livre des mémoires des comtes héréditaires de Champagne et Brie, auquel est traité de l'origine des ducs, comtes palatins, pairs, sénéchaux, advouez, vidames, etc. Paris, Mamert-Patisson, 1581, in-8°, veau fauve. 8 fr. 50°. Et Paris, Robert Étienne, 1572, in-4°.

Il existe aussi une édition de 1772, in-4o. (Voyez Coutumes de Troyes.)
Pierre Pithou, surnommé le Varron de la France, était né à Troyes ; il mourut à Nogent-sur-Seine en 1596, âgé de 57 ans. (Letillois, Champenois célèbres).

902 PLANCHER (dom Urbain), bénédictin de la congrégation de Saint-Maur, né en 1667 à Chemiré, dans l'Anjou, mort à Dijon en 1750.

— HISTOIRE générale et particulière de Bourgogne, avec des notes et des dissertations et les preuves justificatives. Dijon, Ant. Defay et L.-N. Frantin, 1739-81. 4 vol. in-folio. Le 4° volume a été publié par dom Merle. Voyez N° 1543.

903 PLONQUET (J.-L.). ESSAI sur la Topographie médicale du canton d'Ay. Deux parties in-8°, 4 fr.

— LES TRUFFES de Champagne. Ay-Champagne, chez l'auteur, 1863. Br. in-8° de 15 pages.

Avec cette épigraphe :
« Le sol privilégié de la Champagne produit la truffe et le vin mousseux. »
N'est pas dans le commerce.

904 PLUCHE. LETTRE sur la sainte Ampoule et sur le sacre de nos rois, à Reims. Paris, Étienne, 1775, in-12.

Catal. de Costa, 2264.
Dissertation curieuse et peu commune. (Voyez Cérémonial du sacre, etc.)

— ABRÉGÉ de l'histoire de Reims (1256).

905. POCHINET ET C. MENGIN. ANNUAIRE ecclésiastique et histoire du diocèse de Langres. Langres, 1838, 1 vol. in-8°, 5°.

905 bis. POINSIGNON, inspecteur de l'Académie de Paris.

— GÉOGRAPHIE DE LA MARNE. 1 vol. in-16, Châlons, T. Martin, 1869.

POINSSART (1216).

POMMEREAU (de). 1267.

POMMEREU (de). 1696.

906 PONSARDIN (Nicolas), né à Reims en 1770, mort en 1849.

— ALMANACH historique et topographique de Reims pour l'année 1814. Reims, 1814, in-18.

La notice biographique de cet auteur se trouve dans l'Annuaire de la Marne pour 1850.

PONSARDIN-SIMON (1074).

907 POQUET (l'abbé Alex.-Eusèbe), né dans le département de l'Aisne en 1810, directeur de l'institution des sourds-et-muets de Saint-Médard-lez-Soissons.

— HISTOIRE de Château-Thierry. Château-Thierry, Laurent, 1839-40 ; 2 vol. in-8°. fig. et pl.

Prix de publication. 15 fr. Portée au même prix au catalogue Naudin.

L'auteur a, dit-on, profité pour écrire ce livre, des mémoires pour servir à l'Histoire de Château-Thierry, rédigés par l'abbé Hébert, curé de Lucq-le-Bocage, restés inédits.

M. l'abbé Poquet a encore publié :

— NOTICE historique et archéologique sur le bourg et l'abbaye de Chézy-sur-Marne (Aisne). Château-Thierry, 1844. Brochure de 50 pages in-8°.

— NOTE sur le château de Fère-en-Tardenois. 1848. (Bulletin de la Société arch. de Soissons.)

(Perrin, rech. bibl. sur le départ. de l'Aisne.)

907 bis. POQUET (l'abbé) et DELBARRE. LES GLOIRES archéologiques de l'Aisne.— Fère-en-Tardenois. Soissons ; in-4°.

(Périn, rech. bibl. sur le départ. de l'Aisne, N° 1177.)

908 PORET (Jean). LE TABLEAU poétique de Rebais, proche de Chaumont, par Jean Poret. Paris, Hulpeau, 1622, in-8°.

N. L., 34558.

POSUMOT (1234).

908 bis. POTVIN (Ch.) BIBLIOGRAPHIE de Chrestien de Troyes, comparaison des manuscrits de Perceval le Galloy. Bruxelles, Leipzig, Gand, Paris, 1863, 1 vol. in-8°.

Tiré à petit nombre. Prix de publication, 5 fr.

909 POTEL (l'abbé François), né à Auxerre, ancien chanoine de la cathédrale de Sens.

— VIE de André Colbert, évêque d'Auxerre, mort le 19 juillet 1704. — 1772, in-12.

Cet évêque était né à Reims en 1647, et avait été d'abord chanoine de l'église de cette ville. Son portrait a été gravé, d'après Ménard. (Lieutaud, liste des Champenois et de leurs portraits.)

910 POTERLET. MÉMOIRES sur les différentes couvertures de bâtiments en usage dans la province de Champagne

par Jean-Ed. Poterlet, architecte agrégé pour les arts à l'Académie royale des Sciences, Arts et Belles-Lettres de Châlons-s-Marne. Paris, Royez, 1790. Broch. in-8° de 45 pages.

Avec un tableau de comparaison sur le prix de revient des différentes couvertures.

— NOTICE historique des rues et places de la ville d'Epernay. Epernay, 1838, in-8° de près de 200 pages, orné d'une vue de la ville.

Cat. Dumoulin, 1-50.

910 bis. POUGIAT (F.-E.), chef d'institution à Troyes.

— 1814-1815. Invasion des armées étrangères dans le département de l'Aube. Troyes, Bouquot, 1833, in-8° de 472 pag. 5 à 6 fr.

POUILLY (DE), 1721.

911 POUSSIN (l'abbé). MONOGRAPHIE de l'abbaye de l'église de Saint-Remi de Reims, précédée d'une notice sur le saint apôtre des Francs, d'après Flodoard, par l'abbé Poussin, membre de l'Académie impériale de Reims, 1857, in-8°, 8 planches par Leblond, 5 fr.

912 POVILLON-PIERRARD. DESCRIPTION des tapisseries où sont représentées les principales actions de la vie de Saint-Remi, évêque de Reims.

—DESCRIPTION historique de l'église métropolitaine de Notre-Dame de Reims, rédigée et mise en ordre, par E.-F.-X. Povillon-Pierrard. Reims, 1824, in-8°, fig.

Dans sa notice sur Povillon-Pierrard, M. Lacatte nous apprend que cet ouvrage, après avoir subi d'énormes coupures de la part de trois académiciens, valut une gratification de 300 francs à son auteur par la Société d'Agriculture de la Marne, et que le Préfet lui en obtint une de 600 francs du Conseil général du département. Cet ouvrage n'a pas cependant tout l'intérêt qu'on est en droit d'attendre de la description d'un monument de premier ordre.

— DESCRIPTION historique de l'église de Notre-Dame de l'Epine, près de Châlons-sur-Marne, par Povillon-Pierrard. A Châlons, de l'imprimerie de Boniez-Lambert. 1825. Br. grand in-12 de 47 pages.

Louis-Philippe, 2 fr. 75 c.
La description historique de Notre-Dame de l'Epine, qui a été d'abord adressée à M. le baron de Jessaint, préfet de la Marne, sous forme de lettre, et insérée dans l'Annuaire de la Marne de l'année 1822, renfermait, de moins que celle citée plus haut, quelques particularités remarquables par rapport à sa restauration intérieure. (Note de l'auteur, page 5).

— MÉMOIRE historique et descriptif dans lequel on donne à connaître l'origine de l'ancienne église abbatiale et royale de Saint-Nicaise de Reims, etc., etc.

Se trouve dans l'Annuaire de la Marne de 1825, page 239.

— NOTE sur les antiquités découvertes à Reims, depuis 1837 jusqu'en 1841.

Opuscule manuscrit envoyé à la Société de la Marne en 1841.

— NOTICE historique sur les vestiges d'anciens bains découverts dans les murs et hors des murs de l'ancienne cité de Reims, aux XVIII° et XIX° siècles de l'ère chrétienne.

Annuaire de la Marne, 1836.

— NOTICE sur les anciennes sépultures romaines, gauloises et rémoises, découvertes dans l'ancienne cité de Reims, depuis le XVI° siècle jusqu'à nos jours. Reims, 1830, br. in-8°.

— RECHERCHES sur l'histoire chronologique des évêques de Châlons-sur-Marne.

Cette étude, extraite d'un manuscrit de M. Povillon-Pierrard, déposé à la bibliothèque de la ville de Châlons-sur-Marne, embrasse la succession de 92 évêques, depuis Saint-Memmie jusqu'à Mgr de Prilly, qui fut sacré le 18 janvier 1824. (Voyez Annuaire de la Marne, 1848-49, page 388.)

— TABLEAU historique et statistique de la montagne et du village de Beine, près de Reims. Br. in-8°.

— TABLEAU historique et statistique de la montagne, de l'ancienne abbaye et du village de Saint-Thierry, canton de Bourgogne, arrondissement de Reims (Marne).

Ce travail, présenté à la Société d'Agriculture, Sciences et Arts de la Marne, se trouve dans l'Annuaire de la Marne, année 1826, et dans le compte-rendu de la Société, de la même année.

— TABLEAU historique et statistique de la montagne et du village de Brimont, près Reims. Châlons-sur-Marne, 1826, 1 vol. in-8°.

Cat. Naudin, 6 fr.
Se trouve dans l'Annuaire de la Marne, année 1827, page 476 et suivantes.

— TABLEAU historique, statistique et topographique de la montagne de Saint-Lié et des villages de Ville-Dommange et Sacy, canton de Ville-en-Tardenois, arrondissement de Reims, département de la Marne.

Annuaire de la Marne, 1828.

— DESCRIPTION et explication d'une pierre tumulaire appartenant à une sépulture romaine découverte en 1833, sur la gauche du grand chemin actuel qui conduit de Reims à Paris.

Annuaire de la Marne, année 1834, pag 261.
Les principales productions de M. Povillon ont été publiées dans l'Annuaire de la Marne, de 1825 à 1840.— Sa notice biographique se trouve dans celui de 1847.

913 PRANARD (Ch). SEDAN pittoresque, ou topographie et géologie historique de Sedan et des environs. Sedan, 1842, 1 vol. in-8°.

914 PRÉGNON (l'abbé). HISTOIRE du pays et de la ville de Sedan, depuis les temps les plus reculés jusqu'à nos jours. Sedan et Paris, Dumoulin, 1856, 3 vol. in-8°, fig.

PRIEUR, député de la Marne. (1057.)

915 PRIOR (Armand). HISTOIRE de Saint-Remi, ville et église de Reims. Librairie

catholique, 1846. Album de 11 planches coloriées.

Louis-Philippe, 19 fr. 50 c. — Prix de publication 7 fr. 50. — Catal. Dumoulin, 5 fr.

— Tapisseries de Reims, histoire de Saint-Remi. Reims, 1838. 1 vol. in-8°.

916 PROVENCHÈRES ou PROVENCHIÈRES (Siméon de), médecin du roi, né à Langres en 1552.

— Histoire de l'inappétence d'un' enfant de Vauprofonde, près Sens, de son désistement de boire et manger quatre ans, onze mois, et de sa mort. 4° édition, augmentée par l'auteur d'un 4° discours. Sens, G. Niverd, 1616, petit in-8° de 45 folios. Édition la plus complète.

Mac-Carthy, 3 fr.

Il faut y joindre :

— Cinquième Discours apologétique pour les causes surnaturelles de l'inappétence de l'enfant de Vauprofonde, par le même. Sens, 1617, in-8° de 33 folios. Vendu ainsi complet 6 fr., m. r. Méon, 3 fr. 80 c. Château-Giron. La première édition est de 1612.

Il y a plusieurs relations de ce fait. Voyez Brunet, Manuel du Libraire. (Voyez Clarissimi).

— Le Prodigieux enfant pétrifié de la ville de Sens, avec une légère et brière question problématique des causes naturelles de l'induration d'icelui, traduit du latin en français, par S.-V. Provenchère. Sens, Savine, 1582, in-8°.

Chaudon, dans son Dictionnaire historique, nous apprend que la femme qui porta cet enfant dans son sein pendant 28 ans, était la femme d'un tailleur d'habits de la ville de Sens, nommé Chatri, et que cette relation avait été d'abord écrite en latin par d'Alibaur, médecin du roi de France Henri III.
On trouve la figure de cet enfant à la page 660 des œuvres d'Ambroise Paré. Lyon, Prost, 1641, in-folio.

917 PROVENCHÈRE (Barthélemi), frère du précédent, né à Langres.

— Harangue funèbre prononcée en l'église de Sens, ès obsèques de Mgr l'illustrissime cardinal du Perron. Sens, 1620, in-12.

Cat. Bauillieur, de Lyon, 1862. (Voyez aussi le N° 1284 du Manuel).

917 bis. QUANTIN. Recherches sur le Tiers-État au moyen âge, dans les pays qui forment aujourd'hui le département de l'Yonne. Auxerre, 1851, in-8°. 3 fr.

— Cartulaire général de l'Yonne. Recueil de documents authentiques, publié par Quentin. Auxerre, 1854-60, 2 vol. in-4°. Br. 30 fr.

918 QUENTIN Notice sur la construction de la cathédrale de Sens, 1842. Br. in-8°.

QUESNEL (le P.) (1440.)

918 bis. J. QUICHERAT. Procès de condamnation et de réhabilitation de Jeanne d'Arc, dite la Pucelle, publiés pour la première fois d'après les manuscrits de la Bibliothèque royale, suivis de documents historiques et accompagnés de notes et d'éclaircissements, par Jules Quicherat. Paris, J. Renouard, 1841-49, 5 vol. grand-8°, 45 fr. Très-jolie publication.

— Aperçus nouveaux sur l'histoire de Jeanne d'Arc. Paris, J. Renouard, 1850, in-8° de 176 pages.

— Notice sur plusieurs registres de l'œuvre de la cathédrale de Troyes, 1848, in-8° de 44 pages.

919 RAGON et FABRE D'OLIVET. Recueil des élections de Champagne, avec les noms des villes et bourgs qui les composent, in-12.

— Précis de l'histoire de la province de Champagne et de ses anciennes dépendances.

Se trouve dans l'ouvrage intitulé Brie, Beauce et Blaisois, par Ragon et Fabre d'Olivet, 1835, in-18.

RAGUIER (J.), 2073.

920 RAINSANT (Pierre), médecin et antiquaire, né à Reims, mort en 1689.

— Dissertation sur un arc de triomphe trouvé sous les remparts de la ville de Reims. Reims, 1678, in-12.

On a encore de cet auteur :

— Dissertation sur douze médailles des jeux séculaires de l'empereur Domitien. Versailles, Muguet, 1684, in-4° orné de 13 fig. en taille douce.

Un exemplaire relié en parchemin. Bull. du Bouquiniste, 7 fr. Rare et curieuse dissertation.

— Question de médecine, proposée dans les escolles de Reims, le 21 janvier 1665. Reims, 1666, in-4°.

Cette question avait d'abord paru en latin l'année précédente, sous ce titre :

— Quæstio medica quodlibetariis disputationibus mane discutienda in Antonianis medicorum Remensium scholis, die 21 januarii, clarissimo viro M. Petro Rainssant doctore medico moderatore. Remis, apud viduam Joannis Bernard, 1665, in-8°.

Le sujet de cette thèse est : An cometa morborum prodromus ? Neg. — Cat. de la bibl. de Reims.
Rainsant, garde du cabinet des médailles de Louis XIV, fut trouvé noyé dans le parc de Versailles, le 7 juin 1689. (Letillois, Champenois célèbres.)

— Avis pour se guérir de la peste de cette année, 1668. Reims, 1668 in-8°.

921 RAMSAY (le chevalier André-Michel de), littérateur, d'une branche cadette de l'ancienne et illustre famille de ce nom, gouverneur du duc de Château-Thierry et du prince de Turenne, né en 1686, à Ayr, en Écosse, mort à Saint-Germain-en-Laye, le 6 mai 1743.

— Histoire du vicomte de Turenne, depuis 1643 jusqu'en 1675, avec les preuves. Paris, Mézières, 1735, 2 vol. in-4°, avec cartes. 18 à 20 fr., et plus en grand papier de Hollande. Paris, 1774, 4 vol. in-12, avec cartes, 10 à 12 fr.

L'auteur en donna aussi une édition anglaise. Cette histoire est écrite avec ordre et précision, mais elle ne fait connaître que le grand général, et non l'homme doué de toutes les vertus sociales. (Quérard, France litt.) La critique de cet ouvrage se trouve dans le Journal de Verdun du mois d'août 1735, page 158.

922 RANZOVIO (Henri). Historia archiepiscoporum Remensium à tempore Caroli-Magni usque ad Carolum III. Lugduni Batavorum, 1595, in-4°.

923 RAPINE (le père Charles). Annales ecclésiastiques du diocèse de Châlons, en Champagne, pour la succession des evesques de cette église, comtes de Chaalons et pairs de France, depuis saint Menje, premier evesque, et de la mission de saint Pierre, jusqu'à cette année mil six cent trente-six, par le R.-P. Charles Rapine, gardien des Récollets de Paris. Paris, chez Claude Sonnius, 1636, in-12 de 486 pages.

Cet ouvrage, dédié à Henri Clausse, évêque de Châlons, commence par « les noms et ordre des évêques de Chaalons, au nombre de quatre-vingt-six. » Quoique le père Rapine ne soit pas un brillant écrivain, il a pourtant publié plusieurs ouvrages importants. (Voyez son article dans le Dictionnaire de Moreri.) Cet ouvrage, qui devient de plus en plus rare (prix ordinaire 10 à 15 fr.), se trouve porté à 50 fr, N° 3749 du Bibl. français (1865).

— Discours sur la vie, mort et miracles de saint Memmie, premier évêque et apostre de Chaalons, en Champagne, avec un catalogue des évesques qui lui ont succédé en sa chaire jusques à ceste année 1625, par le P. Ch. Rapine, récollet, lecteur en théologie et prédicateur à Chaalons. A Chaalons, chez Germain Nobily, près l'église Saint-Germain, 1625, in-18 de 72 pages.

M. Boitel, dans sa statistique du canton de Vitry-le-François, dit que le P. Rapine écrivit la vie de saint Memmie d'après le manuscrit d'Almannus, religieux qui vivait sous le règne de Charles-le-Chauve, et d'après un autre manuscrit sur parchemin, d'un nommé Etienne, prêtre de Saint-Urbain, qui dédia son ouvrage à Roger Ier, évêque de Châlons en 1020.

924 RATHIER (Vincent), né à Langres en 1634, dominicain.

— Oraison funèbre de Jeanne-Gabrielle Dauvet-Desmarets, abbesse du Mont-Notre-Dame, près Provins. Provins, 1690, in-4°, 2 fr. 25 c.

— Discours sur le rétablissement de l'église royale de Saint-Quiriace de Provins. Orléans, 1666.

Cat. Duquesne, de Gand. — Carnandet, Géog. hist. (Voyez le N° 1406)

924 bis. RATIER. Essai sur l'industrie séricicole, ou observation sur la culture du mûrier, l'éducation des vers à soie et la filature dans le département de Seine-et-Marne, 1844, in-8° de 4 feuilles.

924 ter. RAULIN. Description du site de la source de Merlange, près Montereau, 1761, in-12.

Se trouve aussi dans l'Exposition des principes et des propriétés des eaux minérales, publiée la même année.

925 RAVAISSON (Félix). Catalogue des manuscrits de la bibliothèque de Laon. Paris, impr. Royale, 1846, in-4°.

Curieux, en ce sens que beaucoup de documents cités renferment des notes précieuses sur le diocèse de Reims.

926 RAVENEZ. Recherches sur les origines des églises de Reims, de Soissons et de Châlons. Reims, 1857, 1 vol. in-8°, 3 fr. 50 cent.

926 bis. RAY (Eugène). Traité de vinification, d'après les procédés en usage aux Riceys (Aube). Troyes, Bouquot, 1854, in-8° de 60 pages, 2 fr.

927 RAY (Jules). Etudes sur les armoiries de Troyes. Paris, Techener, 1852, 6 planches coloriées, 6 fr.

— Rapport sur la pêche fluviale dans le département de l'Aube. Troyes, Bouquot, 1851, in-8° de 38 pages, 1 fr. 50 c.

928 REGNAULT (l'abbé), depuis évêque de Chartres.

— Notice historique sur M. Delvincourt, curé de Charleville. Paris, Adrien Leclerc, 1826, in-8° de 100 pages.

929 REGNAULD (Charles-Douain), chanoine de Saint-Symphorien de Reims.

— Dissertation historique touchant le pouvoir accordé aux rois de France de guérir les écrouelles, accompagné de preuves touchant la vérité de la Sainte-Ampoule (1975).

— Histoire des sacres et couronnements de nos rois, faits à Reims, à commencer par Clovis jusqu'à Louis XV, avec un recueil du formulaire le plus moderne qui s'observe au sacre et couronnement des rois de France, par Regnauld, chanoine. Reims, 1722, in-12.

Il y a deux éditions de cet ouvrage : la première porte seulement sur le titre la lettre R. C. initiale de Regnauld, chanoine. (Cat. Coste, N° 2203).

REGNIER (1494 bis).

REIGLE (1644).

REIGLET (l'abbé), 1073. (Voyez Almanach de Reims.)

REIMBAUD (1210).

REMY (le docteur), de Mareuil-le-Port.

— Etude sur la caverne contenant des ossements humains et des armes en silex, découverts à Mizy, territoire de Leuvrigny, canton de Dormans, au mois de mai 1861

930 REMY père (le docteur). Flore de Champagne, ou Description succincte de toutes les plantes cryptogames et phanérogames des départements de la Marne, des Ardennes, de l'Aube et de la Haute-Marne. Manuel d'herborisation. Reims, E. Luton, 1858, in-12.

Cet ouvrage, qui a coûté quarante années de travail à son auteur, est indispensable à qui veut herboriser dans la Champagne.

931 REMY (F.-E.). Statistique du canton de Châtillon-sur-Marne, par F.-E. Remy. broch. in-8° 1819.

Ouvrage couronnné par la Société d'Agriculture, Sciences et Arts de la Marne. Se trouve dans l'Annuaire de la Marne de 1829.

932 REMI (saint), archevêque de Reims et l'apôtre des Français, naquit, vers 438, de parents nobles, qui faisaient leur demeure à Laon ou dans les environs de cette ville; il mourut, selon l'opinion la plus probable, le 13 janvier 533.

— Epistre de saint Remi au roy Clovis premier chrestien, pour bien régner. Paris, de l'impr. d'Eberhart, 1825, in-4 de 2 pages.

Extrait des antiquités de la ville de Melun, par Sébastien Bouillard.
Saint Remi avait composé plusieurs écrits, entre autres des sermons que Sidoine Apollinaire, qui s'en était procuré une copie, regarde comme un trésor inestimable, mais il ne nous reste de lui que quatre lettres, insérées dans les divers recueils des concilos, et d'actes relatifs à l'histoire de France, ainsi que dans l'histoire de la métropole de Reims, par Marlot. Les deux premières sont adressées à Clovis; la troisième est une réponse à quelques évêques qui lui avaient reproché son indulgence à l'égard d'un prêtre nommé Claude, coupable d'une faute grave, et que saint Remi s'était contenté d'admettre à la pénitence, au lieu de le dégrader.
Dans la quatrième, saint Remi reproche à Falcon, évêque de Tongres, d'avoir méconnu les droits de son métropolitain.
L'épître imprimée en 1825 paraît être la réimpression de l'une des deux premières lettres dont nous venons de parler. (France litt.)
On a encore le testament de saint Remi, dont l'authenticité a été révoquée en doute par plusieurs savants. (Voyez les nos 2094 et 2029).

932 bis. REMY (Jules), voyageur et botaniste, né à Louvercy.

— Reims, le jour des funérailles du cardinal Gousset, boutade d'un champenois, faisant suite à une brochure intitulée :
Lettre a l'évêque d'Arathie. Châlons, T. Martin, 1867.

Tiré à petit nombre.

933 RENARD (Athanase), médecin de la faculté de Paris.

— Bourbonne et ses eaux thermales. Paris, de l'impr. de Gauthier-Laguionie, 1826, in-18.

Les pages 7 et 22 contiennent la bibliographie. Deux ans plus tard, l'auteur a publié un supplément à ce volume (16 pages in-18).

— Mémoire en forme d'introduction, pour servir à l'histoire de Bourbonne-les-Bains, Paris, de l'imprimerie de Gauthier-Laguionie, 1825, in-8° de 48 pages, formant la première livraison d'une statistique générale de Bourbonne-les-Bains.

— Observations relatives au projet de l'établissement d'un hôtel de ville à Bourbonne. Chaumont, Cousot, 1823, in-8° de 28 pages.

France litt.

RENARD (1762).

934 RETZ (Jean-François-Paul de Gondy, cardinal de).

— Ses mémoires, contenant ce qui s'est passé de remarquable en France pendant les premières années du règne de Louis XIV. Amsterdam, J.-F. Bernard, 1731, 4 vol. petit in-8°.

Il faut joindre à ces quatre volumes les trois suivants :

— Mémoires de Guy Joly. Amsterdam, Bernard, 1738-39, 2 vol. petit in-8°.

— Mémoires de Mme la duchesse de Nemours. Amsterdam, 1738, petit in-8°.

Edition recherchée; on en trouve rarement de beaux exemplaires; 30 à 36 fr. (Brunet). Les éditions de Genève, Paris, 1751, 7 vol. petit in-12, ou 1777, 6 vol. in-8, n'ont qu'un prix ordinaire.
La première édition des Mémoires de Retz a paru à Nancy en 1717, 3 vol. in-12. On y remarque, dit M. Brunet, des lacunes nombreuses qui n'ont été remplies dans aucune des éditions antérieures à 1836.
Ces mémoires ont été composés à Commercy, et c'est le bénédictin dom Hennezon, abbé de l'abbaye de Saint-Mihiel, qui écrivait sous la dictée du cardinal. C'est ce même bénédictin qui a osé porter une main sacrilège sur ces mémoires, après la mort de leur auteur, en raturant les passages où ce prince de l'Eglise racontait ses campagnes amoureuses avec autant de franchise que ses campagnes belliqueuses de la Fronde.
On a encore du même auteur la Conjuration de Fiesque. Il y en a une jolie édition de Cologne, 1665, petit in-12, imprimée avec les caractères des Elzevirs. 5 à 6 francs. L'auteur l'écrivit à l'âge de 18 ans!

— Mémoires du cardinal de Retz, édition collationnée sur les manuscrits authentiques de la bibliothèque Royale, avec les fragments restitués, augmentés de lettres inédites et de fac-simile, publiés avec une notice, par M. Géruzez. Paris, Heuguet, 1842, 2 vol. grand in-18, 6 fr.

— Mémoires du cardinal de Retz, adressés à M. de Caumartin, suivis des instructions inédites de Mazarin, relatives aux Frondeurs; nouvelle édition revue et collationnée sur le manuscrit original. avec une instruction, des notes, des éclaircissements tirés des Mazarinades, et d'un index, par Aimé Champollion-Figeac. Paris, Charpentier, 1859, 4 vol. grand in-18, 14 fr. (Voyez Blache).

La critique de ces Mémoires se trouve dans les œuvres diverses de Senecé et avait déjà paru dans le Mercure de France, année 1718.
Voyez Barbier, Dict. des An., n. 13275.

935 RICHARD, chanoine de Langres, vivait en 1209.

— Histoire de la translation des reliques de saint Mammès.

Ce manuscrit faisait partie de la bibliothèque de Fleury, que Jean du Bosc a fait imprimer en 1605, in-8. Carnandet, Géog. Hist.

936 RICHARD. Observations sur le Parcours et la vaine Pâture, en Champagne, adressées au gouvernement par Richard. Châlons-sur-Marne, Depinteville-Bouchard, an XII, in-8° de 22 pages (1498).

RICHER. Voyez Bandeville (l'abbé).

RICHER (Fulgence) (1770).

936 bis. RICHON (le docteur). Catalogue des cryptogames du département de la Marne.

Se trouve dans le Congrès scientifique de France (1864), page 239 et suiv.

936 ter. RICHOUX (L). Album des baigneurs de Bourbonne-les-Bains, composé d'une suite de vues de la ville et des principaux monuments, par L. Richoux. Lith. par MM. Chapuys, Courtin, Deroy, etc. Paris, Thierry frères, 1835, in-4° avec 13 planches. 4 à 5 fr.

937 RIEUSSET, secrétaire intime du préfet de la Haute-Marne.

— Biographie du département de la Haute-Marne (avec l'abbé Mathieu). Chaumont, anonyme, 1811, 1 vol. in-8°.

Voyez Biographie.

938 RIGNIER (C.-Ernest). Valentine de Guichaumont, épisode du temps de la Ligue, avec Notice historique sur le bourg de Sommevoire et ses environs. Paris, 1847, in-8°.

Carnandet, Géogr. Hist. de la Haute-Marne.

939 RIGOLLET, docteur-médecin. Notice sur un dyptique représentant le baptême de Clovis. Br. in-12.

940 RIVAROL. Vie de saint Remi, archevêque de Reims. Barcelone, 1609, 1 vol. in-12.

941 RIVET DE LA GRANGE (dom Antoine), savant bénédictin, né le 30 octobre à Confolens, diocèse de Poitiers, mort en 1749.

— Histoire de la vie et des écrits d'Almanne, moine d'Hautvillers, diocèse de Reims.

Dans l'Histoire littéraire de la France. tome V, page 618 et suivantes. Ce religieux est mort après l'an 882.

— Histoire de la vie et des écrits de Natcher, abbé d'Hautvillers.

Histoire littéraire de la France, tome 8, p. 584. Cet abbé est mort en 1099. (Voyez le nouveau Le Long).

RABÉ (Jean), 1333.

942 ROBELIN. Itinéraire de Châlons à Bruxelles. Châlons-sur-Marne, 1837. Br. in-8°.

ROBERT DE SORBON. Voyez Thibaut, n° 2098.

ROBERT. (1187, 1193, 1198, 1203).

942 bis. ROBERT. Historia s. Huberti, principis Aquitâni, Arduennæ conscripta Roberti. Luxembourg, 1621; in-4°, fig.

Catal. Techener, 1858, n° 8013, 28 fr.

ROBERT-QUATREMARIO. (1305.)

943 ROBIN (le père), jésuite.

— Discours funèbre pour Henri de la Tour d'Auvergne, vicomte de Turenne, prononcé dans l'église collégiale de Saint-Jean-Baptiste de Chaumont en Bassigny, le 30 août 1675. — 1675, in-4°.

Tout le monde sait que le grand Turenne naquit au château de Sedan.

944 ROBILLARD (Th.) Histoire pittoresque, topographique et archéologique de Crécy-en-Brie, et de la Chapelle-sur-Crécy. Meaux, Carro, 1852, in-12.

ROCART (Claude). Voyez Caprices.

945 ROGER II, 44e évêque de Chaalons.

— Sa vie et sa mission en Russie (1048).

Chronique de Champagne, tome II, page 89 et suiv.

946 ROGIER (Jean), né à Reims, prévôt de l'échevinage de cette ville.

— Obituaire de Saint-Pierre de Reims, manuscrit de 70 pages.

— Mémoire de ce que j'ai recogneu de l'état de la ville de Reims en recherchant les titres et chartres anciennes d'icelles qui étaient en une étude au-dessus de la porte du grenier à sel, par lesquelles il se recongnoit de grandes mutations et changements en l'ordre et gouvernement d'icelle, comme aussi en sa cloture des portes, ponts, tours et remparts.

Manuscrit de 42 feuilles.

— Recueil fait par moi Jehan Rogier, des chartres, titres et arrests notables qui se trouvent en la maison et hotel de ville, ceux aussi en la chambre de l'échevinage de la ville de Reims, ensemble des gestes et faits notables des habitants d'icelle depuis l'an 1160 environ, ne se trouvant pas plus anciens que de temps. Mais par aucun d'iceux on pourra conjecturer quel était le gouvernement précédent. Ms de 64 feuilles.

ROGIER (Jean), né à Reims, prévôt de cette ville.

— Mémoire pour servir à l'histoire de la ville de Reims, avec pièces justificatives. 1626. 2 vol. in-folio.

Géruzez, Histoire de Reims. Cabinet historique.

Ces divers manuscrits, conservés à la bibliothèque de Reims, prennent rang parmi les plus intéressants pour l'histoire locale (1405).

948 ROGIER DE MONCLIN, premier président du présidial de Reims.

— Commentaires sur la coutume de Reims. Voyez le N° 1326 au mot coutumes.

ROHAN (Armand-Jules de), 1890.

ROBIN (1392).

ROLLAND (1299).

ROUARGUE (1216).

949 ROSIÈRE. MÉMOIRE sur la statistique minéralogique du département de la Haute-Marne. (Ann. des Mines, tome XV, 3ᵉ série, page 11).

— STATISTIQUE agricole, industrielle et commerciale du département de la Haute-Marne, 1834, in-8°.

Nous ne sommes pas certain que cet ouvrage soit de M. Rosière.

949 ROUGET. Recherches historiques, générales et particulières sur la ville et comté de Bar-sur-Seine, contenant l'histoire du pays, les rivières, fontaines, mines et singularités qui peuvent s'y trouver ; l'histoire des églises, monastères ; l'histoire civile et particulière du pays. Dijon, 1772.

Bull. du Bibl. (1858), nᵒ 9274

.950 ROUILLARD (Sébastien). LE THÉRISTRE ou Défense apologique pour le voile du visage pris par les religieuses du couvent de Troyes. Paris, Mestais, 1626, in-4°.

— HISTOIRE de Melun. Paris, 1626, in-4°, avec portrait de l'auteur, 18 à 20 francs.

Catal. de Coste, 2352.

951 ROUSSAT (Richard), médecin, chanoine de Langres.

— LIVRE de l'état et mutation des temps, prouvant par autorité de l'Escripture-Saincte, et par raisons astrologales, la fin du monde estre prochaine (anonyme). Lyon, Guillaume Rouillé, 1550, petit in-8°.

Ce livre rare a cela de particulier qu'à la page 162 se lit un passage qui semble annoncer d'une manière positive les mémorables évènements de 1789 (mil sept cent octante et neuf) et ceux de 1814. Un exemplaire en mar. est porté à 120 francs dans le catalogue H. Potier, 1856. Il y a plusieurs almanachs et pronostications imprimés sous le nom de Richard Roussat, ans 1548-1549 et 1552. On a encore de lui l'ouvrage suivant :

— DES ÉLÉMENTS et principes d'astronomie, item, un traité des universels jugements d'icelle ; item, un traité des élections de choses à faire, ou désirées à faire ; davantage plusieurs chapitres servant à l'astronomie et principalement aux nativités..... Le tout de nouveau mis en lumière par Richard Roussat, chanoine et médecin de Langres. Paris, Nic. Chrétien, 1552, in-8°, de 8 et 62 pages.

Ouvrage rare, vendu 15 francs Lambert, 12 francs Lavallière. (Cat. Claudin, 18 francs).
Ouvrage rare et singulier, dans lequel on trouve une digression sur l'antiquité de la ville de Langres. (Voyez Correspondance.)

952 ROUSSEAU (Dom François), bénédictin de la congrégation de Saint-Maur, né à Reims, en 1722.

— MÉMOIRE pour la ville de Reims contre le Chapitre. 1766, in-4°.

Rousseau seconda dom Baussonnet dans la réunion et le classement des nombreux matériaux qui devaient servir à l'histoire de Champagne ; mais celui-ci abandonna l'œuvre commencée en commun après la mort de son collaborateur. — (Barbier, dictionnaire des anonymes. - Annuaire de la Marne pour l'an XII.

ROUSSEL DE BOURET (1494).

ROUSSEL DE LA TOUR (1295-1296-1297-1298).

ROUSSIN (Jérôme) (1933).

953 ROUX DE ROCHELLE. HISTOIRE du régiment de Champagne. Paris, Didot, 1839, 1 vol. in-8°, 7 francs 50.

954 ROUX-FERRAND, ancien sous-préfet d'Epernay.

— MŒURS champenoises. — Les Deux Ménages. Epernay, 1854, 1 vol. in-12. 2 francs.

Le rapport sur cet ouvrage se trouve dans le compte-rendu de la Société académique de la Marne, année 1855.

— DISCOURS prononcé sur la tombe de M. Perrier-Jouët, maire de la ville d'Epernay.

Se trouve dans l'Annuaire de la Marne de 1856, page 432.

955 ROVERIUS (Petrus). REAUMAUS seu historia S. Johannis Reomaensis in tractu Lingonensi a Petro Roverio Parisiis, 1637, in-4°, veau f. fil., 10 francs 50 c. — Rare.

Arch. du Bibl. (1858, Nᵒ 7076.)

ROY (A.) Voir Guérin.

956 Nul.

957 ROYER (l'abbé), alors chanoine théologal de Provins.

— DISCOURS prononcé à la messe solennelle célébrée le jour du sacre du roi. 1775, in-4°.

— ORAISON funèbre de Louis XV, prononcée à Provins. 1774, in-4°.

958 ROYER. REMARQUES curieuses sur les eaux salutaires de Sermaize. 1717, br. in-12.

959 RUINART (Dom Th.), de Reims.

— ABRÉGÉ de la vie de Dom Jean Mabillon (Rémois), prêtre et religieux de la congrégation de Saint-Maur. Paris, 1709. in-12, 2 francs.

ROZE (1379).

959 bis. ROZIER (l'abbé). RECHERCHES sur les sels principes des eaux minérales de Provins. (Observ. sur la phys., l'histoire natur., etc.) Août 1777, p. 117.

968 ter. SECRÉTAN (Edouard), professeur de droit à Lausanne (Suisse).

— LA TRADITION des Niebelungen, son origine, sa valeur historique, suivie d'éclaircissements sur les batailles de Mauriac et de Châlons. Lausanne, Martignier et Chavannes, libraires, 1865, 1 vol. in-

Avec une grande carte représentant les différents systèmes émis par les écrivains qui ont traité cette question, que personne n'a encore résolue d'une manière victorieuse. Cependant, il faut le reconnaître. personne, jusqu'alors, ne l'a présentée avec autant de clarté et de précision, et cette savante étude mériterait assurément d'être plus connue en Champagne, où Il n'y a eu que de rares exemplaires, distribués par l'auteur à ses amis correspondants.

960 SABBATHIER (François), d'abord professeur, en 1762, au collège de Châlons-sur-Marne, secrétaire perpétuel de l'Académie de cette ville, né en 1735 à Condom, mort près de Châlons, le 11 mars 1807.

— ESSAI historique et critique sur l'origine et la puissance temporelle des papes, qui a remporté le prix de l'Académie de Prusse. La Haye (Châlons), 1764, in-12, 2e édit. La Haye et Châlons, Ant. de Gaulle, in-12.

Ouvrage rempli d'érudition et de recherches curieuses, qui ont servi à ceux qui, depuis, ont traité le même sujet.

— RECUEIL de dissertations sur divers sujets de l'histoire de France. Châlons-sur-Marne et Paris, Barbou, Delalain, 1770, in-12.

Ce volume contient plusieurs mémoires adressés sans succès à diverses Académies. Parmi ces mémoires, on remarque celui : Sur le lieu où Attila fut défait par l'armée d'Aétius, et qui avait déjà été publié dans le MERCURE du mois d'avril 1765, tome Ier, pages 163-167.

— DICTIONNAIRE pour l'intelligence des auteurs classiques grecs et latins. Châlons, 1766·1815. 37 vol. in-8° (Brunet), 80 à 120 francs, orné de fig. d'après Varin.

Cet ouvrage, rempli de recherches savantes, n'a pas été achevé comme il devait l'être, car la fin du manuscrit de l'auteur a été tellement abrégée par le compilateur Serieys, que le dernier volume contient à lui seul les lettres depuis S jusqu'à Z.
Le texte de cet ouvrage dictionnaire devait être accompagné de gravures 16 livraisons), mais il n'en a été publié que huit de 25 pl. chacune. (Manuel du libraire, tom. V, col. 4.)

SAGIZEL DE TORRECY (1486).

SAINT-AMABLE (Modeste de). 2135.

961 SAINT-GERMAIN D'APCHON. L'IRÉNOPHILE, discours de la paix contre les désordres des guerres civiles, par de Saint-Germain. Lyon, 1594, in-4°.

On voit dans cet ouvrage comment la ville de Langres avec ses environs resta fidèle au roi pendant la Ligue.

961 SAINT-LÉGER (de). NOTICE sur la vie et les ouvrages de feu M. Cliquot-Blervache, par M. Simon Jacob; additions à cette notice par M. de Saint-Léger.

Multis ille bonis flebilis occidit.
(Hor. Od. XXIV. 1. 4.)

Paris, de l'imprimerie de J.-B. Sajou, rue de la Harpe, N° 11. 1815, in-8° de 16 pages.

962 SAINT-MARCEAU (de). NOTES et documents pour servir à l'histoire de la ville

de Reims, pendant les quinze années de 1830 à 1845. Reims, Regnier, 1849, in-4°.

Très-rare, l'auteur ayant retiré l'édition du commerce.

SAINT-PAUL (Mme de). 1471.

962 bis. SAINT–PRIAUX. SAINT–HUBERT, apôtre des Ardennes, patron des chasseurs. Paris, 1853, in-18.

Catal. Tron, 6 francs.

963 SAINT–SAUVEUR. DISSERTATION sur l'inscription du grand portail du couvent des Cordeliers de Reims. 1673, in-12, 2 francs 50 c.

963 bis. SALGUÉS. DES ERREURS et des préjugés répandus dans la société.

Au mot Champenois, l'auteur a consacré un article particulier où il se fait cette question : Quatre-vingt-dix-neuf moutons et un Champenois font-ils cent bê..es?

963 ter. SALLE le (Dr Léandre), médecin en chef des hôpitaux de Châlons-sur-Marne.

— FAUNE du département de la Marne, dressée d'après les instructions du ministre de l'instruction publique.

Se trouve dans l'Annuaire de la Marne pour 1863.

— SOUVENIRS d'un demi-siècle, racontés par un grand-père à son petit-fils. Châlons, Laurent, 1859, in-12.

Cet ouvrage, qui n'a pas été mis dans le commerce, se trouve dans l'Annuaire de la Marne, année 1859.

— NOTICE sur le choléra observé à Châlons. Br. in-8°.

964. SALLE (J.-B). L'ENTRÉE de Danton aux enfers. Poème inédit de J.-B Salle, publié, d'après le manuscrit original, par J. Moreau. Châlons, Paris, 1865, 1 vol. in-12, 3 francs.

Danton (Georges-Jacques). fameux terroriste et orateur populaire, naquit à Arcis-sur-Aube, le 28 octobre 1759. Mort sur l'échafaud révolutionnaire le 5 avril 1794.

964 bis. SALINS (J.-B. de). DEFENSE du vin de Bourgogne contre le vin de Champagne. Dijon, Ressayre, 1701, in-4°.

Une autre édition a été publiée en 1704 par le frère de l'auteur. Le même en latin, 5e édition. Beaune. Simonol, 1705.
Lettre écrite à un magistrat en réponse à un docteur rémois, qui a écrit deux lettres contre l'honneur et la réputation des vins de Beaune. et particulièrement contre l'auteur de leur défense, par laquelle il prouve que le vin de Beaune est plus agréable et plus sain que le vin de Reims. Paris, 1706, in-4°. (Biog. Ard.)

SALLIGNY (Charles de) Voyez Coutumes de Vitry-le-François, N° 1350.

SALLIGNY (de). 2145.

965 SALMON. NOTICE sur deux monnaies mérovingiennes, d'argent, de Troyes.

Dans les mémoires de l'Académie de l'Aube.

965 bis. SANDRAS DES COURTILZ. VIE de J.-B. Colbert, ministre d'Etat. Cologne, P. le Vrai (Hollande), 1606, petit in 12 (2125-2139).

SAMSON (Nicolas). 1179-1208-1228-1230.

965 ter. E. SAUBINET aîné. OBSERVATIONS critiques sur quelques plantes rares trouvées aux environs de Reims.

Voyez les Annuaires de 1835-1839-1840 et suivants.

— VOCABULAIRE du bas langage rémois. Reims, 1845, 1 vol. format Cazin, 1 fr. 50 c.

966 SAULCY (de). PREMIÈRE CAMPAGNE de César contre les Belges.

Revue européenne, III, 271.

966 bis. SAULX (l'abbé Pierre de), docteur en théologie, chanoine de l'église de Reims et chancelier de l'Université de la même ville, membre des Académies de Rome, Nancy et Châlons, né à Reims, mort le 30 janvier 1768.

— STANCES sur la pudeur, morceau de dix-sept quatrains.

Inséré dans le JOURNAL DE VERDUN du mois de septembre 1726.

— STANCES sur l'amitié.

— STANCES sur le sommeil.

Insérées dans le journal de la même année.

— RELATION de ce qui s'est passé de plus intéressant à Reims au passage du roi, allant de Flandre en Allemagne.

— EXPLICATION des emblèmes et devises héroïques, inventées et mises en vers par M. de Saulx, chanoine de Reims, pour la décoration des arcs de triomphe, au sujet du passage. Reims, Multeau, 1744, in-4°.

— EXPLICATION des emblèmes et devises inventées par M. de Saulx pour la décoration du feu d'artifice, etc. en réjouissance du rétablissement de la santé du roi.

— EXPLICATION des emblèmes, devises, etc., par M. de Saulx, pour la décoration des arcs de triomphe (de Reims) érigés au passage de la reine, à son retour de Metz, le 10 octobre. Reims, Multeau, 1744, in-4°.

(De Fontette.)

966 ter. SAUSSAY (André du). De gloria Sancti Remigii proprii Francorum apostoli libri quatuor, auctore Andrea du Saussay, episcopo Tullensi. Tulli Leucorum, 1661, in-4°.

— De Unitate Ecclesiastica dissertatio, seu ecclesiæ Lingonensis defensio, auctore Andrea du Saussay. Parisiis, Chaudière, 1632, in-4°.

— De gloria Sancti Remigii Francorum apostoli libri quatuor, quibus subnectitur assertio veritatis sanctæ Ampullæ Remensis. Tulli Leucorum, Belgrand, 1661, in-f°.

— Martyrium sanctorum Sixti et Sinicii

Remensis ecclesiæ et Suessonensis apostolorum assertum ab Andrea. Du Saussay.

Ces actes sont imprimés dans les opuscules du même auteur. Paris, 1629, in-4°.
Ces saints vivaient dans le IIIe siècle.

966 quater. SAUSSERET (l'abbé), curé de Méry-sur-Seine.

— NOTICE biographique sur Marguerite Bourgeois, née à Troyes, au commencement du XVIIe siècle, qui alla fonder au Canada l'utile et hospitalière congrégation de Villemarie.

Lue au congrès scientifique de France, tenu à Troyes en 1864.

967 SAUVAGE ET BUVIGNIER. STATISTIQUE minéralogique et géologique du département des Ardennes. 1842, 1 vol. in-8°.

967 bis. C. SAUVAGE ET A. BUVIGNIER. STATISTIQUE minéralogique et géologique du département des Ardennes. Mézières, 1842. Br. in-8°.

Carte et planches géologiques coloriées, 4 à 5 francs.

967 ter. SAVIGNY (Christophe de), né à Savigny, près Vouziers (Ardennes), vers 1530, mort vers l'an 1600.

— TABLEAUX accomplis de tous les arts libéraux, contenant brièvement et clerement (sic.) par singulière méthode de doctrine, une générale et sommaire partition desdits arts, amassez et réduicts par ordre pour le soulagement et profit de la ieunesse. Paris, Jean et François de Gourmont frères, 1587, in-folio. Atlas de 37 fig., dont 19 gravées sur bois.

Cet ouvrage auquel Nicolas Bergeron a eu part est très-estimé parce que son auteur, le savant seigneur de Savigny et de Piment en Rethelois fut le premier qui assujettit les sciences et les arts en tableaux généalogiques et méthodiques, et qui employa le mot *encyclopédie* pour mieux en exprimer la pensée.
Les tableaux accomplis dont les planches gravées sont attribuées au célèbre Jean Cousin semblent avoir donné l'idée à François Bacon de l'arbre encyclopédique qu'il a fait paraître en 1605.
De Savigny a dédié son ouvrage à Ludovic de Gonzague, duc de Nivernois et de Rethelois.

968 SAVY. TOPOGRAPHIE, jusqu'au Ve siècle, de la partie des Gaules occupée aujourd'hui par le département de la Marne. Br. in-8° de 104 pages. Châlons, 1859, cartes et plans.

Elle se trouve imprimée dans le compte rendu de la Société de 1859. La critique de cette brochure a été imprimée à Reims, chez Dubois. Elle est de M. Ch. Loriquet.

— RÉPONSE aux observations critiques de M. Charles Loriquet, sur un travail de M. Savy intitulé Mémoire topographique, etc. Brochure de 25 pages publiée sous les auspices de la Société d'agriculture, sciences et arts du département de la Marne. Châlons-sur-Marne, Laurent, 1860.

Cette réponse a été lue par M. Savy, le 15 juin 1860, à la Société d'agriculture, sciences et arts du département de la Marne.
M. Savy a encore présenté un rapport à la Société académique de la Marne, sur les vieux fers à cheval romains, rapport qui se trouve dans le compte-rendu de cette Société de 1860.

968 bis. SECOUSSE. MÉMOIRE sur l'union de la Champagne et de la Brie à la couronne de France, par Secousse.

Mémoires de l'Académie des Inscriptions et Belles-Lettres, tome XVII, page 295 et suiv.

969 SÉGUY (Joseph), abbé de Genlis, chanoine de Meaux, membre de l'Académie française, mort à Meaux, le 18 mars 1761.

— ORAISON funèbre de Henri Thiard de Bissy, cardinal et évêque de Meaux, prononcée dans l'église de Meaux, le 5 décembre 1737. Paris, Prault, 1757, in-4°.

N. Lelong, N° 9431.

969 bis. SELLIER (Remi-Etienne), avocat, né à Sarry.

— DISCOURS d'ouverture au congrès archéologique de France (session de 1855).

— MÉMOIRE sur la vingt-cinquième question posée par le congrès archéologique de France (22e session), question ainsi posée : Châlons a-t-elle été réellement la capitale de la Champagne. Châlons, Laurent, br. in-8°.

Ce discours se trouve imprimé dans l'Annuaire du département de la Marne pour 1857.

— NOTICE biographique sur M. le vicomte de Jessaint, ancien préfet de la Marne. Châlons-sur-Marne, 1854, br. in-8°, portrait.

Se trouve aussi imprimée dans l'Annuaire de la Marne pour 1855 et dans le compte-rendu de 1854.

— NOTICE historique sur la compagnie des Archers ou Arbalétriers et ensuite des Arquebusiers de la ville de Châlons-sur-Marne. Laurent, 1857, br. in-8°.

Tirée à petit nombre et imprimée dans l'Annuaire de la Marne pour 1857 (Voyez Van-Vert).

969 ter. SÉMILLARD (Michel). TROYES depuis le Ve jusqu'au XVIIIe siècle, notes de J.-B. Breyer, chanoine de l'église papale et collégiale de Saint-Urbain. Troyes, Varlot, 1854, in-4° de 3 feuilles et demie.

970. SÉNARMONT (de). ESSAI d'une description géologique du département de Seine-et-Marne. 1844, in-8° de 15 feuilles.

970 bis. SENAUT (Africain). HISTOIRE des établissements religieux de Langres.

Son ouvrage manuscrit se conserve à la bibliothèque de la ville de Langres.
(Carnandet, Géog. hist.)

SERANCOURT (le père R. F.). 1053-2096.

970 ter. SÉRENT (l'abbé J. R., Sébastien de). PÉLERINAGE littéraire et pieux en Champagne, Franche-Comté, Lyonnais et Bourgogne. 1756, in-12.

971 SERGENT. TABLES complètes de conversion des anciennes mesures agraires du département de la Marne, en nou-velles mesures métriques, par A. Sergent, arpenteur-géomètre. Reims, Guélon-Mareau, 1828, 1 vol. in-8° de 170 p.

Cet ouvrage est terminé par une table des communes du département de la Marne, indiquant les pages et numéros des mesures employées dans chacune d'elles.

971 bis. SÉRURIER. PLAN de la ville et des faubourgs de la ville de Chaalons-sur-Marne. Une feuille in-plano, dessinée à la main et coloriée.

On lit au bas : Ce plan a été fait en 1714, par moi, Sérurier, gendre de M. Armand Boschefer, lieutenant de la ville, et dédié à MM. les gouverneur et conseillers. Ce plan se trouve dans le cabinet de M. Jules Garinet.

971 ter. SEURRE (le Dr), à Suippes.

— QUELQUES FAITS de médecine et de chirurgie observés à Suippes par M. le Dr Seurre.

Envoyé à la Société d'Agriculture en 1841.

972 SÈZE (le comte de). HISTOIRE de l'évènement de Varennes au 21 juin 1791. Paris, 1843, in-8°.

Catal. Dumoulin, 3 francs.

SIMIANE (de), de Cordes. 2061.

973 SIMON (Edouard-Thomas), d'abord médecin, secrétaire du musée, membre de la Société libre des sciences, lettres et arts de Paris, ensuite bibliothécaire du Corps législatif et du Tribunat, membre de l'Académie des Arcades de Rome; né à Troyes le 16 octobre 1740, mort à Besançon le 4 avril 1818.

— ALMANACH de la ville et du diocèse de Troyes. Troyes, André, 1776-1787, 12 v. in-16.

Avec M. Courtalon-Delaistre.

— LES BEAUX-ARTS rappelés à Troyes par la bienfaisance. Ode. 1775, in-8°.

— EPITRE à M. C. D V. D. S. J. (Courtalon-Delaistre, vicaire de Saint-Jean de Troyes), sur le respect dû aux grands hommes. Amsterdam (Troyes), 1765, in-8°.

Il est question dans cette satire d'un P. B. C.; il s'agit du P. Bertin, capucin, auteur de la chanson des PETITS THOUS, pièce érotique assez jolie et peu connue.

— EPITRE d'Héloïse à Abailard, traduction nouvelle, 1767, in-8°.

— JOURNAL de Troyes et de la Champagne méridionale, de 1782 à 1789. Troyes, 1782 et années suivantes, in-4°.

— MUSES provinciales, ou Recueil des meilleures productions du goût des poètes, tant des provinces que des pays étrangers. Paris, Leroy, 1788, petit in-12.

Ce volume se joint à la collection de l'Almanach des Muses.

974 SIMON (de Troyes). MUTIUS ou Rome libre, tragédie en 5 actes en vers. Paris, an X. In-8°.

L'AMI d'Anacréon ou choix de chansons, par le même. Paris, 1804, figures, petit in-12, 4 francs.

974 SIMON (Edouard-Thomas), médecin et littérateur, né à Troyes en 1740.

— RECUEIL des meilleures productions du génie des poètes des provinces de la France. 1788, in-12.

Recueil curieux, devenu rare.
On a encore de cet auteur distingué : Choix de poésies traduites du grec, du latin et de l'italien, par E. T. S. D. T. (Simon de Troyes); le Congrès des Fleurs, poème latin, et les Muses provinciales, qui est peut-être le même ouvrage que celui cité plus haut. (Voyez Barbier, Dict. des An., No 18662.)
E.-T. Simon est encore l'auteur de traductions et de pièces fugitives insérées dans l'Almanach des Muses, l'Almanach des Grâces, dans les Etrennes du Parnasse, etc. et a laissé un grand nombre de manuscrits. M. Beuchot, dans son Journal de la Librairie, ann. 1825, en cite plusieurs.
Quérard, France littéraire.

SIMON MARTIN (2136).

975 SIRET (Ch.), bibliothécaire.

— PRÉCIS HISTORIQUE du sacre de S. M. Charles X, contenant les détails de cette auguste cérémonie, avec des notes et l'état du logement fait à Reims à cette occasion. Reims, 1826, in-4°., mar. vert. fil., tr. dor, aux armes de la ville de Reims. (Bulletin du Bouquiniste.) 12 fr.

376 SOCARD (Alexis), libraire à Troyes.

— A PROPOS D'UN VIEUX LIVRE. Troyes, Dufour-Bouquot, 1865, br. in-8° de 8 p., avec le portrait de Jean Rochette, ancien avocat à Troyes.

L'auteur y donne le catalogue des ouvrages de Jean Rochette, dont la plupart ont été imprimés à Troyes.

— LIVRES LITURGIQUES du diocèse de Troyes, imprimés au XVe et au XVIe siècle, par Alexis Socard et Alexandre Assier. Paris, A. Aubry, 1863, 1 vol. in-8°, sur beau papier vergé, 5 fr. pour les cent premiers souscripteurs.

Curieuse et intéressante publication, illustrée de 86 gravures originales. Tiré à 200 exemplaires numérotés, cet ouvrage, indispensable aux bibliophiles, renferme sur l'imprimerie troyenne des observations qu'on ne saurait trouver ailleurs ; c'est un complément des travaux de Renouvier.
Cet ouvrage offre, d'ailleurs, une singularité probablement unique dans les annales typographiques : c'est que les 86 bois reproduits par MM. Socard et Assier dans leur étude sont les bois originaux qui ont servi aux imprimeurs de Troyes aux XVe et XVIe siècles, et qui, bien que trois fois séculaires, ont pu résister aux efforts de la presse. (Bulletin du Bouquiniste, octobre 1863.)

— NOELS et CANTIQUES imprimés à Troyes depuis le XVIIe siècle jusqu'à nos jours, avec des notes bibliographiques et biographiques sur les imprimeurs. Paris, A. Aubry, 1865, un beau volume, papier vergé, 8 fr ; papier de couleur, 12 fr.

Curieux ouvrage orné de 20 planches tirées avec les bois originaux dont une grande planche in-plano représentant Notre-Dame de Liesse.
Il est de plus enrichi de la musique de plusieurs airs.

— LIVRES POPULAIRES imprimés à Troyes, de 1600 à 1800.

HAGIOGRAPHIE. Ascétisme. Paris, A. Aubry, et Troyes, Bertrand-Hu, 1864, 1 v. in-8°, papier vergé, 10 fr.

Curieuse et intéressante publication, illustrée de 120 gravures imprimées avec les bois originaux.

976 bis. SOCARD (Emile).

— CHARTES INÉDITES extraites des Cartulaires de Molesme, intéressant un grand nombre de localités du département de la Marne. Troyes, 1865, in-8° de 204 pages, papier vergé, 6 fr.

— LÉGENDE DE SAINTE-MATHIE, vierge troyenne. — Troyes, 1862, piqûre de 10 pages, 50 centimes.

— REVUE CRITIQUE pouvant servir de supplément au Répertoire archéologique du département de l'Aube. Troyes, 1861, in-4°. 8 à 10 fr.

C'est le complément de l'ouvrage de M. d'Arbois de Jubainville. — Voyez ce nom.

977 SOLIMAN LIEUTAUD.

— RECHERCHES SUR LES PERSONNAGES NÉS EN CHAMPAGNE, dont il existe des portraits dessinés, gravés ou lithographiés. Paris, Rapilly, 1856, in-8°.

978 SOMMEVESLE (DE), gentilhomme champenois, demeurant à Châlons-sr-Marne.

LE MÉDISANT PUNI, conte moral (poésie).
Inséré dans le journal de Verdun du mois de décembre 1728, page 409 et suivantes.

SORBON (voyez ROBERT), 2098.

989 SOREL (Jean), aumônier de l'abbaye de Saint-Basle.

HISTOIRE DE LA VIE ET DES MIRACLES du glorieux saint Basle, confesseur. Reims, 1632, in-12.

Edme Moreau, graveur de Châlons-sur-Marne, a illustré cet ouvrage de nombreuses et curieuses gravures.

STILLINGI (Joannes), (voyez VITA SANCTI ALPINI), 2148.

980 SUE (P.).

— MÉMOIRE HISTORIQUE, LITTÉRAIRE ET CRITIQUE sur la vie et les ouvrages tant imprimés que manuscrits de Jean Goulin (Rémois). Paris, Blanchard, 1800, in-8.

M. Pierre Sue était le père du romancier Eug. Sue.

SUICER (l'abbé), 2092.

981 SUSANE.

— LA CHAMPAGNE POUILLEUSE (8 décembre 1856). Metz, imp. de F. Blanc, 1857, in-8°.

982 TABOURAT (Jean), chanoine et official de Langres.

— HISTOIRE de la ville de Langres, 1590, in-12.
(2487-2489)

Jean Tabourat était l'oncle d'Etienne Tabourat, plus connu sous le nom du sieur Des Accords. Voyez notre supplément et nos Recherches bibliographiques sur les écrivains et les artistes champenois (article Tabourat).

983 TAILLANDIER (Charles, dom), bénédictin de la Congrégation de Saint-Maur, en 1725, à l'âge de 21 ans, né à Arras, en 1706.

— Projet d'une Histoire générale de Champagne et de Brie, par les PP, Bénédictins (rédigé par dom Taillandier). Reims, 1788, in-4°.

L'abbé Desfontaines présente une longue analyse de ce Projet dans ses Observations sur les écrits modernes, tome XV, lettre 214

— Dom Taillandier a donné le tome II de l'Histoire de Bretagne, de dom Morice (1756), et le 10° vol. de l'Histoire littéraire de la France. Il a été l'éditeur du Dictionnaire de la Langue bretonne, par dom Pelletier (1752), in-f°; il est auteur d'une brochure sur les anciens rois de Bretagne, et de l'éloge de dom Rivet.

— Lettre sur les Translations du corps de saint Maur. 1749, in-12.

Quérard, France littéraire. 1615 — 1896 — 1901.

984 TAILLANDIER (A.-F.). Histoire du château et du bourg de Blandy-en-Brie. Paris, 1854, br. in-8° 8 fr.

Monographie bien exécutée et enrichie de figures, sceaux, armes, etc.

— Notice sur l'église de Champeaux. (Mémoires de la Société des Antiquaires de France, tome XI). 1835.

TALLEYRAND (de) (1677).

985 TASSIN (Nicolas)

Voyez Cartes et Vues, ainsi que son grand ouvrage sur les Plans et Profils des villes de France, publié chez Cramoisy, en 1634 2 vol. in-4°.

986 TARBÉ (Prosper):

— Essais historiques sur Reims, et sur ses Monuments. 1 vol. in-4°, orné de planches lithographiées et dessinées par Macquart, 40 fr.

— Lespitre de M. Saint-Estienne, chantée en son église de Reims, in-16 (120 ex).

— Vive Henri IV, chanson historique en 6 couplets, ad usum populi, cum notis variorum. Reims, 1840, 2 vol. in-18.

— Les Sépultures de l'église Saint Remi de Reims. Chez Brissart, libraire de la Société des Bibliophiles. M DCCCXLII. Reims, L. Jacquet, imprimeur. Grand in-18 de 118 pages.

Ce volume, publié après la dissolution de la Société des Bibliophiles, aux frais de M. Tarbé, est cependant imprimé dans les mêmes conditions et se joint aux autres volumes de la collection. Il y a également quelques exemplaires sur papier de couleur.

— Trésors des églises de Reims. Reims, 1843, 1 vol. in-f°, d.-rel. v. fauve. Catal. Techener, 30 fr.

Livre curieux et très-intéressant sous le double rapport artistique et archéologique; nous y trouvons par exemple des descriptions de : Ouvrages d'orfèvrerie du XVIe siècle, présent de Henri II ; vaisseau en cornaline, argent, or et émail, présent de Henri III ; mitres de Juvénal des Ursins, du cardinal de Lorraine ; croix, crosses et reliquaires byzantins, etc.

Note du Catal. cité.

— Notre-Dame de Reims. Reims. 1845, in-8°.

Description illustrée de 6 gravures sur acier et de 25 gravures sur bois. Reims, Quentin, 1852, in-8°. 5 fr. Brissart-Binet.

— Œuvres de Guillaume Coquillard. Paris, 1847, 2 vol. in-8°. — Épuisé.

— Ballade des trois États de France, chantée et donnée à Reims, sous Louis XI, avec notes. Reims. 1847, 1 vol. petit in-12. destiné à servir de complément à la collection des bibliophiles rémois.

— Les Chansonniers des Campagnes, aux XIIe et XIIIe siècles, avec des recherches sur la vie et les mœurs des Chansonniers. Reims, Regnier, 1850, petit in-8°.

Fait partie de la collection des Poètes champenois.

— Œuvres de Philippe de Vitry. Reims, 1850, 1 vol. in-8°, papier carré vergé, 7 fr. (Tiré à 225 exemplaires).

— Collection complète des Poètes Champenois, augmentée du 16e volume. Poésies d'Agnès de Navarre-Champagne, dame de Foix. Paris, A. Aubry, 1856, 16 vol. in-8°

Œuvres de Guillaume Coquillard...	2 vol
— Machault	1
— d'Eustache Deschamps....	1
Le roman du Chevalier de la Charette	1
Le roman d'Aubry le Bourgoing...	1
Les Chansons de Champagne, aux XIIe et XIIIe siècles.	1
Les Œuvres de Philippe de Vitry...	1
Le roman de Gérard de Viane...	1
Chanson de Thibaut IV, comte de Champagne	1
Poètes de Champagne antérieurs au siècle de François Ier	1
Tournoiement de l'Anté-Christ, par Huon de Méry-sur-Seine	1
Recherches sur les patois de Champagne	2
Poésies d'Agnès de Navarre-Champagne	1

Chansons de Thibault IV, comte de Champagne et de Brie, roi de Navarre. Reims, imp. de Regnier, 1851, in-8°.

Fait partie de la collection des Poètes champenois.

— Recherches sur l'Histoire du langage et du patois de Champagne. Reims, 1851, 2 vol. in-8°. 4 fr.

— Saint-Remi de Reims, dalles du XIIIe siècle. In-f° orné de 6 planches par Macquart. Reims, 1849, 1 vol. 10 fr.

— Le Roman du Renard, contrefait par Leclerc de Troyes. Fragments, 1 vol. — Recherches sur l'Histoire du langage et du patois de Champagne, 1851, 2 vol. — Poésies d'Agnès de Navarre-Champagne, dame de Foix. publiées pour la première fois, avec introduction et glossaire, en 1856, 1 vol. — Les Quatre Fils Aymon, 1 vol. Chaque vol., 8 fr..

Cette collection est terminée par le Romancero de Champagne en 3 vol. A. Aubry, 6 fr. le vol.

— Poètes champenois antérieurs au XVIe siècle. Reims, imp. de Regnier, 1850 et suiv.

Collection de 24 vol. petit in-8°. — Coquillard, 2 vol, — Machaux, 1 vol. — Eustache Deschamps, 2 vol. — Les Œuvres de Philippe de Vitry, 1 vol. — Le Roman du chevalier de la Charette, par Chrestien de Troyes et Geoffroy de Laigny, 1 vol. — Le Roman de Girard de Viane par Bertrand, de Bar-sur-Aube, 1 vol. — Les Chansonniers de Champagne, aux XIIe et XIIIe siècles, 1 vol. — Le Roman d'Aubery de Bourgoing, 1 vol. — Chansons de Thibault IV, comte de Champagne et de Brie, roi de Navarre, 1 vol. — Tournoiement de l'Ante-Christ, par Huon de Méry, 1 vol. — Proverbes champenois avant le XVIe siècle, 1 vol.

— L'Art de plumer la Poule sans crier. Reims, 1854, in-18.

— La vie et les Œuvres de J.-B. Pigalle, sculpteur. Paris, 1859, in-8° de 270 pag.

Catal. A. Aubry, 2 fr.

« Quoi de plus instructif que la vie de ces hommes heureusement doués, pour lesquels l'étude a été la plus continuelle et la plus agréable occupation? On apprend plus en pénétrant dans la vie intime d'un artiste qu'en examinant uniquement les œuvres sorties de son génie. J.-B. Pigalle, sculpteur de mérite, personnifie toute une école d'art; il concentre en lui seul les instincts spirituels et légers de la société française au XVIIIe siècle. M. Prosper Tarbé, descendant de l'illustre sculpteur, vient d'écrire tout un livre sur J.-B. Pigalle, livre plein de documents, rempli de faits groupés par ordre, que tout artiste doit s'empresser de lire : le sculpteur y est apprécié à sa juste valeur, et le caractère de l'homme fort bien esquissé. Ce serait une véritable bonne fortune pour les amis de l'art français, de voir paraître souvent des livres aussi substantiels que l'est celui que M. Prosper Tarbé vient de mettre au jour. » (B. D.)

— Les Œuvres de Blondel de Néele, ménestrel de Richard Cœur-de-Lion, trouvère du XIIe siècle, publiées pour la première fois d'après les manuscrits, avec notice, introduction, éclaircissements et glossaire, par P. Tarbé. Reims, 1862, in-8°, papier vergé. Br., 8 fr.

— Le Romancero de Champagne. Reims, 1863-64, 5 vol. in-8°, 40 fr.

Collection de chants populaires et historiques de la plus haute importance pour la province de Champagne. Il n'y a guère de bibliophiles sérieux qui n'aient cette belle collection dans leur bibliothèque, ou qui ne désirent l'avoir. Le recueil commence aux origines de la langue française.

1er volume. — Chants religieux : Noëls ; le Questionnaire de Vermandois : Hymne de S. Aspaïs ; Légende de St Crépin ; Légende de St Hubert ; le Grand-Pardon de Chaumont, etc., etc.

2e volume. — Chants populaires : Le Comté de Brie ; Chanson royale de 1393 ; Chaumontois et Langrois ; Reims au XVIIIe siècle ; les Rémoises du XVIIe siècle ; la Foire de Reims au XVIe siècle ; le Juif-Errant en Champagne ; les Baigneuses de l'Yonne ; le Galant des Ardennes ; le biau Colas ; Chansons de métiers ; Ronde des Tisseurs ardennais ; les Teinturiers de Reims ; le Droit de Tablier ; Dits du Limaçon et du Hanneton ; la chanson de la Charrue-aux-Bœufs, etc., etc.

3e volume. — Chants légendaires et historiques, de 420 à 1550 : Le Dict de Pharamond ; Chant pastoral de Sainte Geneviève, composé par une bergère des Ardennes ; la Légende de St Remi ; la Légende de Mahomet ; Version Champenoise : la chanson des Confrères de St Hubert ; les Légendes des Écrouelles ; la Légende de la Bataille des Chiens au Mont-Aimé ; Chanson de la Croisade de 1491 ; la complainte d'Abailard et d'Héloïse ; le comte de Champagne et les Champenois au siége d'Avignon ; la chanson de Jeanne d'Arc ; Marche triomphale de Jeanne d'Arc, d'Orléans à Reims ; le Boute-Selle des Bourguignons ; la Légende des Cordeliers de Troyes, etc., etc.

4e volume. — Chants historiques (1550-1750) : Le Sacre de Henri II ; le Cri du Sacre de François II ; le Carnage de Wassy ; la chanson du siége d'Epernay ; Henri IV et le vin d'Ay ; la chanson de la Ligue, à Reims ; Malbrough va-t-en Champagne, etc., etc.

5e volume. — Chants historiques (1750-1829) : La complainte des Rats-de-cave, à Troyes ; les Enseignes Champenoises ; la chanson des Arquebusiers de Provins ; les dictons de Champagne et de Brie ; les Royalistes à Varennes ; la complainte de la Terreur, à Reims ; du danger de manger des raisins de Champagne ; le Régiment des Ardennaises ; les Muscadins à Reims ; la chanson des Conscrits de Seine-et-Marne, etc., etc.

L'on voit par ces titres, pris au hasard, l'intérêt que cette collection présente au bibliophile, au poète et à l'historien. (M. C.)

987 TARBÉ (Théodore). Recherches historiques et anecdotiques sur la ville de Sens, sur son antiquité et ses monuments. 1838, in-12.

— Description de l'église métropolitaine de Saint-Etienne de Sens. 1841. Broché in-8°.

988 TARBÉ DES SABLONS.
Voyez Conférences sur la coutume de Sens.

TASSIN (1192) (1199) (1200-1226-1227).

989 TAVEAU (Jacob), avocat, mort en 1624.

— Senonensium Archiepiscoporum Vitæ Actusque variis è locis collecti ; à Jacobo Tavello, Senonensi jurisconsulto. Senonis, Nyvert, 1608, in-4°.

L'auteur avait conduit son histoire jusqu'en 1578 ; son style est clair et net; mais, pour lui, il n'est pas exact

dans les dates, ce qui était le défaut de son temps. Son histoire a été commentée, ou plutôt enrichie d'un grand nombre de notes, par Hiérome Maulmiray, ancien conseiller au présidial de Sens, mort en 1650.
Ce commentaire est très-exact, et plus curieux que l'ouvrage de Taveau.
Voyez ce qu'il est dit de cet auteur dans la bibliothèque des écrivains de Bourgogne, page 359.
N. Lelong, No 10019.

TAVERNIER (1184) (1216 bis).

990 TAYLOR (le baron). LA VILLE DE REIMS. Paris, 1854. In-12, planches par B. Taylor.

— REIMS, ses monuments et le sacre des rois de France. 1 vol. grand in-folio, orné de 24 planches, 60 fr.

991 TESTU (Léon). NOTICE sur Girodet, Rémois, peintre d'histoire. Reims, 1838, in 8°.

992 TEUREL (Pierre), né à Langres.

— Petri Teuries lingonensis carmen panegyricum ad M. N. Petrum Dinetum malinensem, Francorum regiæ ecclesiasticæ doctorem theologum. Lingonis, apud Joannem à Pratis, 1591.

(Carnandet. Géog. hist).

993 TEYNTURIER (l'abbé M.). NOTICE sur le bourg de Confin, suivie d'un grand nombre de notes sur les communes environnantes, savoir : Laferté-sur-Aube, Lanty. Langres, 1855, in-8°.

994 THÉNARD (le baron). ÉTUDES sur le département de la Marne (agriculture). Châlons, 1860. 1 vol. in-8°.

THÉVENOT (1482).

THIBAULT (N.) (2107).

995 THIBAUT. TRAITÉ des eaux minérales de Bourbonne en Champagne, dans le Bassigny. 1590. 1 vol. in-12.

996 THIBAUT (Nicolas), conseiller-clerc au bailliage de Sedan.

— PRIÈRES et instructions chrétiennes, avec un abrégé de l'Histoire Sainte. Sedan, Renault, 1726-1737; Lunéville, Gœbel, 1749, in-8°.

997 THIBAUT, notaire à Joigny.

— EXTRAIT d'un rapport sur des fouilles faites en mars 1820 sur le monticule de Mouchette, au territoire de Joigny (Yonne), imprimé dans le tome VII des Mémoires de la Société des Antiquaires de France (1826), page 273.

THIBAUT (comte de Champagne) (1274) (1282).

997 bis. THIÉNOT, notaire à Montmirail.

— ÉTUDE SUR LES COURS D'EAU en droit privé et en droit public. Brochure in-8°. Epernay, Noël-Boucart, 1863.
Cette brochure fut écrite à l'occasion des tentatives réitérées et en partie heureuses de la ville de Paris pour s'emparer des sources de 39 cours d'eau de la Champagne.

998 THIER (L. de). RÉCIT de chasses dans les Ardennes, histoire naturelle de diverses espèces de tétras, leurs mœurs, les lieux qu'ils habitent, l'art de les chercher, de les tirer, de les élever en volière, etc. Liége, 1860. 1 vol. in-12, 2 fr.

999 THIERCELIN (H.). HISTOIRE du monastère de Jouarre jusqu'à la Révolution. Paris, A. Aubry, 1862. 1 vol. petit in-8°, 3 fr 50 c.

999 bis. THIERRIOT. L'ESPRIT de la coutume de Troyes. Troyes, 1765, in-8°.
A la fin on trouve : Division du territoire régi par la coutume de Troyes, eu égard à ses différents ressorts.

1000 THIRION (Alexis), littérateur et savant helléniste, auteur de nombreux articles insérés dans les mémoires de la Société d'agriculture, sciences et arts de l'Aube, et dans l'annuaire du même département, dans lesquels on distingue une notice sur les comètes et sur celles de Haller en particulier; des rapports sur plusieurs points d'archéologie et d'agriculture, notamment sur l'établissement d'une ferme modèle dans le département (ce rapport en a déterminé l'établissement); sur la question de savoir si l'Agendicum de César est Sens ou Provins. Revue bibliographique des principaux ouvrages où il est traité de la taille des arbres fruitiers, et particulièrement du pêcher, etc., etc., etc.
(Girault de Saint-Fargeau).

1000 bis. THIÉRION (Alex.) ENCORE UN MOT sur le dicton proverbial : 99 moutons, etc. Reims, 1844. 1 vol. in-8°.

1001 THIÉRIOT (Jean-Baptiste-François-Nicolas), alors avocat, né à Eclaron en Champagne, le 4 octobre 1734.

— L'ESPRIT de la coutume de Troyes, comparée à celle de Paris. Troyes, veuve Lefebvre, 1765, in-8°.
En tête de cet ouvrage se trouve une carte, curieuse par sa division topographique.

— PRINCIPES de la coutume de Chaumont en Bassigny. Chaumont, Claude Bouchard, 1765, in-8°.
Quérard, France litt.

1001 bis. THIERRY (Amédée). HISTOIRE D'ATTILA et de ses successeurs, jusqu'à l'établissement des Hongrois en Europe, suivie de légendes et traditions. Paris, 1856, 2 vol. in-8°, 8 fr.
« M. Amédée Thierry est le premier qui ait démontré avec évidence l'endroit exact où s'est donnée la bataille

-de 451, opinion que des découvertes récentes ont justifiée.

THIERRY (1219).

1002 THIERS (J.-B.) LA GUERRE SÉRAPHIQUE, ou histoire des périls qu'a courus la barbe des Capucins, par les violentes attaques des Cordeliers, avec la dissertation sur l'inscription du grand portail de Rheims, par Thiers, in-12. La Haye, 1763, 3 fr. 50 c. ; veau marbré, Aubry, 5 fr.

1003 THIERRY-RUINARD (Dom). ABRÉGÉ de la vie de Dom Jean Mabillon. Paris, 1709, in-12.

D. Mabillon, né à Saint-Pierremont, près Buzancy, en 1632, mourut dans l'abbaye Saint-Germain-des-Prés, à Paris, âgé de 73 ans. Membre de l'académie des inscriptions et belles-lettres, il mérita, disent les biographes, d'être présenté à Louis XIV par l'illustre Bossuet et par Le Tellier, archevêque de Reims, comme le religieux le plus savant et le plus humble de tout le royaume. Son histoire a été écrite par Chavin de Malan, Paris, 1843, in-12. (Biographie des Champenois célèbres.)
Voyez l'article Thuillier (Dom Vincent), de notre ouvrage.

1004 THIESSET, médecin de Montpellier.
— OBSERVATIONS noso-météorologiques faites à Troyes depuis le mois d'octobre 1753, jusqu'au mois de mai 1754.

JOURNAL DE VERDUN, tome LXV, année 1754, p. 300, 394, 493; tome LXVI, ibid, pages 55, 138, 208, 290, 437.

— LES MÊMES, depuis 1757.

JOURNAL DE MÉDECINE, tome VIII, p. 93.

1005 THILLOYS (Georges), né à Reims, bachelier en théologie.
— AMPHITHÉATRE du grand collége de Reims. Soliman II, quatorzième empereur des Turcs. Reims, Foigny, 1617.

Cette tragédie, à peine supportable, a été vendue 53 francs à la vente Soleinne.
(Biog. Michaud, suppl.)

THIROUX (Gabriel) (209).

THOINOT-ORBEAU.
Voyez Tabourot.

1006 THOMAS, archevêque de Reims, fait remise aux religieux de l'abbaye de Vauxclerc-lez-Reims, du vin qu'il a coutume de prélever pour lui et ses successeurs, sur les vignobles de l'abbaye. Août 1252, original sur vélin, annoncé dans les Archives du Bibliophile (1861), n° 15480, au prix de 5 fr.

THOMAS DE MONT-SAINET (1530).

1007 THOMASSIN (Jean), antiquaire, né à Andelot (Haute-Marne).
— Joannis Thomassin panegyricus de civitate Lingonum. Parisiis, typ. C. Wechel, 1531, in-8°.

1008 THOMASSIN (Hugues). Hugonis Thomassin Andelaocensis. Troyes, chez J. Lecoq. S. D.
Frère du précédent, né également à Andelot.

1009 THOMÉ (Charles-Joseph), chanoine de l'église de Meaux, né près de Coulommiers, le 8 août 1699.
— LETTRE à D.-Toussaint Duplessis, au sujet de la prétendue vente des reliques de saint Saintin, premier évêque de Meaux, et de la translation de la châsse de saint Fiacre, patron de la Brie, par D. Charles-Joseph Thomé, chanoine de Meaux et licencié en droit canon et civil de la Faculté de Paris, avec les réponses de D. Duplessis. Paris, Giffart, 1747, in-4°.

N. Lelong, N° 9403.

— LETTRE à D.-Toussaint Duplessis, au sujet d'un jugement rendu par le connétable de Chatillon en faveur du Chapitre de Meaux, contre plusieurs nobles, à l'occasion d'un chanoine blessé et de son clerc tué, et d'un arrêt du Parlement qui condamne un bailli de Meaux à faire mener une bûche en forme d'homme, dans une charrette, à la justice de Meaux. Paris, Giffart, 1748, in-4°.

N. Lelong, N° 9405.

— LETTRE aux auteurs de la nouvelle Gaule chrétienne, touchant plusieurs abbés et abbesses du diocèse de Meaux, et à Dom Duplessis, sur un jugement du connétable de Chatillon et un arrêt du Parlement. Paris, 1748, in-4°.

— LETTRE aux auteurs de la nouvelle Gaule chrétienne, touchant la liste des doyens de l'église de Meaux, et au sujet de plusieurs abbés de différentes abbayes du royaume. Paris, Giffart, 1749, in-12.

N. Lelong, No 7832.

THOU (Christophe de).
Voyez Coutumes, No 1334.

1010 THUILLIER (l'abbé Pierre), curé de Givry, près de Rethel, né à Reims le 25 février 1683, mort à Givry, le 1ᵉʳ février 1768.

Il a été l'éditeur de la géographie des différents âges (Paris, Estienne, 1764, in-12), et y a mis en tête l'éloge de l'auteur, l'abbé Pluche, son élève.

1011 TIBY (P.) DEUX COUVENTS au moyenâge, ou l'abbaye de Saint-Gildas et le Paraclet au temps d'Abailard et d'Héloïse. Paris, 1851, in-12.

Vente du comte Lehon : 40 fr.

TIPHAINE (Claude) (1367).

TISSOT (1917).

1012 TITREVILLE (C. de). LE PRÉLAT FRANÇAIS, ou éloge de la vie, mort et miracles de saint Médard, patron de Saint-Mard-en-Othe, au diocèse de Troyes. Troyes, F. Jacquart, 1642 1 vol. in-12.

TORTARELLE (1216).

1013 TOUR (Henri de la), vicomte de Turenne.

— MÉMOIRES du duc de Bouillon, contenant ce qui s'est passé de son temps, depuis le commencement du règne de Charles IX (en 1560), jusqu'au siége de Monségur en Auvergne (en 1586). Paris, Guignard, 1666, in-12.

Réimprimé dans les mémoires relatifs à l'Histoire de France, tome XLVII. Marsollier a écrit sa vie. Paris, Barrois, 1719, in-4o. (Biog. ard.)

1014 TOURNEUR (l'abbé V.). HISTOIRE et description des vitraux et des statues de l'intérieur de la cathédrale de Reims. Reims, 1857, fig. in-8o. Br. 2 fr.

Arch. du Bibl., No 5009.

— DESCRIPTION historique et archéologique de Notre-Dame de Reims. Reims, 1864, in-12. Vue, 1 fr.

1015 TOURNEUR (l'abbé). LE SIÉGE ET LA DESTRUCTION du très-fort château de Linchamp et du château de Lumes (Ardennes), par J.-L. Micqueau, de Reims, avec une introduction, et traduit du latin, par l'abbé Tourneur, chanoine honoraire et secrétaire général de l'académie impériale de Reims. Reims, Regnier, 1855, in-8o.

— NOTICE sur les anciennes abbayes de l'arrondissement de Reims.

Se trouve dans le Congrès archéologique de France, année 1855, p. 140 et suiv.

1015 bis. TOURNEUX. ATTILA DANS LES GAULES, EN 451, par un ancien élève de l'école polytechnique, 1 vol. in-8o, 1833.

Ce livre est un des meilleurs et des plus attrayants qu'on ait écrit sur l'invasion des Huns. Peut-être l'auteur a-t-il montré plus d'imagination que de véritable critique historique.
Attila est encore devenu l'objet d'une nouvelle publication dans ces derniers temps. Nous voulons parler de l'ÉTUDE HISTORIQUE SUR LA CHEPPE, LE CAMP D'ATTILA ET SES ENVIRONS, de M. P.-H. Létaudin, ancien instituteur, chevalier de la Légion-d'Honneur, membre corres pondant de la Société d'Agriculture, Commerce, Sciences et Arts de la Marne. — 1869. Châlons, imp. Le Roy.

TRASSE (Nicolas) (1413-1414).

1016 TRÉMOLIÈRE. ÉTUDE sur les monuments celtiques en général, et sur ceux de la Marne en particulier. Br. in-8o.

Se trouve imprimée dans le compte rendu de la Société académique de la Marne, pour 1859.

1017 TRESME. DE LA DUCHÉ-PAIRIE de Tresme, à quatre lieues au nord de Meaux, érigée en 1648.

Histoire généalogique du P. Simplicius. Tome IV, page 758 et suivantes.

1018 TRIDON (l'abbé). NOTICE sur les églises de la Madeleine, de Saint-Pierre et de Saint-Urbain de Troyes.

— MÉMOIRE descriptif sur la chapelle gothique du petit séminaire de Troyes.

— MÉMOIRE archéologique sur l'église paroissiale de Saint-Jean, au marché de Troyes.

1019 TRIPIER, professeur de rhétorique au collége de Reims.

— DISCOURS prononcé à Reims sur le mariage du roi.

JOURNAL DE VERDUN, mois de mars 1726, p. 210.

1020 TURPIN. NOTICE sur Philippe-Louis-Hérard Ducausé, comte de Nazelle, par M. Turpin.

M. de Nazelle, membre du Conseil municipal de la ville de Châlons, fut tué d'un coup de lance par un soldat russe, sur le perron de l'hôtel de Ville, le 2 juillet 1815.

TURPIN (1283).

1020 bis. TYNTURIÉ (l'abbé Maurice). NOTICE HISTORIQUE sur le bourg de Cunfin, suivie de notes sur Laferté-sur-Aube, Verpillières, Fontette, Saint-Usage, etc., etc. Langres, Dejussieu, 1855, in-8o, 3 à 4 fr.

1021 VAILLANT (Sébastien), né à Vigny (Oise) en 1669, mort à Paris en 1722, et Claude Aubriet (Châlonnais).

— BOTANICON PARISIENSE, ou Dénombrement, par ordre alphabétique, des plantes qui se trouvent aux environs de Paris, par S. Vaillant, enrichi de plus de 300 fig. dessinées par Claude Aubriet. Leyde, Jean Verbeck, 1727, in-folio, gr. pap., veau fauve Lavallière, 47 fr. 95 c.

Voyez, sur cet ouvrage, les fami'les des plantes de M. Adanson, tome 1er, page LXXXII.

1022 VALLADIER. ÉPITAPHE et panégyrique d'Anne d'Escars, cardinal de Givry. Paris, 1612, in-8o.

VALLET.

Voyez Biographie, No 1150.

1023 VALLET DE VIRIVILLE (A.), archiviste titulaire du département de l'Aube.

— LES ARCHIVES HISTORIQUES du département de l'Aube et de l'ancien diocèse de Troyes, capitale de la Champagne, depuis le VIIe siècle jusqu'à 1790. Troyes et Paris, 1841. 1 vol. in-8o.

Tiré à 500 exemplaires, numérotés. Prix de publication : 7 fr. 50 c. pour les souscripteurs. Le prospectus offrit en prime, aux 250 premiers souscripteurs : la Face de l'Évangéliaire de Notre-Dame-aux-Nonains, reliure, œuvre merveilleuse de l'orfévrerie au XIVe siècle, reproduite en chromolithographie, or, argent et couleurs, par le procédé de M. Collet, éditeur à Troyes.
Voici le sommaire de cet intéressant ouvrage, qui ne tardera pas à devenir rare : 1o Introduction ; — 2o Essai de bibliographie historique du département de l'Aube, ou d'une liste méthodique et statistique de tous les ouvrages imprimés et manuscrits qui traitent de l'histoire de Troyes et de la Champagne ; — 3o Catalogue officiel des archives historiques et des manuscrits de la préfecture de l'Aube ; — 4o Dissertations ou lettres à M. le Ministre de l'Instruction publique, sur les archives et sur divers points de l'histoire de Troyes et de la province ; — 5o Choix de textes historiques inédits ; — 6o Index des noms d'hommes, de lieux et de choses, mentionnés dans le volume.
Une pareille division n'a pas besoin de commentaire.

— NOUVELLES RECHERCHES sur la famille et sur le nom de Jeanne d'Arc, dite la pucelle d'Orléans. Paris, 1854, in-8°, Aubry, 1 fr. 50 c.

— RECHERCHES iconographiques sur Jeanne d'Arc, dite la Pucelle d'Orléans ; analyse critique des portraits ou œuvres d'art faits à sa ressemblance. Paris, 1855. Br. in-8°, Aubry, 1 fr. 50 c.

VARET (Alexandre).

Voyez Factum et l'art. Miracle, Nos 1491 et 1745.

1024 VARIN (P.-J.), ancien recteur du collège de Reims.

— ARCHIVES administratives de la ville de Reims. Reims, 1839, 4 vol. in-4°, veau fort. Dumoulin, 12 fr.

— Le même ouvrage, augmenté, catalogue Brissart-Binet, 150 fr., en 1855. Bulletin du Bouquiniste, 120 fr. Catal. Naudin, 60 fr.

La notice biographique de P.-J. Varin a été écrite par M. Ch. Laigle (1211-1212).

VARLET (1233).

1025 VARNEY. NOTICE historique sur Laurent Guyard. Chaumont, 1806, in-8°.

— NOTICE historique sur R. Tassel, peintre langrois.

Dans les mémoires de la Société d'Agriculture, Sciences et Arts de la Marne.
(Carnandet, Géographie hist. de la Haute-Marne).

1026 VARNIER (Louis), né à Vitry-le-François.

— OBSERVATIONS de M. Varnier, docteur en médecine, et de la Société littéraire de Chaalons-sur-Marne, au sujet de différentes plantes qu'il a trouvées dans la province de Champagne ; lues en 1760, à la séance publique de la Société de Chaalons-sur-Marne.

Ces observations sont conservées dans les registres de cette Société. Bq. phys. de France, 958.

— MÉMOIRE sur quelques plantes rares trouvées dans les environs de Vitry-le-François.

Est conservé dans les registres de la Société de Châlons.

— MÉMOIRE sur la saignée du bras. 1742, in-12.

— MÉMOIRE sur l'indigence et les moyens de la faire cesser, 1802, in-8°.

France littéraire.

1027 VARUSOLTIS. QUATRE VUES de l'ancien Troyes, gravées sur cuivre, avec notices historiques inédites, publiées par Varusoltis. Troyes, grand in-4° de 39 pages. (Varlot père.)

— XYLOGRAPHIE de l'imprimerie troyenne, pendant le XVe, le XVIe, le XVIIe et le XVIIIe siècle, précédée d'une lettre-introduction du bibliophile Jacob. Paris, Aug. Aubry, 1859, petit in-4°.

Réunion de 571 bois gravés, employés pendant la période de trois siècles par les imprimeurs de la ville de Troyes.
Prix de publication, papier de Hollande....... 15 fr.
                  Ordinaire .... 12 »
Publié par M Varlot.

1027 bis. WASSEBOURG (Richard de). ANTIQUITÉS de la Gaule Belgique, Royaume de France, Austrasie et Lorraine, etc. Paris, 1549, in-folio, 30 à 40 francs.

On trouve dans cet ouvrage beaucoup de renseignements sur notre ancienne province. Baugier, pour ses Mémoires historiques, a dû y faire plus d'un emprunt.

Ouvrage d'un certain intérêt et curieux à consulter pour notre province, depuis Jules César jusqu'à Henri II.

Wassebourg avait habité longtemps la Gaule belgique avant d'être archidiacre de Verdun, où il mourut.

1028 VAUDONCOURT. HISTOIRE des campagnes de 1814-1815, en France, par le général Vaudoncourt. Paris, 1826, 5 vol. br., 6 fr.

Cet ouvrage renferme certaines particularités sur la Champagne, qui ne se trouvent pas ailleurs.
(Note manuscrite sur l'exemplaire que nous avons vu.)

VAUMORIÈRE (le père d'Artigue de). 1054.

1029 VAUX (Jacques de). Thesaurus theologiæ sedanensis. Genève, 1661, 2 vol. in-4°.

1029 bis. VAYRAC (Jean de), abbé de Cahors en Quercy.

— REMARQUES HISTORIQUES sur les lieux qui ont été honorés de la présence du roi, à son voyage de Reims. La Haye, Alberts, 1723, in-12 (1575).

Voyez l'article Journal.

1030 VAYSSE DE VILLIERS. ITINÉRAIRE descriptif, historique et pittoresque des trois routes de Paris à Reims. 1825, in-18, avec carte.

Cet ouvrage a été fait à l'occasion du sacre du roi Charles X.

VERFÈLE (2088).

VERLUYSON.

Voyez LETTRE d'un ecclésiastique.

1031 VÉPRIE (J. de la). PROVERBES CÔMUNS. Au dernier f. verso : « Cy finist les prouerbes cômuns qui sont en nombre sept cens quatre vingtz et deux. Petit in-4°, goth., de 17 feuillets à longues lignes, au nombre de 28 par page.

Recueil, par ordre alphabétique, formé par J. de la Véprie, prieur de Clairvaux.

1032 VERGNAUD-ROMAGNÉSI. EXAMEN philosophique et impartial des apparitions de Jeanne d'Arc. Orléans, 1861. 1 vol. in-8°, cat. Aubry, 1 fr. 50 c.

— MÉMOIRE sur la Queue, forteresse en Brie. Paris, 1848 ; br. in-8°.

— NOTICE sur les divers ouvrages et sur les nombreux écrits relatifs à Jeanne d'Arc.

Bulletin du Bouquiniste, années 1857 et 1858.
C'est une espèce de catalogue de tout ce qui a été écrit sur cette Champenoise célèbre.

— MÉMOIRE ET DOCUMENTS curieux sur les anciens et les nouveaux monuments élevés à la mémoire de Jeanne, à Orléans, à Rouen et à Domremy, et sur ses portraits ou figures peintes, gravées ou lithographiées, sur ses médailles, son logement à Orléans, son chapeau qu'on y conservait, et sur son armure, etc. ; suivies d'une notice sur les fêtes dites fêtes de Jeanne d'Arc, à Orléans. Orléans, 1861, br. in-8°, planches. Catal Aubry, 2 fr.

On a beaucoup écrit sur Jeanne d'Arc et sur tout ce qui a rapport à cette héroïne célèbre. — Des faits qui se rattachent à son étonnante histoire sont encore peu certains et ont besoin d'éclaircissements. Le nouvel opuscule de M. Vergnaud-Romagnési, extrait des Mémoires de la Société académique des Vosges, sur les anciens et nouveaux monuments élevés à la mémoire de Jeanne d'Arc, complète ce qui en a été publié jusqu'à ce jour, et contient des documents inédits et très-curieux.
Note du catal. cité.

1033 VERON (François). LA FUITE GÉNÉRALE des ministres de Champagne et de Brie et la confusion de leurs troupeaux. Paris, Mathieu, Le Blanc, 1622, 1 vol. in-12.

Écrit violent contre les calvinistes.

VERSEILLES (de).

Voyez Correspondance, N° 1322.

1034 VIALART (Félix), évêque de Chaalons.

— L'ÉCOLE CHRÉTIENNE dressée par le commandement de Mgr Vialart, évêque de Châlons. Châlons, 1664, 1 vol. in-12. Catal. Bossuet, 1069, 1 fr.

— EMPLOI de la journée pour les curés, durant leurs assemblées au séminaire de Chaalons. — L'École chrétienne.

C'est un catéchisme très-utile pour les fidèles et les prêtres 1 vol. in-8°, sans liv. N. D.

— LETTRE PASTORALE et résolution du cas de conscience. Châlons, Seneuze, 1693, in-16. 1160-1248-1617-1624-1836-2009.

1035 VIGNIER (Nicolas). Rerum Burgundionum Chronicon (depuis 408 jusqu'en 1482). Ex bibliothecâ historicâ Nicolai Vignerii Barrensis ad Sequanam. Basileæ, apud Thomam Guarinum. 1575, in-4°.

(Pour la bibliographie de la faible partie de l'ancienne Bourgogne qui se trouve aujourd'hui comprise dans le département de l'Aube).
M. Vallet de Viriville. — 'Archives historiques de l'Aube'.
L'ouvrage le plus considérable de Nicolas Vignier est sa BIBLIOTHÈQUE HISTORIQUE. Paris, Abel L'Angelier, 1588. 3 vol. in-folio, à laquelle on a ajouté, en 1650, un quatrième vol., contenant des additions et corrections aux trois premiers, et une vie de l'auteur, par Guillaume Colletet.
Aujourd'hui, cet ouvrage est presque oublié, quoiqu'il ait coûté 25 ans de travail à son auteur.
Voyez, à ce sujet, la dernière édition de M. Brunet (Manuel du Libraire).
Catalogue Aubry, 1856, 30 fr. l'exemplaire, aux armes du marquis de Pluto.

1036 VIGNERIO (P. J.). Chronicon lingonense auctore P J. Vignerio lingonensis. 1665, in-12.

Voyez Décade historique.

— VIGNIER (Pierre-Jacques). LES CHRONIQUES de l'évêché de Langres, du père Jacques Vignier. Traduites du latin, continuées jusqu'en 1792 et annotées par E. Jolibois. Chaumont, 1843. Broch. in-8°, non rognée, 3 fr.

Catal. Dumoulin (1352), 4 fr. 50 c.

— ANTIQUITÉS, RECHERCHES, CURIOSITÉS historiques de la ville de Bar-sur-Seine.

Manuscrit cité dans l'histoire de Bourgogne, de Delamarre, page 63.

VILLALPAND.

Voyez Sancti Remigii.

VILLARCY (Antoine-Nicolas LEMOINE DE.) (1062).

VILLART DE HONNECOURT.

Voyez Lassus.

1037 VILLEFONT (de). LA VIE DE SAINT BERNARD, premier abbé de Clairvaux. Paris, 1704, in-4°.

Catal. Bossuet, 1 fr. 10 c.

VILLEMIN (1238).

1038 VILLIERS (de). MÉMOIRE sur le rétablissement de la culture des terres en Champagne, par M. de Villiers, de la Société littéraire de Châlons-sur Marne,

Cet ouvrage manuscrit est conservé dans les registres de cette Société.
Biographie physique de la France, N° 1064.

VINCENT (Dom J. Claude) (1608).

VIOLE (Jacques)

Voyez Coutumes, N° 1327-1334.

VIVEY (de).

Voyez Notice.

1039 VULTEII RHEMENSIS (Joannis) Epigrammatum libri IV, ejusdem Xenia. Lugduni, sub scuto basiliensi, apud Michaelem Parmenterium. 1537, in-8°.

Catal. Coste, 701.

— Hendecassyllaborum libri quatuor. Parisiis, apud Simon. Colinæum, 1538, in-16.

Catal. Coste, 702.

— Epigram. lib. IV. Lugd., bas. Barbou, 1537, pet. in-8°

V. fau. tr. dor. (atteint d'hum.). Vente Barbou, en 1857, 31 fr.

1040 VINCENT (Jacques-Claude). DEUX LETTRES de J.-C. Vincent, bénédictin et bibliothécaire de l'abbaye de Saint-Remi de Reims, concernant une notice des provinces des Gaules, et des régions qui composaient l'Empire Romain, tirée d'un manuscrit d'environ 700 ans.

JOURNAL DES SAVANTS, mois de juillet et décembre 1768.

1041 WINCK (Georges). LETTRE à Mylord *** sur Baron et la demoiselle Lecouvreur (1), où l'on trouve plusieurs particularités théâtrales. Paris, 1780, in-12, cart. Catal. Alvarès, 4 fr. 50 c.

(1) Cette célèbre tragédienne, née à Damery (près d'Epernay), suivant les uns, et à Fismes, suivant les autres, fut, dit-on, empoisonnée par la duchesse de Bouillon, sa rivale et l'amante du maréchal de Saxe, le 20 mars 1730. (Letillois.)

1042 VITET. RAPPORT à M. le Ministre de l'Intérieur sur les monuments, les bibliothèques et les musées des départements de l'Oise, de l'Aisne, de la Marne, du Nord et du Pas-de-Calais. Paris, imp. royale, 1831, in-8°, broché, 4 à 6 fr.

Louis-Philippe, 7 fr. 50 c.

VITRY (de) (1675).

VIVEY (de) (1794).

VOUILLEMONT (1231).

1043 URSINS (Juvénal des). HISTOIRE DE CHARLES VI, roi de France, et des choses mémorables advenues sous son règne, dès l'an 1380 jusqu'en 1422, par très-révérend père en Dieu, messire Jean Juvénal des Ursins, archevêque de Reims, mise en lumière par Théod. Godefroy. Paris, Abr. Pacard, 1614, in-4°.

La seconde édition de cette histoire, augmentée par Denis Godefroy, fils du précédent (Paris, impr. royale, 1653, in-folio) est préférable à la première.

ZAMET (Sébastien).

Voyez Carnandet (2060).

FIN DES RECHERCHES BIBLIOGRAPHIQUES.

FIAT LUX!

T.M

www.ingramcontent.com/pod-product-compliance
Lightning Source LLC
Chambersburg PA
CBHW052045270326
41931CB00012B/2640